AF548125

Claire Avalon

Unsere universelle Energieformel

CLAIRE AVALON

UNSERE UNIVERSELLE ENERGIE FORMEL

GRUNDLAGEN DER PSYCHO-SPIRITUELLEN ENTWICKLUNG

SILBERSCHNUR VERLAG

Aus Gründen der leichteren Lesbarkeit wird in diesem Buch die grammatisch übliche Sprachform bei personenbezogenen Substantiven und Pronomen verwendet. Maskuline Formen schließen feminine in diesen Texten stets mit ein. Dies impliziert keine Benachteiligung des weiblichen Geschlechts, sondern ist genderneutral zu verstehen.

ISBN: 978-3-96933-011-1

1. Auflage 2021

Gestaltung & Satz: XPresentation, Güllesheim
Umschlaggestaltung: XPresentation, Güllesheim;
unter Verwendung verschiedener Motive von © TairA, © Denis Belitsky, © nikiteev_konstantin und © Ioana Catalina E, www.shutterstock.com
Druck: CPI Moravia Books s.r.o.

Verlag »Die Silberschnur« GmbH · Steinstr. 1 · 56593 Güllesheim
www.silberschnur.de · E-Mail: info@silberschnur.de

Inhaltsverzeichnis

Widmung

Ich widme dieses Buch meiner über alles geliebten Mama, die meinen Weg vom ersten Moment meiner Existenz an mit Stärke, Weisheit und bedingungsloser Liebe begleitet hat.

Claire Avalon

– TEIL 1 –

Der Einfluss der universellen Energie auf unser Dasein – von der Zeugung bis zum Tod

Einführung der Autorin

»Das wahre Ziel der Psychologie besteht darin, den Menschen zu helfen, die Seele in ihrem Leben zum vollen Ausdruck zu bringen und so ein seelendurchdrungenes Leben zu führen.«

Liebe Leser/innen,

dieser Satz beschäftigt mich seit vielen Jahren in meiner erfüllenden Arbeit als psychologische Beraterin, Autorin und Lichtarbeiterin der Großen Weißen Bruderschaft in der Materie. Wir alle sind Lichtarbeiter. Jedes Wesen, ob Mensch oder Tier, erfüllt seine Aufgabe im Sinne seines Plans, den es zu Beginn eines jeden Erdenlebens mit seiner geistigen Führung aufstellt. Es gibt im Geistigen keine Elite. Wir alle haben das Recht und auch die Pflicht, dem Licht zu dienen, denn ohne das universelle Licht wären wir nicht lebensfähig. Wir sind verdichtete Energie in der Materie, denn Energie ist die bewegliche Manifestation des Seins. Die Frage ist jedoch, woher kommt die Energie und wie folgt sie einem Prinzip der Verdichtung, um dann in dieser Materie zum Ausdruck zu kommen? Wer das Prinzip richtig verstanden hat, muss irgendwann erkennen, dass die Seele niemals krank werden kann. Die Seele, auch Höheres Selbst genannt, hat ihren Platz im Geistigen. Sie pflegt die Verbindung ins höchste Licht und sendet ihre Anteile aus, um ständig am eigenen Prozess der Evolution und dem der Erde mitzuarbeiten. Die Anteile verfolgen ganz bestimmte Ziele. So hat jedes Wesen eine individuelle Energiestruktur in sich gespeichert, um die Vergangenheit im Sinne des Karmas zu bewältigen, damit sich eine erfolgreiche Gegenwart kreiert, die dann in eine Zukunft führen kann, die einen Aufstieg ins Licht ermöglicht. Alles folgt einem logischen Aufbau, der sich durch Kulturen und Epochen hin von selbst erzeugte. Die Seelenanteile kamen und gingen. Der Karmaspeicher füllte und leerte sich. In jedem Leben verfolgen wir Ziele, um in dem uns zur Verfügung stehenden Zeitfenster so viel wie möglich zu erledigen und die Lebensbilanz mit Gewinn abzuschließen. Doch jedes Projekt braucht seine eigene Dynamik und Energie, damit der Erfolg sichtbar wird. So benötigen wir Energie, damit wir vom Moment der Zeugung bis zu unserem Tod die Kraft und den Antrieb verspüren, vorwärtszugehen und unsere Ziele zu erreichen. Diese Energie wird unserem Plan angepasst, denn sie verfolgt ein sehr intelligentes System in uns. Unsere Seele bedient sich seit Urzeiten ihrer Energiestruktur auf einer hohen ethischen Ebene. Das bedeutet, dass wir seit Zeitaltern immer der gleichen Seelenintention folgen, und zwar auf unserem Seelenstrahl.

Die sieben Strahlen der Schöpfung verkörpern die Urenergie unseres Seins. Ein Strahl ist eine Energiequalität, die sich in uns und unserem Leben entfaltet. Vor langer Zeit durchliefen wir eine elementare Schulung und entwickelten so den Antrieb, uns in der Materie zu betätigen. Einer der sieben Strahlen begleitete uns dabei mit seiner Energie als Heimatstrahl unserer Seele. Diese Seele bildete Persönlichkeiten oder Seelenanteile aus, die in der festen Materie ihren Platz suchten. Auf der Erde bestehen die Wesen aus einem physischen und einem ätherischen, einem emotionalen und einem mentalen Körper. Das sind die feinstofflichen Ebenen, die als Speicher des Karmas und aller für unser Leben wichtigen Details dienen. Diese Ebenen müssen logischerweise mit Energie versorgt sein, damit sie uns immer wieder den Antrieb garantieren. So ist es nur verständlich, dass ein jedes Wesen einzigartig sein muss. Die Wissenschaft der sieben Strahlen beschäftigt sich schon sehr lange mit diesem Thema. Man nennt sie deshalb auch "esoterische Psychologie". Esoterisch bedeutet "unsichtbar und ungreifbar".

Diese Form von Psychologie soll integral wirken, damit die wissenschaftliche Psychologie die Chance hat, das Spirituelle oder "Esoterische" als wichtigen Bestandteil der Wesen zu betrachten und zu integrieren. Michael Robbins, der die Universität der Sieben Strahlen in New Jersey leitet, hat sich viele Jahre mit der Erforschung dieses Wissens beschäftigt und mehrere Lehrbücher dazu verfasst. Ihm ist es zu verdanken, dass wir einen perfekten Zugang zu dieser Form der Entschlüsselung unseres unsichtbaren Wesens haben. Die Bücher "Die Sieben Strahlen" Band I und II bieten hier die Möglichkeit eines intensiven Studiums. Vor einigen Jahren wurde mir gestattet, diese beiden Bücher in mein Literaturprogramm zu übernehmen, was mich sehr berührte. Ich sah es im Rahmen meiner Aufgabe als große Chance, Menschen konstruktiv damit zu konfrontieren. Ich hatte damit viel Erfolg, und so habe ich mich dazu entschlossen, meine eigene Form dieser Lehre der Seele gemeinsam mit den Aufgestiegenen Meistern der Weißen Bruderschaft, die die Strahlen lenken, zu verfassen. Das grandiose Spektrum von Michael Robbins ist hier mit eingeflossen, denn er hat es wirklich auf den Punkt gebracht. Sie werden sich vielleicht fragen, welchen Effekt das Studium dieser Literatur für Sie darstellt. Das ist ganz einfach zu beantworten: Wir alle, ob Mensch oder Tier, verfügen auf den Ebenen unseres Seins über Stärken und Schwächen. Wir leben in einer Kultur, die viel voraussetzt und die viel von uns verlangt. Die Bildung, die wir erfahren dürfen, zeigt eine große

Bandbreite, aber sie stellt auch hohe Anforderungen. Dazu kommt unser Lebensplan, der uns mit vielen anderen Wesen und Lebenssituationen konfrontiert. Nicht jeder von uns reagiert in ähnlichen Situationen gleich. Das Wesen wird an seiner Leistungsbereitschaft und Intelligenz gemessen. Wenn wir jedoch beginnen, uns energetisch wahrzunehmen, fällt auf, dass die heutigen Messlatten nicht angemessen sind. Wir sind einzigartig aufgrund unserer Energiestruktur, und so möchten wir auch gesehen und angenommen werden. Das setzt viel Toleranz voraus, die nicht immer aufgebracht wird.

Ich möchte Ihnen im ersten Teil dieses Buches zeigen, wie die Energien der sieben Strahlen uns von der Zeugung bis zum Tod begleiten und unterstützen. Die Aufgestiegenen Meister und Lenker der Strahlen haben in sehr berührender und auch eindringlicher Form gesprochen, damit wir die Chance haben, uns auf uns selbst zu besinnen, so dass sich eine gewinnbringende Veränderung des Kollektivs zeigen kann. Sanat Kumara, der Herr der Venus und Lenker des opalfarbenen Strahls, hat in meinem Buch "Die Heimkehr der neuen Erde" in Zusammenarbeit mit den Aufgestiegenen Meistern erklärt, welche Aufgaben uns noch bevorstehen, damit sich die Erde auf den lang ersehnten Weg des Aufstiegs begeben kann. Wir stehen vor großen Herausforderungen und sollten lernen, uns auf uns selbst zu besinnen, damit wir dieser Veränderung standhalten können. Im zweiten Teil des Buches finden Sie wichtige Hinweise, wie die sieben Strahlen in der Seele und in sämtlichen Ebenen unseres Egos ihren direkten Ausdruck finden. Es ist eine kurze, prägnante Darstellung unserer Energie, die Sie vielleicht ein Stück des Weges bei Ihrer weiteren Entwicklung im Sinne der Evolution begleiten kann.

Alle Darlegungen sollen Vorschläge sein, sich selbst und andere Wesen besser verstehen und akzeptieren zu können. Wir arbeiten niemals mit Dogmen. Sie müssen sich immer wieder vorstellen, dass jedes Wesen zwar viele dieser Aspekte zeigt und lebt, aber jedes Schicksal nimmt seinen eigenen Lauf unter Einfluss der Energien. Eine große Rolle bei der Selbstdarstellung spielt dabei das Karma, das sich entfalten muss, um in die Auflösung und Erschaffung von Potenzial zu gelangen. Wir sind sehr sensible und einzigartige Wesen, ob Mensch oder Tier. Deshalb können wir nur bedingt "an einem Strang ziehen". Es geht darum, toleranter zu werden, auch sich selbst gegenüber, damit auch die Andersartigkeit ihre Akzeptanz im Alltag erfährt. Jedes Lebewesen steht unter dem Einfluss des universellen Lichts. Es ist immer die Frage, wie man die Energie einsetzt. Sie wissen, dass man auch die Magie unterschiedlich nutzen kann, und so ist es auch mit der Lichtenergie. Wir dürfen lernen, diese hohen Energien zu schätzen und gewinnbringend zum Wohle aller einzusetzen. Wer dies wirklich will, begibt sich auf einen Weg der Herausforderungen und der Selbstbemeisterung. Wir lernen so, gezielt Impulsen zu folgen, die aus dem reinen Licht in unser Herz fließen, denn das Herz ist die direkte Verbindung zu unserer geistigen Führung.

Ich möchte an dieser Stelle nicht versäumen, die wichtige Arbeit mit den atlantischen Priestern und Priesterinnen zu erwähnen. Sie unterstützen die Arbeit der Aufgestiegenen Meister und Meisterinnen mit unendlicher Geduld. Ich durfte vieles mit ihnen gemeinsam verfassen, gerade auch für Kinder. Diese Bücher lege ich Ihnen ganz besonders ans Herz.

Ich lade Sie ein, sich auf diesen Weg der Erkenntnis im vollen Vertrauen zu begeben. Sie werden nicht enttäuscht sein. Ich wünsche Ihnen viel Freude beim Lesen und Studieren.

Ihre Claire Avalon

Sei, wer du bist

Du kannst Entfernungen überwinden, ohne dich auf die Reise zu machen.
Du kannst Gefühle transportieren, ohne dafür eine Kutsche zu mieten.
Du kannst ein Wesen umarmen, ohne es in die Arme zu nehmen.
Du kannst ein Herz berühren, ohne dich zu bewegen.
Du kannst Liebe verschenken, ohne dafür zu bezahlen.
Du kannst Kritik üben, ohne dein Niveau zu verlassen.
Du kannst heilen, ohne dich in Szene zu setzen.
Du kannst träumen, ohne den Boden unter den Füßen zu verlieren.
Du kannst zuhören, ohne dem Sinn für die Wahrheit zu entsagen.
Du darfst Mensch sein, um zu erkennen, dass Liebe alles ist, was ist.

Wachse und sei, wer du bist. Dann wird alles gut.

EL Morya

Einführung von El Morya

Liebe Schülerinnen und Schüler der Weißen Bruderschaft, liebe geistig Suchende,

jeder Mensch, der sich intensiv mit der Arbeit der Großen Weißen Bruderschaft beschäftigt, weiß, dass wir es uns zur Aufgabe gemacht haben, der Menschheit auf ihrem langen Weg vom Ursprung zurück zum Ursprung zu helfen. Da dieser gesamte Weg geprägt ist vom Prinzip von Ursache und Wirkung, liegt es fern zu glauben, diese Arbeit bestünde nur aus Muse und schönen Stunden in unserem Verbund. Und doch werden die Schüler auch für ihre Mühe belohnt.

Wir gehen nun einem neuen Zeitalter entgegen, dessen Vorbereitung schon lange begonnen hat. Voraussetzung dafür war und ist die Mitarbeit vieler Seelen, sowohl im Geistigen als auch im Irdischen. Dabei kommt es immer darauf an, welche Entwicklung die einzelne Seele erfahren hat, was sie sich zur Aufgabe gemacht hat - und vor allem, was sie noch abzutragen und zu erledigen hat. Alle sind eingebunden in ein Netzwerk unendlicher Intelligenz, das versucht, allen geltenden geistigen Gesetzen gerecht zu werden. Daher ist es nicht leicht zu begreifen, wie aufwendig und schwierig es ist, alles so zu verteilen und zu lenken, dass jedes einzelne Wesen all das erreichen kann und darf, was sein Plan vorsieht. Jeder Seelenanteil hat dieses Recht, solange er sich dessen voll bewusst ist. Das Bewusstsein darüber nimmt jedoch sehr schnell ab, das heißt, wenn ein Seelenanteil inkarniert, hat er für bestimmte Zeit noch ein großes Erinnerungsvermögen an das, was vor der Inkarnation als seine kommende Aufgabe deklariert wurde. Er löst sich noch oft vom Körper, kommt zurück zur Schulung und er ist noch frei von negativen Gedanken und Gefühlen, bis ein Zeitpunkt erreicht ist, wo er beginnt, sich mit vollem Bewusstsein auf das Erdenleben mit all seinen Höhen und Tiefen zu konzentrieren. Wenn der menschliche Verstand in der Lage ist, am allgemeinen Tagesgeschehen vollbewusst teilzunehmen, tritt die geistige Vorgeschichte immer mehr in den Hintergrund. Erziehung, Familie, Schule und Beruf, kurz das gesamte Spektrum des Überlebens, lässt in den meisten Fällen die ursprünglich geplante Lebensaufgabe zunächst in den Hintergrund treten.

Dann dauert es manchmal sehr lange, bis ein Mensch erkennt, dass sein Leben so nicht ganz korrekt ablaufen kann. Meist tritt dieser Umstand erst ein, wenn sich eine schwierige Lebenssituation aufgebaut hat, sei es durch Krankheit, Tod, Missstände, Krieg, selten durch positive Ereignisse. Oft findet der Mensch dann den Weg zu Gott über das Gebet, oder er kommt über langes Hinterfragen und mühevolle Bewusstseinsarbeit mit einer Quelle in Kontakt, die sich bemüht, ihm zu zeigen, dass noch andere Dinge für ihn vorgesehen waren und sind und dass die Lage gar nicht so dramatisch ist, wie es im ersten Moment aussieht.

Wenn wir diesen Zugang zum Menschen gefunden haben, können wir gezielt beginnen, mit ihm zu arbeiten. Wir arbeiten bereits sein ganzes Leben lang mit ihm, aber er nimmt es nicht so intensiv wahr. Er spricht von Zufällen, günstigen Gelegenheiten, Glück, Blitzideen und der Gunst der Stunde.

In den geistigen Sphären gibt es ganze Scharen von Helfern, die darum bemüht sind, das gesamte Leben im Kosmos zu betreuen und seinem Ziel zuzuführen. Dazu zählen die gesamten Engelscharen, die Erzengel, die Elohime, hochentwickelte Seelen, aber auch die Aufgestiegenen Meister, die wie die Menschen auch am irdischen Leben teilnahmen und den gleichen Weg gegangen sind. Wir haben in unseren Leben bereits viel am Erdengeschehen mitgewirkt und versucht, vielen Dingen eine positive Wendung zu geben, die durchaus hätte gute Früchte tragen können. Leider sind auch wir oft (scheinbar) gescheitert. Wir haben zwar nicht versagt, aber das Weltgeschehen, die Entwicklung der Denkweise, der Religionen und der Menschen hat auch uns Grenzen gesetzt. Noch immer versuchen wir von der geistigen Ebene aus unser Möglichstes, um zu verhindern, dass die Erde unter den Lasten der Vergangenheit und der Gegenwart zusammenbricht. Gerade heute ist es wichtiger denn je, dass wir alle am gleichen Strang ziehen, dass wir nichts unversucht lassen, um die Erde zu retten, egal, von welcher Ebene aus wir tätig sind. Sicherlich ist es für uns einfacher, die Dinge zu überschauen, aber ihr alle seid verkörpert, um direkt am Ort des Geschehens zu wirken. Und gerade unsere fortgeschrittenen Lichtarbeiter sind in ihre Körper gegangen, nachdem sie auf der geistigen Ebene geschult wurden, um an diesem Plan mitzuarbeiten. Sie alle haben eine große Aufgabe übernommen, auch wenn sie momentan noch so gering scheint, immer in Verbindung mit ihrem Karma, das auch sie abtragen müssen. So hoffen wir, dass sie alle an den Punkt gelangen, wo sie spüren, dass sie den Sinn ihrer Inkarnation hinterfragen sollten. Gerade dann, wenn sich die Unzufriedenheit einschleicht, wenn es schwer wird, sich zurechtzufinden, sollten die Menschen in sich hineinhören, der inneren Stimme folgen und versuchen, ihr Leben zu ändern. Es gibt immer eine Möglichkeit, die Wahrheit über sich selbst herauszufinden. Sie ist gar nicht so weit entfernt. Sie wohnt in der Seele.

Es liegt uns nichts näher, als uns zu offenbaren, den Dialog mit dem Schüler zu suchen und ihm die Hand zu reichen, damit er Sicherheit gewinnt und die Kommunikation mit uns schätzt. Das ist der Anfang einer konstruktiven und erfüllenden Zusammenarbeit. Wir schaffen so eine Basis des Vertrauens, der Ruhe und Gelassenheit. Dann wird der Weg klar, erfolgreich und für alle Beteiligten gewinnbringend. Wir alle handeln im Sinne des Allgemeinwohles, ohne Zwang und Knechtschaft, den freien Willen des Individuums als oberstes Gebot achtend. Niemand wird gesteuert oder unter Druck gesetzt. Es erfolgt eine liebevolle Begleitung und ein ständiges Hinweisen auf den rechten Weg, so wie die gute Führung eines Kindes, keine Erziehung. Unsere Zusammenarbeit soll Freude bereiten. Jeder neue Tag soll gern gelebt werden. Es sollen Talente wiederbelebt, aber auch alte Belastungen aufgelöst werden. In diesem Sinne ist es sicherlich nicht immer leicht, aber auch die schwierigen Stunden werden so als notwendig und wertvoll betrachtet. Wir können niemandem den Weg abnehmen, aber wir können versuchen, ihn zu erleichtern, und euch Hilfe anbieten, damit alle Aspekte des Erdenlebens euch sinnvoll erscheinen.

Wir haben es nicht immer leicht, mit unseren Schülern in Kontakt zu treten. Oft müssen wir zusehen, wie jemand blindlings in Schwierigkeiten gerät. Wir greifen nicht ein, da wir nicht manipulieren dürfen. Wenn wir um Hilfe gebeten werden, können wir vieles erreichen, und dennoch steht der freie Wille an erster Stelle.

In diesem Buch möchten wir gerne versuchen, unsere verschiedenen Aufgabengebiete zu erklären. Wir schildern die Zusammenarbeit mit unseren Schülern während ihres ganzen Lebens, wodurch wir auch versuchen möchten, Ängste abzubauen - oder auch die Vorstellung, mancher wäre nicht gut genug für uns. Es liegt uns daran, die geistige Hierarchie ähnlich einer irdischen darzustellen, einfach um dieses Vakuum zu durchbrechen und die Mystik, die uns umgibt, verständlich zu machen. Wir wollen nicht verehrt und auf einen Sockel gestellt werden. Wir alle sind gleich, egal, wo wir uns befinden, wir haben alle unsere Aufgaben.

Gott zum Gruße, El Morya,
der Lenker der Weißen Bruderschaft

El Morya

Lenker des ersten, des saphirblauen Strahles

Vieles wurde schon geschrieben über uns und die Lichtstrahlen. Es ist auch gut und richtig. Aber es ist nun einmal so, dass aufgrund des herannahenden neuen Zeitalters jeder, aber auch wirklich jeder Mensch ohne große Umschweife, ohne großes Studium in der Lage sein sollte, sich unserer zu erinnern, unsere Hilfe in Anspruch zu nehmen und vor allem sie zu "fordern".

Es gibt kein Privileg, keine Elite unter den Menschen, denn **alle** sind mit uns verbunden. Zur konstruktiven Nutzung dieser Verbindung gibt es einige Voraussetzungen, die geschaffen werden müssen. Es ist vollkommen gleichgültig, wer sich zu welchem Meister hingezogen fühlt, was seine Lebensaufgabe ist, für alle gelten die gleichen geistigen Gesetze. Wer sie achtet, sich ihrer immer wieder erinnert, kann sicher sein, uns zu erreichen. Zu diesen Gesetzen zählen: Mut, Kraft, Stärke, Wille, Bereitschaft, dem großen Plan zu dienen, Reinheit im Verhalten und in Gedanken, Konzentrationsfähigkeit, Wahrheit, Disziplin, Kreativität, Nächstenliebe, Barmherzigkeit, Vergebung, Toleranz, Akzeptanz, Furchtlosigkeit und der Wunsch, das eigene Wissen und alle Fähigkeiten mit allen Wesen zu teilen. Das oberste Gesetz ist die Liebe zu allem und zu jedem, zu sich selbst, zum Nächsten, zu allen Wesen der Erde, zu Mensch, Tier, Pflanze und Mineral.

So könnt ihr euch selbst täglich auf den Prüfstand stellen, um zu testen, wie weit ihr auf eurem Weg zur Meisterschaft vorangeschritten seid. Wisst, oft tretet ihr eine Inkarnation mit einem immens hohen Wissen an, mit einer allumfassenden Liebe, mit dem besten Willen zur Perfektion. Durch die Geburt im Irdischen steht jedes Wesen zuerst einmal wieder am Punkt des Schülerdaseins. Die Schülerjahre sind unterschiedlich lang. Je nach Anstrengung und Bewusstwerdung kann ein schnellerer Einstieg in die Gesellenjahre erfolgen. Die Gesellenjahre sind geprägt von Prüfungen. Wir prüfen die Qualität eurer Arbeit, ob ihr wankelmütig seid, lustlos, bequem, infiziert vom Konsum der Massen - oder ob ihr in der Lage seid, euch in eurem Inneren von anderen abzuheben. Dies bedingt weder Stolz noch Überheblichkeit, es ist in diesem Sinne nach außen nicht sichtbar. Sicherlich erkennt man euch an der Qualität eurer Arbeit. Es wäre auch unverständlich, würdet ihr euch nicht unterscheiden von der Masse. Aber wer kann schon zum Meister werden, ohne sich von anderen in der Qualität seiner Anstrengung abzuheben? Gerade die Gesellenjahre sind die schwersten überhaupt. Oft dauern sie sehr lange, bei vielen bis zum Tod. Die Meisterschaft wird im Irdischen nur ganz selten erreicht. Wenige sind euch bekannt. Ein Beispiel war Jesus. Er war ein "Meister". Und was zeichnete ihn als solchen aus? Eine Bereitschaft, für sein Werk, für seine Ideologie alles zu akzeptieren, was das Irdische ihm bot. Manch anderer hätte sich zurückgezogen. Nicht viele Menschen sind dazu bereit. Wir sehen an eurem Willen, an all eurer Mühe, wie weit ihr gekommen seid.

Dann wird entschieden über den Aufstieg, der euch trennt vom Prinzip von Ursache und Wirkung.

Über die sieben Strahlen wurde schon vieles geschrieben und erzählt. Immer wieder ist es wichtig, ihren überaus notwendigen Sinn für das Irdische zu erwähnen. Sie wurden aus dem Licht geboren, um Licht zu bringen und zu spenden. Ihre Farbe steht für die geistigen Gesetze und für die Energie, die sich in der Materie manifestiert. Wir wollen in diesem Zusammenhang jedem Meister und jeder Meisterin selbst die Gelegenheit geben, nach eigenem Entscheiden über den Strahl, den er/sie lenkt oder auf dem er/sie schulend mitarbeitet, zu berichten.

Was ist ein Cohan? Ein Cohan ist der Lenker, die Lenkerin eines bestimmten Strahles. Er oder sie ist für alles verantwortlich, was auf diesem Strahl geschieht und wie seine Energie eingesetzt wird. Das ist eine sehr verantwortungsvolle Aufgabe, wenn man überlegt, wie viele Milliarden Wesen in der Energie einer so geringen Anzahl von Strahlen inkarnieren. Der Cohan muss für alle erreichbar sein, er darf niemanden bevorzugen oder vernachlässigen. Dort, wo er gebraucht und gerufen wird, muss er sich zeigen und Einsatz zeigen. Vergleicht es mit einem besorgten Familienvater. Wenn die Kinder rufen, wenn sie Hilfe brauchen, muss er mit seiner Stärke die verlorene Sicherheit wieder aufbauen. Diese Arbeit macht viel Freude, vor allem dann, wenn man sieht und spürt, dass es Wesen gibt, die sich der Anwesenheit des Cohans bewusst sind oder werden. Wir können kommunizieren, mental "telefonieren". Wir knüpfen Bande des Vertrauens, der bedingungslosen Liebe, die allem standhält. Ihr könnt euch nicht vorstellen, welche Freude jeder Cohan, jeder Meister, jede Meisterin empfindet, wenn seine von ihm entlassenen Freunde ihn wiedererkennen, wenn der Geist über die Materie gesiegt hat. Diese Erkenntnis kann nicht mehr vergehen oder zerbrechen, es sei denn, jemand wendet sich mit vollem Bewusstsein von uns ab. Auch das wird toleriert. Dann warten wir geduldig auf die Wiederkehr. Wenn wir uns einmal wiedergefunden haben, wenn ihr erkannt habt, dass es zwischen euch und uns keine Grenze gibt, können wir euch führen und mit euch gemeinsam versuchen, die geistigen Gesetze im Irdischen zu manifestieren. Dies alleine ist das Ziel, das seit Menschengedenken vor unser aller Augen liegt.

Die Cohane nun waren alle, genau wie jeder Mensch, inkarniert. Sie nahmen am Wandel der Zeit teil, an den Geburtswehen sämtlicher Kulturen und Epochen. Auch sie haben (scheinbar) versagt, waren nicht immer erfolgreich. Aber sie kamen immer und immer wieder, bis dann der Aufstieg verdient war. Daher kennen sie auch die kleinen Mängel und Probleme, die sich in der Materie finden. Sie haben eine unendliche Liebe und Nachsicht für Fehltritte, Unterlassungen und Attacken des Egos entwickelt. So kennen sie keine Strafe, keinen Zwang, sondern nur liebevolle Führung und Verzeihen. Obwohl wir oft mit einer gewissen "Strenge" ausgezeichnet sind, gibt es letztendlich nur eine grenzenlose Liebe und Güte jedem Wesen gegenüber. Unsere Strenge sollte man verstehen als ständiges Hinweisen auf Fehler, als Bitte zur Umkehr. Betrachtet zum Beispiel eine Tiermutter, vielleicht eine Katze. Wenn sie Junge hat, geht sie sehr sanft mit ihnen um, obwohl es oft so aussieht, als würde sie ihre Kinder beißen oder unsanft behandeln. Sie beweist unendlich viel Geduld, bis sie erwachsen sind und selbstständig werden. Dann werden sie zu Müttern und Vätern. Sie haben von der Mutter gelernt, wie sie sich zu verhalten haben. Genau so behandeln wir Cohane unsere Schüler, bis sie Gesellen sind. Dann müssen sie das von uns erlernte Wissen an neue Schüler weitergeben.

Unterstützt werden wir in unserer vielfältigen Arbeit von den Erzengeln und den Elohimen, den Schöpfern des Universums. Jedem Strahl ist ein Erzengel übergeordnet, der mit seiner Allmacht darüber wacht. Sie waren nie inkarniert, da sie sich nie vom Vater entfernt haben. Ihre Kraft, Macht und Intelligenz ist von unbeschreiblichem Umfang. Werdet euch dieser Kraft bewusst, indem ihr sie um ihre Hilfe bittet. Sie warten nur darauf. Es ist ihre Aufgabe, das gesamte Universum zu kontrollieren und seiner Bestimmung zuzuführen. Keine kosmische Entscheidung wird ohne sie getroffen. So sind sie offen für all eure Bitten, Anträge und Wünsche, die euch, eure Lieben und das ganze Universum betreffen. Dort, wo die Hilfe gerechtfertigt und angebracht ist, werden sie sich einsetzen und ohne Willkür alles seiner Bestimmung zuführen. Seid euch dessen sicher.

Wir, die Cohane, müssen uns ihrer immer wieder versichern, unsere Zusammenarbeit ist elementar. Wir können und dürfen uns ihrer Herrschaft nicht widersetzen. Sie alleine besitzen die absolute Reinheit, denn sie sind die direkten Träger des reinsten, universellen Lichtes. Sie alleine ertragen die Kraft und das Licht des Vaters. Wir handeln dann in ihrem Sinne und übertragen alle Informationen und Aufträge über die Impulse an die Menschen, die der Hilfe bedürfen. Erst wenn alle Seelen ins Licht zurückgekehrt sind, werden alle Sphären im Sinne des universellen Lichtes so angehoben, dass jede Seele diese Energie ertragen kann und darf. Dann ist die Vollkommenheit erreicht. Das könnt ihr vergleichen mit dem "Jüngsten Tag". Denn was bedeutet "Jüngster Tag"? Es bedeutet absolute Reinheit, hellstes Licht, so wie es einmal war, also der Ursprung, der jüngste Moment einer Existenz. Dann gibt es eine einheitliche neue Existenz auf einer Ebene. Erkennt ihr jetzt, wie wichtig unsere Zusammenarbeit ist? Sie bedingt eure und unsere neue Existenz.

Der blaue Strahl steht ein für Mut, Kraft, Schutz, Selbstvertrauen, positive Macht und die erfolgreiche Zielsetzung. Jede Präzipitation, das Erschaffen aus der Urmaterie, beginnt mit der Energie dieses Strahls. Das Leben eines jeden Wesens ist seine größte Präzipitation. Die Zeugung setzt sie in Gang, und der Todesmoment ist ihr Abschluss. So können wir also sagen, der Moment, der euch dazu veranlasst, bei der Zeugung dieses Körpers anwesend und zustimmend zu sein, ist die erste irdische Aktivierung des saphirblauen Strahls. Seine Energie bedingt die Menschwerdung im Bereich des Halschakras als Brennpunkt. Alle Strahlen legen so den Grundstein für die energetische Entstehung des Wesens, denn ohne Energie kann es kein greifbares Wesen geben. Wenn diese menschliche Schöpfung ihren Anfang gefunden hat, beginnen alle sieben Strahlen im feinstofflichen Bereich, also auf der energetischen Ebene, den Prozess der Menschwerdung zu gestalten. Das bedeutet, die Chakren legen gemeinsam mit den sieben Strahlen den Grundstein für die Entwicklung des physischen Körpers. Das irdische Wesen, ob Mensch oder Tier, ist verdichtete Energie. Ein Körper entsteht, der dann eines Tages, wenn die Zeit in der Materie abgelaufen ist, wieder verfällt. Die Chakren haben ihre Basis im sogenannten Ätherkörper, dem Körper, der den gesamten physischen Aufbau des Wesens speichert, aber auch den physischen Plan während des Lebens sowie die karmischen Strukturen. Er enthält auch die vorgesehenen Krankheiten, das Aussehen, die gesamte Zellstruktur, die Beschaffenheit der Organe, der Haut – und nicht zuletzt alte Verletzungen, die sich nicht selten bereits bei der Geburt als Fehlbildungen, Narben, Muttermale oder Ähnliches zeigen. Aber auch der emotionale und der mentale Körper auf der feinstofflichen Ebene müssen sich entwickeln. Ihr Aufbau trägt ähnliche Muster. Die feinstofflichen Körper des Egos sind die Blaupausen der Vergangenheit, sie begründen die Gegenwart und wollen helfen, die gesunde Zukunft zu gestalten. Das Wesen, das sich zu entwickeln beginnt, weiß das ganz genau. Im ungeborenen Zustand beobachtet das Wesen seinen Aufbau, es wird nach wie vor geistig geschult und es hält den Kontakt zur Materie und zum Geistigen gleichmäßig aufrecht. Das ist auch kein Problem, denn im ungeborenen Zustand gibt es keine Überforderung, da der Geist gezielt über alles wacht. Die Seele hat entschieden, diesen geistigen Anteil in die Verkörperung zu entsenden, sie bleibt nach wie vor im Licht, auf der höchsten Ebene, in der Verbindung mit dem Geist und der gesamten göttlichen Ebene.

So erkennt man, wie wichtig und unendlich großartig dieser Anteil der Seele ist, der sich entschied, erneut die Materie aufzusuchen. Der blaue Strahl half diesem Anteil bei der Entscheidung, bei der Zielsetzung und Planung im absoluten Selbstvertrauen. Nichts und niemand kann diesen Anteil der Seele davon abhalten, in diese Familie zu gehen, zu diesen Eltern, Geschwistern und Anverwandten. Diese Kultur ist wichtig, diese Epoche, gleich, was geschieht. Der Plan wird festgelegt, und so gebührt jedem Seelenanteil, der die Materie aufsucht, die größte Hochachtung. Dennoch muss man sagen, es ist die freiwillige Entscheidung, nichts und niemand soll korrigierend oder manipulierend einwirken. Bleibt eine Familie, eine Beziehung zwischen Partnern kinderlos, dann hat das seinen Sinn. Dann gibt es keinen Seelenanteil, der sich im Sinne der Zeugung beteiligen möchte. Die Zeugung ist ein irdischer und physischer Vorgang, ausgelöst durch das Funktionieren der menschlichen Organe. Entsteht nun eine irdische Hülle, dann stellt sich die Frage, ob ein Seelenanteil bereit ist, diese Familie zu bereichern. Wenn ja, dann ist es die Aufgabe seiner geistigen Führung, mit diesem Anteil im Sinne der Zeugung das weitere Vorgehen zu planen, Ziele zu setzen und die Materie durch die feinstoffliche Schöpfung positiv zu beeinflussen. Die Hülle, die entstand, wird sozusagen "beseelt", sie wird mit Energie versorgt. Der blaue Strahl tritt in Aktion, er legt das Fundament im Sinne des Selbstvertrauens und des klaren Ziels. Dann nehmen alle anderen Strahlen ihre weitere Arbeit im Sinne der Schöpfung, der Präzipitation, auf. Nur wenn der Seelenanteil voll von sich und dieser Familie überzeugt ist, kann eine absolut produktive Zukunft ihren Lauf nehmen.

Ist nun kein Seelenanteil zu diesem Schöpfungsprozess bereit, entfernt sich logischerweise die entstandene Hülle, indem sie die Mutter verlässt. So kann man sich vorstellen, was geschieht, wenn der Mensch manipulierend auf die Schöpfung Einfluss nimmt. Diese Themen wird Quan Yin in ihren eigenen Botschaften behandeln, da sie für die Thematik des Familienkarmas zuständig ist. Bereits in Atlantis geschahen diese Dinge, und sie führten keineswegs zum Ziel.

Ich will damit nur zum Ausdruck bringen, dass alles im Plan sein muss, was irdisch in die Umsetzung gebracht wird. Der Mensch muss lernen, dass er nichts erzwingen kann, denn jedes lebende Wesen legt größten Wert auf den freien Willen. Er wird meist dann gepriesen, wenn es um eigene Ziele, Wünsche und Hoffnungen geht. Doch an jeder Schöpfung des Lebens sind mehrere Anteile beteiligt, die alle - ausdrücklich: alle - ihren freien Willen im Universum haben. Wir können zwar sagen, er ist reine Illusion, da er Teil der Materie ist, die auch nur reine Illusion ist, aber dennoch muss er als Teil des Wesens verstanden werden. Er ist mental vorhanden und wird erdacht. Ihr werdet kein Tier erleben, das eine künstliche Befruchtung in Betracht zieht. Es hat auch seinen freien Willen, aber es akzeptiert die Schöpfung und deren Gesetze.

Nun wächst ein Wesen im Mutterbauch heran, es entwickelt sich gemäß seines Plans, ob gesund oder nicht gesund, das ist sein eigener Weg. Alle Energiefelder bilden sich, die Chakren spenden die wichtige Energie, untermauert durch die Energie der sieben Strahlen. Ohne diese Energie ist kein Wesen lebensfähig. Das ist die Erdung, die Verbindung zwischen Geist und Materie. Obwohl ihr in der Materie existiert, seid ihr dennoch mit der geistigen Ebene verbunden, um die Lebensenergie gemäß eures Plans zu erhalten und zu stabilisieren. Wir spenden unaufhörlich Energie. In dieser Zeit der Entwicklung sind alle Strahlen äußerst wichtig, dennoch, der blaue Strahl ist immer wieder bemüht, das Ziel aufrechtzuerhalten. Wie oft erleben wir die Zweifel, einen Funken Willen zur Umkehr, wenn der Seelenanteil den Eindruck hat, diese Familie war eine Fehlentscheidung. Wir dürfen nichts erzwingen, auch während des Wachstums kann und darf ein Anteil entscheiden, den Rückweg anzutreten. Aber man muss verstehen, dass mit der Zeugung und der Zustimmung zur Inkarnation das Leben begonnen hat. Das Wesen, ob Mensch oder Tier, ist vorhanden. Da ist es gleich, was man medizinisch untersuchen und als lebensberechtigt deklarieren kann. Der Moment der Zustimmung entscheidet, und das ist der Moment, in dem der Anteil sein Wachstum in Gang setzt. Was draußen in der Materie geschieht, ist dann der Wille anderer. Nun nimmt dieser Anteil am Leben der Familie im bestimmten Rahmen teil. Er ist nicht immer anwesend, da er geistig geschult werden muss, aber immer wieder muss der blaue Strahl dem Wesen verständlich machen, wie wichtig es ist, die Kontrolle über die einzelnen Körper des Egos auszuüben. Immer wieder müssen wir dafür sorgen, dass die Energie des Anteils in den Körper wandert, dort für eine gewisse Zeit anwesend ist, um so den aktuellen Zustand zu kontrollieren. Nur der Anteil selbst kann diese Aufgabe übernehmen. Die Mutter ist dem Prozess der Menschwerdung sozusagen ausgesetzt. Ihre Aufgaben liegen im irdischen Bereich. Da geht es um den Schutz des neuen Lebens, ihr richtiges Verhalten, die gesunde Ernährung und vieles mehr. Sie muss lernen zu vertrauen, dass das Leben, das in ihr wächst, genau weiß, was zu tun ist. Das ist eine lebenslange Partnerschaft, die sich so entwickelt. Die Mutter ist für jedes Wesen, ob Mensch oder Tier, der wichtigste Bezugspartner. Das lernt jeder Seelenanteil von uns im Sinne des blauen Strahls vom ersten Augenblick an. Ihr gebührt der größte Dank, die stärkste Zuwendung und die größte Hochachtung. Sie ist bereit, dieses Leben, das wächst, zu schützen, ihm Vertrauen und Selbstsicherheit zu geben. Sie lebt und arbeitet in dieser so wichtigen Zeit unter der starken Hilfestellung des saphirblauen Strahls. Deshalb ist Erzengel Michael für alle schwangeren Frauen der stärkste Schutz. Er gibt ihr Kraft und Mut, diesen Weg zu gehen. So könnt ihr davon ausgehen, dass jedes Kind, das den Weg ins Leben sucht, die Mutter ehrt und würdigt. Es hat nur die Mutter, um über viele Monate getragen, genährt und dann von ihr ins Leben hineingeboren zu werden. Die Mutter spürt dieses Leben als erster Mensch auf der Welt, sie ist der allererste Bezugspartner, das ist die Wurzel des Lebens. Jeder negative Gedanke, jede Bemühung, sich dieses Lebens in ihr zu entledigen, stört das Vertrauen und trägt schon im ungeborenen Zustand zum Aufbau von Misstrauen bei. Dann ist es die Aufgabe des blauen Strahls, immer wieder dafür zu sorgen, dass sich alles neu stabilisiert und in den gesunden Rhythmus gelangt. Das Kind kann sich nicht wehren und äußern, es ist allen Einflüssen ausgesetzt. Wir sind ständig bemüht, in der Zusammenarbeit mit der jeweiligen geistigen Führung, die vom Seelenstrahl des Kindes bestimmt wird, dafür zu sorgen, dass speziell das Selbstvertrauen erhalten bleibt. Wenn ein werdendes Leben das Selbstvertrauen verliert, droht die Resignation bis hin zur Selbstaufgabe. Wir sehen immer den Anfang, das Ur-Selbstvertrauen, das bei der Zeugung vorhanden war, und das gilt es für uns zu stabilisieren. Das macht ein Kind oft im frühen Stadium zum Kämpfer, und dennoch ist dieser Kampf oft ungesund und auch unnötig, denn er fordert viel Kraft, die nur durch den blauen Strahl aufzubauen ist. Ein wachsendes Wesen hat in diesem Sinne auch den starken Willen, die Mutter zu beschützen, gleich, was ihr geschieht. Dennoch ist es hilflos, da es nicht in Erscheinung treten kann. Es kann sie weder verbal noch physisch verteidigen. Nun kommt es darauf an, wie sein eigenes Energiemuster aufgebaut ist. Vielleicht kann es sich über vieles hinwegsetzen und Vertrauen haben, vielleicht nimmt es sich die Dinge aber auch sehr zu Herzen und entwickelt Ängste oder das Gefühl zu versagen. Deshalb muss der blaue Strahl in jeder Schwangerschaft intensiv über das Kraftpotenzial eines Wesens wachen. Wir rufen die Energie oft zurück zur Schulung, auch zum Trost, wenn die Dinge in der Materie ihren Lauf nehmen und wir sehen, der Anteil ist mit den Umständen in der Familie überfordert.

Auf diese Weise lernt aber auch jedes inkarnierende Wesen, wie man sich rechtzeitig zurückzieht, um geistig Kraft und Mut zu schöpfen. Nicht alles ist immer sofort in der Materie zu regeln, oft braucht man Zeit und geistige Schulung. Hier hat der blaue Strahl die stärkste Macht, damit jedes Wesen weiß, wo die Quelle der Überlebenskraft zu finden ist. Gerät die Mutter zum Beispiel in einen fürchterlichen Streit, sie wird geschlagen und auch verbal verletzt, dann erlebt das Kind in ihr die gleichen Verletzungen, denn es identifiziert sich zum Teil mit der Mutter. Das kann intensive karmische Gründe haben. Die Mutter versucht, die Dinge auf ihre Art zu regeln, sie kann sich zurückziehen, sich sogar vom Vater trennen, alles ist ihre Entscheidung. Bespricht sie das mit ihrem Kind? Wie hört sie seine Meinung? Wie setzt sie diese um? Sie wird immer so entscheiden, wie sie denkt, dass es für sie und das Wohl ihres Kindes am besten ist. Das Wesen in ihr muss sich allem fügen, es hat keine andere Wahl. Vielleicht hat aber das Kind den Willen, mit dem Vater zu kämpfen, ihn schon vor seiner Geburt zu kurieren und zur Ordnung zu rufen, da beide uralte Sparringspartner sind. Was dann, wenn der Vater bei seiner Geburt längst Historie ist? Wenn dieses Kind während seines Wachstums in der Mutter den Vater verschwinden sieht, kann es sich zwar vornehmen, ihn irgendwann mit viel Mühe zu suchen, aber dafür braucht es einen starken Willen. Ein inkarnierendes Wesen hat immer einen karmischen Bezug zu Mutter und Vater, auch zum Rest der Familie. In der Regel jedoch hat entweder die Mutter oder der Vater den stärkeren Bezug, weshalb ein Kind in diese Familie oder Beziehung geht. Je älter das lebende Kind ist, wenn die Familie vielleicht auseinanderbricht, umso mehr hat es selbst Einfluss auf seine neue Position. Je kleiner es ist, umso mehr wird über seinen neuen Lebensstil entschieden. Ist es noch ungeboren, kann es zur Katastrophe werden. Wir erleben oft diese Hilflosigkeit, das Nichtgehörtwerden, die Ohnmacht, den Vater oder die Mutter zu halten. Wenn wir dann dem Wesen gestatten, die Inkarnation abzubrechen, ist es ein Selbstmord, der sich karmisch niederschlägt. Auch das ist erlaubt, aber der blaue Strahl muss alles daransetzen, diese Aktion zu vermeiden. Dennoch wird der freie Wille respektiert. Es geht nur über die Energie des Strahls, der Selbstvertrauen, den starken Willen und die positive Macht verleiht. Ich muss versuchen, dem Wesen klarzumachen, dass es auch später die Macht und die Kraft hat, beide Eltern zu haben, mit ihnen durch sein Leben zu gehen. Beweist dann das Wesen seinen Willen, alles zu erleben, dann ist es auch später meine Aufgabe, ihm immer wieder mit aller Macht zur Seite zu stehen. Die Frage ist allerdings, inwieweit ich wahrgenommen und um Hilfe gebeten werde.

Inkarniert ein Anteil in ein Krisengebiet, in ein Land, in dem Krieg und Vernichtung ihren Lauf nehmen, ist es im ungeborenen Zustand sehr schwer, eine Stabilität zu erhalten. Ängste, Sorgen und extreme physische Belastungen sorgen immer wieder für Labilität und das Gefühl, aufgeben zu wollen oder zu müssen. All das hat karmische Gründe, das wissen wir, aber es ist immer wieder die Frage, wie sich die Mutter fühlt und wie die gesamte Familie mit allem umgeht. Die geistige Führung des Kindes hat ihre Aufgaben im Sinne des Wachstums, aber der blaue Strahl sorgt wiederum für Kraft, Mut und Selbstvertrauen. Kein Wesen der Erde ist unter Umständen in der Lage, hier positiv einzuwirken, wenn die Familie auf der Flucht ist, wenn sie trauert, wenn sogar der Vater stirbt. Wir müssen immer wieder dafür sorgen, dass die Mutter geschützt ist. Auch hier ist Erzengel Michael gefordert, ihr die richtigen Impulse des Selbstschutzes zu vermitteln.

Die Zeit des Heranwachsens im Mutterleib ist geistig gesehen die absolut geschützte Phase, aber irdisch gesehen kann sie große Gefahren mit sich bringen, die einen Seelenanteil oft zweifeln lassen. Wenn dann karmische Strukturen hinzugerechnet werden müssen, die ein Wesen labil erscheinen lassen, ist es oft eine Gratwanderung, die Stabilität zu erhalten. Das ist Energiearbeit auf höchstem Niveau. So lernt jedes Wesen diese hochstehende Energiearbeit schon im ungeborenen Zustand. Es weiß und trainiert, wie man sich mit der höchsten Energie verbindet, um bestens versorgt zu sein.

Kommen wir nun zum Thema der Geburt. Auch hier ist der blaue Strahl mit eingebunden. Das fertige Wesen muss den starken Willen aufbringen, jetzt ins Leben, in die Materie einzutauchen, loszulassen und eigenverantwortlich den weiteren Weg zu gehen. Das ist ein großes Geschenk, denn dieser Wille ist entscheidend für das ganze weitere Leben. Jeder Neustart, jede irdische "Geburt" braucht diesen starken Willen, denn so manche Geburt verursacht Schmerz und großen Kraftaufwand. Es dann geschafft zu haben, präsent zu sein, ist der erste Schritt zum Erfolg. So kann jedes Ziel erreicht werden. Jedes Kind, ob Mensch oder Tier, hat freiwillig im Geistigen zu entscheiden, wann es den ersten Schritt ins Leben in Angriff nimmt. Das ist die geistige Geburt. Wir lassen los, der Seelenanteil lässt los, der Wandel in der Materie beginnt. Das fertige Wesen entscheidet, jetzt zu Tage zu treten, jetzt den ersten Kampf zu kämpfen und wichtige Themen mit der Mutter zu erledigen. Alle feinstofflichen Körper des Wesens sind optimal mit Energie bestückt und die Persönlichkeit ist bestens vorbereitet, damit das Wesen sich gebären kann, sich selbst auf den Weg macht. Ein Bergsteiger muss sich selbst auf den Weg zum Gipfel machen, will er dort sein Kreuz errichten. Er weiß, wie schwer dieser Aufstieg sein wird, aber er entscheidet, wann er sich aufmacht zu neuen Taten. Genauso ist es bei der Geburt. Der freie Wille entscheidet, wann es so weit ist. Die geistige Führung dieses Wesens hat alles besprochen, sich perfekt für die folgenden Jahrzehnte angeboten, von allen Geschwistern im Geistigen wurde in Ruhe Abschied genommen, und dann stehe ich da und frage den Seelenanteil, ob es jetzt Zeit ist zu gehen. Nur wenn der Anteil das bejaht, ist der starke Wille gesund entwickelt. Es ist der Wille, allen Widerständen zu trotzen, sich durchzukämpfen, Selbstvertrauen zu haben und hocherhobenen Hauptes durch das Leben zu gehen. Dann erfolgt die geistige Geburt. Das Kind erzeugt die erste Wehe der Geburt, es zeigt der Mutter an: Ich komme, es kann losgehen. Ich bahne mir den Weg aus dir hinaus, auch wenn ich dir wehtun muss, es muss jetzt sein. Verzeihe mir allen Schmerz, denn du weißt, ich muss dich jetzt verlassen. Wenn ich da bin, ist alles gut, dann vergessen wir alles und genießen es, dass wir uns haben bis zu dem Moment, in dem einer von uns beiden wieder gehen darf. Du hältst mich als erster Mensch im Arm, wenn alles getan ist, und so soll es auch irgendwann sein, wenn einer von uns beiden die Materie wieder verlässt.

Das ist ein Impuls, ein nonverbales Versprechen zwischen Mutter und Kind, das nur von positiver Energie und Dankbarkeit genährt ist. Ein Kind kann tausende von Kilometern entfernt sein, wenn einer der beiden zu gehen hat. Beide werden es spüren und voneinander loslassen. Ein Kind ist jederzeit bereit, die Mutter im Moment des Todes im Arm zu halten, so wie es dies selbst bei der Geburt erlebt hat. Die Mutter kann ihr Kind gehen lassen, wenn es sein muss und es aus ihren Armen entlassen, ob durch das Leben oder den Tod, das spielt keine Rolle. Hier spielt der blaue Strahl eine wichtige Rolle. Er verleiht auch im Moment des Abschieds die Stärke, den Willen und die Erkenntnis, dass es keine Trennung gibt.

Die geistige Geburt gibt dem Kind die Sicherheit, seine erste wichtige Entscheidung selbst getroffen zu haben. Es bewegt sich, es entfaltet seine ganze Persönlichkeit und es kann voller Stolz in Erscheinung treten. Das ist auch für uns der schönste Moment, wenn wir einen Seelenanteil so entlassen können, auch wenn wir wissen, der Weg ist das Ziel. Noch ist nicht alles überstanden, es ist zunächst der Beginn einer Reise. Der Karmaspeicher ist geordnet und alles ist abrufbereit. Aber was, wenn sich bereits vor und während der Geburt vieles ereignet, was physisch oder auch durch Menschenhand Einfluss nehmen kann?

Wir wissen, dass die Zeiten sich geändert haben. Die Medizin hat viele dankenswerte Fortschritte gemacht, sie kann Menschenleben verlängern und retten, wo es in früheren Zeiten nicht möglich war. Dem ist auch nichts entgegenzuhalten. Wo immer Gefahr für ein Menschen- oder Tierleben besteht, soll und muss das Möglichste getan werden. Dafür bürgen wir mit, denn ohne die göttliche Eingebung und Unterstützung würden sich auch die Forschung und die Medizin nicht weiterentwickeln. Alles wird durch das Geistige genährt und unterstützt. Was uns allerdings befremdet, ist oftmals der freie Wille des Menschen, der Ärzte und der werdenden Mütter, der sich über den freien Willen des neuen Erdenbürgers hinwegsetzt. Hier entsteht eine gewaltige Diskrepanz. Wir unterstützen Mutter und Kind auf dem Weg der

Menschwerdung, indem wir bei beiden den starken Willen fördern, dieses neue Leben zu beginnen. Der freie Wille entscheidet. Ich möchte an dieser Stelle nicht auf die Beweggründe eingehen, die in vielen Fällen aus reinem eigenen Willen dazu führen, dass ein ungeborenes Kind dazu gezwungen wird, die Mutter unfreiwillig zu verlassen. Die Betroffenen werden es selbst einordnen können. Es besteht dann keine Lebensgefahr, sondern man ist der Meinung, so am besten und sinnvollsten zu handeln. Für den menschlichen Verstand mag das gut sein, für das Wohlbefinden der Mutter und den oft eingreifenden Willen der Ärzte auch. Aber ist es gut für das Kind? Für mich im Sinne des blauen Strahls und für die geistige Führung von Mutter und Kind entsteht eine extrem adrenalingeladene Situation. Man stelle sich vor, das Kind befindet sich noch in der geistigen Schulung, es feilt noch an seinem Plan, es hat sich noch nicht von allen geistigen Geschwistern verabschiedet - oder es ist noch damit beschäftigt, seine karmische Struktur zu ordnen. Wir lassen ihm dafür alle Zeit, die es braucht. Erst dann, wenn es sich zur Geburt entscheidet, werden die feinstofflichen Körper mit der richtigen und wichtigen Energie versorgt. Das ist die letzte Maßnahme, denn bis zuletzt besteht die Möglichkeit der Änderung der Struktur. Ganz in Ruhe entscheidet dieses Wesen darüber, wie es in wenigen Stunden in der Materie zu Tage tritt und sein Leben energetisch fortsetzt, nicht beginnt. Jeder Bauherr entscheidet ganz genau, wie er sein Haus optimal mit Energie versorgt, und das niemals innerhalb von Minuten. Keine geistige Führung darf Druck ausüben oder mahnen. Jedes ungeborene Wesen ist absolut selbstbestimmt.

Und nun stellen wir uns vor, wir alle im Geistigen registrieren eine plötzliche Energieverwandlung. Es wird hektisch, anstrengend und das Kind verfällt in großen Zeitdruck. Adrenalin wird freigesetzt, oft begleitet von dem Gefühl der Not und großer Angst. Der Seelenanteil verlässt sich noch voll und ganz auf uns, und so ist es an uns, diesen Druck zu transformieren. Aber auch dafür brauchen wir Zeit und Energie. Wir müssen schnell handeln, damit dieser Mensch überhaupt lebensfähig ist. Die geistige Führung darf dennoch niemals Druck ausüben, das Wesen muss sein Energiemuster selbst wählen und manifestieren. Das bedeutet hohe Anstrengung, die sich in allen Körpern speichert. Jede spätere sich selbst erzeugende "Geburt", jeder Neubeginn im Leben dieses Menschen erwartet Druck, Adrenalin, Not und nicht zuletzt die alles unterstützende geistige Hilfe, da kein Mensch diese Energie ersetzen kann. In der Materie aber gibt es in diesem Moment nur Menschen, sofern sich der Mensch nicht bereits sehr intensiv geistig geschult und die Dinge entschlüsselt hat. Was also, wenn ihm niemand in der angespannten Situation helfen kann oder will? Jede werdende Mutter, jeder Arzt und jede Hebamme sollte dies berücksichtigen. Wenn Gefahr in Verzug ist, wird alles von uns gesehen und unterstützt. Dennoch entstehen Druck und geistiger Geburtsschmerz. Ist keine Gefahr in Verzug, entstehen zusätzlich Enttäuschung, Ohnmacht und das Nicht-geachtet-Werden. All das muss später transformiert werden, um jeden Neubeginn, jede "Geburt" gut und erfolgreich zu überstehen. Was ist also zu tun? Gleich, wie sich die Situation zeigt, man muss der Mutter die Chance geben, sich mit dem Kind oder den Kindern auszutauschen und ihm oder ihnen zu erklären, was jetzt gegen den eigenen Willen geschieht. Sie muss es begründen, in eine logische Form bringen. Das ist der mentale Weg der Verständigung. So viel Zeit muss vorhanden sein, damit sich wieder ein stabiles Energiefeld aufbauen kann. Dann können wir im Geistigen logisch handeln, aber der wichtigste Faktor bei allem ist das Verständnis des Kindes. Es versteht die Situation und kann sich schneller darauf einstellen. Es bleibt anstrengend, aber die Logik ist aufgebaut, und dies überträgt sich dann auf spätere Situationen. Wenn dies alles unberücksichtigt blieb, wenn Gefahr bestand und schnell gehandelt werden musste, ist die Situation auch zu retten, aber dann später in der Materie. Wir wissen, nach wie vor ist das Kind durch ein Band mit der Mutter verbunden. Die Nabelschnur wird physisch Historie, aber energetisch ist sie weiterhin vorhanden. Sie speist die Zukunft dieser Wesen bis zum Ende. Über diese Verbindung ist alles möglich. So ist es dann die Aufgabe der Mutter, oder im späteren Leben auch die des Kindes, die Geburt rein energetisch über die Rückführung nachzuvollziehen. Alles, was nicht optimal vollzogen werden konnte, ist nachzuholen, mit allen Körpern zu durchleben. Es dient beiden, denn beide werden in der Materie voneinander gelöst durch das Leben gehen. Die energetische Verbindung bleibt, aber sie ist bereinigt, transformiert. Der Mensch kommt an.

Etwas anderes ist es, wenn sich die Mutter oder die Eltern dazu entscheiden, rein vorsorglich einen Kaiserschnitt zu beantragen, weil die Mutter vielleicht keine Schmerzen ertragen möchte oder weil man sich zum Beispiel eine bestimmte astrologische Konstellation ausgedacht hat. Vielleicht soll sogar eine bestimmte Uhrzeit das familiäre Glück abrunden. Es mag auch vorkommen, dass der zuständige Arzt seine freien Tage oder seinen Urlaub nicht in Gefahr bringen möchte. Ihr Lieben, im Geistigen hat dafür niemand Verständnis, am wenigsten der neue Erdenbürger. Stellt euch einfach vor, ihr habt eure eigene Hochzeit geplant, mit viel Aufwand, aber auch mit Vorfreude. Alle Gäste sind geladen, viele müssen von weit her anreisen. Eine Woche vor dem Termin entscheiden eure Eltern, dass es besser wäre, die Hochzeit um vier Wochen zu verschieben oder schon am nächsten Tag alles zu vollziehen, weil sie es so für gut halten. Wie würdet ihr reagieren? Eure klare Antwort ist, dass ihr selbst entscheidet und euch nichts vorschreiben lasst. Euer Termin steht, und damit ist alles gesagt.

Ein Ungeborenes fühlt genauso, aber es hat keine Wahl, es muss sich unterordnen und sich dem Willen der Menschen in der Materie beugen. Nun mögt ihr sagen, dass es genug Zeit hat, nicht unter Druck steht, um alles vorzubereiten. Das ist korrekt, und dennoch ist es nicht frei in seiner Entscheidung. Seine Entscheidung kann sich auch dadurch frei äußern, dass es ein paar Tage länger in der Mutter verbringen möchte. Ihr fehlt aber der Wille, es noch weiter in sich zu tragen. All das setzt gewaltige Emotionen frei. Das Kind kann sich nicht äußern, aber es bringt die Emotionen und Gedanken im Speicher mit. Wenn also solche Entscheidungen getroffen werden, müssen speziell die Mütter lernen, mit dem Kind oder den Kindern zu kommunizieren. Während sie die Kommunikation aufnehmen, sind wir im Geistigen dabei, und dann nimmt alles seinen Lauf. Das Kind kann sich darauf einstellen, zustimmen und seine Pläne anpassen. Es kann aber auch geschehen, dass es so fest in seiner Meinung ist, dass die Mutter zu zweifeln beginnt und sich doch noch anders entscheidet. Das unterliegt nicht mehr unserer Kontrolle, denn dann sind die beiden im Fluss. Alles andere muss später in der Materie bearbeitet werden. Ein Mensch, der im Rahmen seiner Geburt bevormundet und nicht geachtet wurde, hat später immer wieder Probleme, sich zu behaupten. Gerade unter Geschwistern kann das intensive Folgen haben, wenn diese auf ganz natürliche Art geboren wurden. Das sind dann keine karmischen Belastungen, es liegt einzig und alleine an der Geburt selbst.

Der blaue Strahl steht hinter jedem Neuanfang im Sinne des starken Willens, und so seid sicher, jedes Wesen, das sich auf den Weg der Inkarnation begibt, hat diesen Willen. Ihr müsst ihn nicht durch euren Willen untermauern oder verändern.

Der Augenblick der Geburt selbst ist in der Materie entscheidend. Der Mensch tritt in Erscheinung, dann muss ich ihm mit der Energie des blauen Strahls dabei helfen, sich zu stabilisieren.

Der erste Schrei, die erste eigene Bewegung ist das Ankommen, das materielle Denken und Tun. Alles ist stabil, wir haben losgelassen und sind dennoch verbunden. Die Lebenspräzipitation beginnt, den aquamarinfarbenen Strahl zu involvieren. Dem Wesen wird klar, es ist jetzt ein sichtbarer Mensch, ein greifbares Individuum, das gleichberechtigt mit allen anderen ist. Es beginnt, seine Umgebung zu sortieren und wahrzunehmen, es kennt ja nur uns und die innere Wärme der Mutter. Sofort sucht es diese Wärme im Außen, aber es ist die Wärme der Mutter, die zuerst da sein muss. Der Vater ist wichtig, aber er ist die Stabilität bei der Verwurzelung. Die Mutter ist bekannt, und sie soll es bleiben. Wenn also ein Kind direkt nach der Geburt, aus welchem Grund auch immer, von der Mutter getrennt werden muss, sie es nicht sofort im Arm halten kann, braucht das Kind im Sinne der Klarheit etwas, das es mit der Mutter so lange verbindet, bis die direkte Berührung möglich ist. Auch wenn die Mutter narkotisiert war, muss das Kind in ihre Arme oder auf ihren Körper gelegt werden. Wenn das alles nicht machbar ist, legt das Neugeborene sofort auf ein getragenes Kleidungsstück der Mutter, ein natürlicher Stoff, der während der Geburt im Bereich des Oberkörpers getragen wurde. Das Gleiche macht ihr, wenn ihr einem Tier signalisieren wollt: In Kürze kommt ein kleines neues Wesen in dieses Haus. Es hält so die Energie zur Mutter, ihr Geruch ist vorhanden, ihr Schweiß, die Programmierung ihrer Zellen. Das Kind erkennt sie und sich in einem Rhythmus. Erst wenn diese Stabilität da ist, soll der Vater die direkte Berührung suchen. Trotzdem erwartet das Kind, so schnell wie möglich zur Mutter zu gelangen. Ein Tier macht es genauso. Die Welpen suchen direkt den Kontakt zur Mutter, um "genährt" zu sein. Wenn es Zwillinge oder Mehrlinge sind und die Mutter zu schwach ist, um alle gleichzeitig zu "wärmen", dann übergebt ihr immer zuerst das zuletzt geborene Kind, dann in der weiteren Reihenfolge. Sie muss jedes direkt ansprechen und willkommen heißen können. Das zuletzt geborene Kind fühlt sich als das letzte Glied der Kette, oder es ließ den anderen freiwillig den Vortritt. Es hat es jetzt verdient, die Ampel auf Grün zu stellen. Jetzt spielt es die erste Geige, dann folgen die anderen, die sich vor ihm in Szene setzen durften. Bis zu diesem Zeitpunkt stabilisiere ich dieses Kind, indem ich ihm die blaue Energie des starken Willens zuführe. Seid sicher, das zweite Kind oder weitere Geschwister lassen ihm gerne den Vortritt, und zwar so lange, wie dieses Kind es wünscht. Die Mutter wird spüren, wann es gut ist. Dann übergebt ihr das zweitgeborene und so weiter, bis das erstgeborene Kind allen Geschwistern den Vortritt ließ, um sich der Mutter vorzustellen. Das macht es stolz und demütig zugleich. So werdet ihr viel mehr Ruhe und Gelassenheit in der Familie erreichen. Der Kontakt zu den Großeltern sollte frühestens nach sieben Stunden erfolgen. Sie sollten auch nicht bei der Geburt dabei sein. Dieser Moment gehört der Mutter und dem Vater. Das Kind will sich stabilisieren und ankommen. Wenn die Großeltern zu früh in Erscheinung treten, werden sie es auch im späteren Leben des Kindes tun und so Verantwortung fühlen, wo sie durchaus nicht besteht. Karma ist etwas anderes als selbst erzeugte Verpflichtung. Es mag sein, dass sich eine alleinstehende werdende Mutter die Begleitung eines Elternteils wünscht, aus welchem Grund auch immer. Das ist nicht schlimm, aber dieser Elternteil muss sich zurückhalten und sich direkt nach der Geburt für mindestens sieben Stunden zurückziehen. Das ist eine große emotionale und mentale Prüfung. Wenn es nicht geschieht, kommt es zu energetischen Verwechslungen. Dann muss dies abgelöst werden. Bittet dann den blauen Strahl um die Stärke der heilsamen Distanz und des Loslassens in der Verantwortung. Das Kind wird davon profitieren.

Nun geht es darum, den neuen Erdenbürger in die Familie zu integrieren. Dabei hilft der blaue Strahl im Sinne des starken

Willens, des Mutes und des Selbstvertrauens. Das Kind hat die Aufgabe, seine Position zu erarbeiten. Die Geschwister heißen es willkommen, oder sie sehen in ihm eine Konkurrenz. Die Eltern haben eine Vorstellung, wie sich dieses Kind verhalten und aufwachsen soll. Wenn es das erste Kind ist, verändert sich das ganze Leben der Familie. Alleinerziehende Mütter oder Väter müssen ihren ganzen Lebensrhythmus verändern, um die neue Verantwortung zu übernehmen. Wir denken nun wieder zurück zu den Großeltern. Wurde alles perfekt bei der Geburt eingehalten, dürfen sie freiwillig zur Seite stehen, andernfalls ist es eine übernommene Verantwortung. All das kann Zufriedenheit oder das Gefühl der Überforderung auslösen. Was immer sich zeigt, es überträgt sich auf das Kind und erzeugt so Übereinstimmung oder Zweifel. Ein Kind, und sei es noch so klein, versteht all das und erzeugt seine eigenen Emotionen und Gedanken, die sich in den feinstofflichen Ebenen manifestieren. Demzufolge ist der blaue Strahl gefordert, damit sich hier möglichst keine Schuldgefühle aufbauen, sondern eine gesunde Selbstverantwortung. Ein kleines Kind ist noch sehr den Eindrücken seiner Umgebung ausgeliefert und muss sich einleben. Es ist noch nicht in der Lage, Lichtarbeit wie ein erwachsener Mensch zu leisten, dessen Bewusstsein geschult wurde. Die Energie des Strahls ist auf die Impulsfähigkeit angewiesen. Deshalb ist es so wichtig, dass ein werdender Mensch bereits im Mutterbauch an die Arbeit mit den Strahlen gewöhnt wird, sei es durch Meditation, Musik, Farbe oder gezielte Chakrenarbeit. Nach der Geburt kann es dann konstruktiv damit weitergehen, bis das Kind spielerisch lernt, mit der Energie umzugehen. Man sollte damit so früh wie möglich beginnen, indem man ihm erklärt, dass in unserem Falle der blaue Strahl im Halschakra arbeitet, was er ihm an Energie liefert und auch wohin man seine Energie lenkt, um das Leben sinnvoll zu gestalten, ob im Mentalkörper, im

Emotionalkörper oder auch im Ätherkörper. Die ganze Persönlichkeit kann so profitieren.

So kann das Kind heranwachsen und ohne Probleme aus diesem Reservoir der Kraft, des Mutes und des Selbstvertrauens schöpfen. Es lernt spielerisch, seine Ziele zu setzen, und es weiß, wie es seinen Schutz aufbaut. So entsteht ein stabiles Wachstum, auch um sich in der Familie zu behaupten, denn die ersten sieben Jahre im Leben des Kindes dienen seiner Stabilität. Die Familie ist der erste Platz, an dem es sich zeigt und etabliert, dann kommt die Verwandtschaft, später der sich entwickelnde Freundeskreis, der Kindergarten und nicht zuletzt der Schulbeginn. Alle Ebenen erfordern Selbstbewusstsein und Selbstbehauptung, um sich zu stabilisieren.

Jeder Mensch, gleich wie alt er ist, schätzt die Energie der Engel. Zeigt dem Kind so früh wie möglich diese göttliche Ebene, vor allem indem ihr ihm die Erzengel vorstellt. Erzengel Michael übersteht dem blauen Strahl mit seinem Flammenschwert, um alle Gefahren abzuwenden. Er ist immer bereit, seinen blauen Schutzmantel umzulegen, damit das Kind geschützt und gut aufgehoben ist. Schenkt dem Kind ein Bild oder eine Skulptur. Alles soll immer mit der Farbe Saphirblau einhergehen, damit das Kind sehr früh lernt, welche Rolle diese Farbe in seinem ganzen Leben spielt.

Speziell die Einschulung ist im Leben eines jeden Menschen eine Form von Geburt, ein absoluter Neuanfang, der Eintritt in die eigene Verantwortung für die Zukunft. Das soll dem Kind bewusst sein, ohne ihm Angst zu machen. Es soll Freude daran haben, diesen Schritt zu unternehmen. Die Lehrer stellen neue Respektspersonen dar, die Aufmerksamkeit und Mitarbeit fordern. Dafür braucht es Mut und Kraft. In den ersten sieben Wochen der Schulzeit ist es sehr angebracht, das Kind in der Farbe Blau zu kleiden. Bedenkt: Viele Schuluniformen sind in

Blau gehalten! Das Selbstbewusstsein wird so gefördert. Oft sind es zwar Eliteschulen, das spricht für sich, aber jedes Kind hat das Recht, etwas Besonderes zu sein, wenn es diesen Lebensabschnitt eröffnet. So achtet darauf, dass das Kind gerade in der Phase der Eingewöhnung immer etwas Blaues trägt, auch später beim Wechsel auf weiterführende Schulen. Die blaue Jeans ist aus eurem Leben nicht mehr wegzudenken. Das ist gut. So begleiten euch Kraft, Mut und Selbstschutz.

In dieser Zeit verändert sich auch bereits der Freundeskreis. Vorlieben, seien es Hobbys oder Sport, was auch immer, entwickeln sich. Die Geschwister bekommen einen neuen Stellenwert, und auch die Eltern oder Großeltern werden anders betrachtet. Sie werden nicht mehr nur in der Schutzfunktion gesehen, sondern sie werden zu Begleitern und Vorbildern. Hier geht es darum, dass ihr selbst den blauen Strahl um Unterstützung bittet, damit ihr diesen Anforderungen gerecht werdet. Alle Strahlen stehen für die Erhaltung von Werten ein. Der blaue Strahl unterstützt die Aufgeschlossenheit, und er hilft dabei, Prioritäten zu setzen, damit es vorwärtsgeht. Jede Familie ist für das heranwachsende Kind der Ort der Zuflucht und Geborgenheit. Dafür müssen aber Werte geschaffen und gepflegt werden. Gemeinsame Mahlzeiten, tiefgehende Gespräche, Diskussionen und Zeit, endlos viel Zeit für Sorgen und das Trocknen von Tränen, aber auch Familienfeste, Geburtstage, religiöse Begebenheiten, Traditionen, gleich welcher Kultur, sorgen für Werte im Leben. Selbst der älteste Mensch erinnert sich gerne an gemütliche Abende als Kind im Kreise der Familie, an die tröstenden Worte der Mutter, an die wohlwollende Strenge des Vaters, der wie ein Leuchtturm dastand und Schutz gab. Auch Tiere sind Werte, denn sie sorgen dafür, dass man sie wertschätzt, sie im Herzen aufnimmt und liebt. Aufgeschlossenheit hilft, das große Ganze zu betrachten, niemanden zu verurteilen, sondern alle zu integrieren, um dann gerecht zu handeln. Offen zu sein ist die Eintrittskarte in den Erfolg im Leben und nötig, um keine Vorurteile zu kreieren. Prioritäten zu setzen, erfordert das Wissen, was zuerst kommt. Das muss ein Kind lernen, sonst verliert es sich in vielen Aktivitäten. So lernt dieser junge Mensch, sinnvoll dem großen Ganzen zu dienen. Der blaue Strahl hilft euch dabei, als gutes Beispiel voranzugehen und vielleicht auch selbst noch etwas zu lernen. Denkt immer daran: Das Halschakra ist die Eintrittspforte der Strahlenenergie. Von dort aus lenkt die Energie in den feinstofflichen Körper, in dem ihr die Unterstützung braucht (mental, emotional, ätherisch oder in der gesamten Persönlichkeit).

Das Kind wird älter, und spätestens dann zeigen sich auch schon die karmischen Muster, ob positiv oder belastend. Ob als Kind oder junger Mensch, viele Emotionen können hier aus alter Zeit aufwachen, so auch Gedankenmuster und physische Belastungen. Wo und wie kann nun der blaue Strahl seine Hilfe anbieten? Ein gesundes Ego ist grundsätzlich von Vorteil, aber Egoismus führt sehr oft zur Isolation. Arroganz und Überlegenheit sind oft nur Selbstschutz. Kritik von außen führt dann häufig zu Wut und Gewalt, aber letztlich sind sie der Ausdruck von Angst vor der eigenen Darstellung. Es kommt zu unkontrollierten Ausbrüchen und Härte. Für uns stellt sich immer wieder die Frage, wie wir Eltern und Geschwistern beibringen können, konstruktiv damit umzugehen. Wie oft wird ein junger Mensch dann schon zum Außenseiter, zum schwarzen Schaf? Wir sprechen hier von den negativen Qualitäten des blauen Strahls. Auch wenn es sich destruktiv anhören mag, die Aspekte müssen karmisch gesehen zu Tage treten. Es kann durchaus sein, dass gerade die Geschwister, die Eltern, die Lehrer, die Schulkameraden und Freunde uralte Muster zu Tage befördern. Der junge Mensch kann nicht anders, er muss darauf reagieren, genauso aber auch das Gegenüber, denn es ist ja ein Wechselspiel.

Deshalb hat die herkömmliche Erziehung mit Strafmaßnahmen in all der Zeit kaum etwas gebracht. Prügel und Sanktionen hinterlassen Narben für alle Zeit. Versteht, dass der blaue Strahl hier nur konstruktiv zu Tage tritt. Arbeitet mit dem Menschen gemeinsam das Karma auf, damit sich jede negative Qualität in Potenzial verwandeln kann. Betrachtet es wie das Schürfen von Gold. Das konstruktive Leben ist das Sieb. Ich bin da, um euch zu helfen und es gezielt in die Hand zu nehmen.

Der junge Mensch erfährt den Eintritt ins Erwachsenenalter. Er übernimmt Verantwortung und er muss sich im Sinne der Zukunft für einen Beruf entscheiden. Vielleicht möchte er zuerst die Welt erkunden, dann lasst ihm diese Freiheit. Die dynamische Kraft des blauen Strahls wird ihm helfen, den Weg zu beschreiten, nicht zuletzt sich zu lösen, die gesunde Distanz zu schaffen und unabhängig zu werden. Der Mensch wird aktiv und erfährt eine treibende Kraft, die ihm hilft, unbeirrbar den kürzesten Weg zum Ziel zu nehmen. Die Zielsetzung und die Zielgerichtetheit helfen ihm, sich nicht ablenken zu lassen. Es ist das "JA" zum Leben, das von allen unterstützt werden soll. Dafür muss man bereit sein, auf allen Ebenen loszulassen. Der Mensch muss lernen, dass seine guten Verbindungen nicht abbrechen, sondern dass die Liebe alles aufrechterhält, über alle Entfernungen. Das ist für einen jungen Erwachsenen eine hohe Herausforderung, aber je eher diese Phase beginnt, umso schneller entstehen das Gefühl der Unabhängigkeit und die Bereitschaft, Verantwortung zu übernehmen. Lasst die Jungen ziehen, lernen, sie dürfen sich auch verletzen - und sie dürfen wiederkehren als ein im guten Sinne gewachsenes und verändertes Wesen. Wichtige karmische Begegnungen konnten so bereits stattfinden und auch gelöst werden. Dann können sie ihre eigene Existenz begründen, für sich und andere sorgen und sie entwickeln Mitgefühl sowie Barmherzigkeit. Sie sind weltgewandt und können so später auch global wirken und unterstützen. Der blaue Strahl unterstützt all diese Aspekte. Wir müssen nur um Hilfe gebeten werden, wenn die Notwendigkeit besteht. Wer grundsätzlich von klein auf gelernt hat, mit dieser Energie zu arbeiten, wird automatisch die Impulse aufnehmen.

Dann kommt die Phase des Erwachsenen, des Lehrers, des Vaters, der Mutter, des erfolgreichen Berufstätigen, des Unternehmers, des Freundes, der Beistand leistet, und die des verlässlichen Sohnes oder der Tochter. Das ist die anstrengende Phase des Lebens. Alle Kraft wird gebraucht, die Lebensenergie ist auf dem Zenit angekommen. Sicherlich können Krankheiten und viele unvorhergesehene Ereignisse starken Einfluss nehmen. Dennoch kann alles bewältigt werden. Wer früh gelernt hat, die Energie des blauen Strahls sinnvoll zu nutzen, hat hier eine gute Ausgangsposition. Nehmen wir zunächst als einfaches Beispiel die Kleidung. Ein dunkelblauer Anzug oder ein dunkelblaues Kleid erzeugen den Eindruck von Führungsqualität, positiver Ausstrahlung und Macht. Man weiß, dieser Mensch hat die Kraft zu leiten und zu führen. Sehr viele Uniformen haben diese Farbe, um zu signalisieren, es handelt sich um eine Respektsperson, die Schutz und Führung verleiht. Das ist gelebte Strahlenenergie auf sichtbarem Niveau. Die Menschen erscheinen aufrichtig, indem sie Furchtlosigkeit signalisieren.

Nicht jeder Mensch hat in seinem Lebensplan eine Führungsaufgabe übernommen. Dennoch kann auch ein Arbeitnehmer sehr initiativ, willensstark und zielgerichtet durch sein Leben gehen. All das wird ihm vielleicht eine bessere Beachtung, Entlohnung und Aufgabenstellung einbringen. Es ist eine gesunde persönliche Autorität, die sich so entfaltet. Nicht zuletzt überträgt sich diese Lebensstruktur auf die Familie, den Freundeskreis und das gesamte Auftreten nach außen. Dieser Mensch kann seine Kinder offen und führend begleiten und beizeiten loslassen.

Als Mutter oder Vater ist man aufgeschlossen und man stellt sich furchtlos vor seine Kinder. Der Freundeskreis weiß, auf diesen Menschen ist Verlass, aber er wird immer höflich distanziert bleiben, wenn die Situation es erfordert.

Als erwachsenes Kind braucht der Mensch den blauen Strahl, um sich auch schützend und verantwortlich vor die Eltern zu stellen. Sie haben ihm den Eintritt ins Leben ermöglicht, das darf nie vergessen werden. Doch irgendwann verändern sich die Lebenssituationen. Die Eltern werden alt und schutzbedürftig. Sie haben das Recht, vielleicht auch karmisch gesehen, von den Kindern geachtet zu werden. Das hat nichts mit "Versorgung" zu tun, es geht um die Energie des blauen Strahls. Ältere Menschen werden krank, vergesslich und hilfsbedürftig. Ihnen dabei zu helfen, in Würde alt zu werden, ist eine große Aufgabe der Kinder. Ich sprach bereits über die Rolle der Eltern. All das erfordert auch hier eine spezielle Führungskraft, Zielgerichtetheit, Willensstärke und großen Mut. Es ist das Management des Lebens, das nun gefordert ist, denn die Familie kann nie zerfallen, sie hat Bestand bis zum Ende des Lebens. Sich hier zu üben in den Qualitäten des blauen Strahls, ist eine große Herausforderung, die jedoch ein hohes Prädikat verleiht.

Wir beobachten, dass in der heutigen Zeit sehr oft eine späte Elternschaft zu verzeichnen ist. Die Struktur eurer Gesellschaft hat hier viel dazu beigetragen. Es mag durchaus interessant sein, zuerst den beruflichen Erfolg zu garantieren und sich dann den Luxus der Elternschaft zu gönnen. Bedenkt jedoch, dass die Bedürftigkeit der Eltern im hohen Alter oft dann zu Tage tritt, wenn sich das Kind auf dem Zenit der Leistungsbereitschaft befindet. Wir brauchen dann die geteilte Leistungsbereitschaft für den eigenen Erfolg, die eigene Elternschaft und die Barmherzigkeit den eigenen Eltern gegenüber, sei es nun die Pflege, die Fürsorge oder das Begleiten im Pflegeheim bis zum Tod. Wenn all das zusammenkommt, bittet den blauen Strahl um Hilfe. Trotz allem müssen wir euch dann zeigen, dass es wichtig ist, Prioritäten zu setzen, um zweck- und zielgerichtet vorzugehen.

Jede Lebensphase hat ihren energetischen Zeitraum. Wir wissen, dass die Erinnerung an atlantische Zeiten und Lebensstrukturen in allen Wesen zu Hause ist. Die Bewohner von Atlantis erreichten generell ein hohes Lebensalter. Die irdische Bevölkerung ist davon noch weit entfernt. Viele Lebensbedingungen auf der Erde verhindern nachhaltig das Erreichen eines so hohen Alters. Deshalb sollte sich der Mensch immer wieder Gedanken darüber machen, wie er seinen aktuellen Lebensplan am besten meistern kann. Wir sprachen über die Kindheit und den Eintritt ins Erwachsenenalter. So erzeugt sich auch die eigene Wahrnehmung des Wesens bei Mensch und Tier. Eine neue Reife tritt ein, das Wesen wird zeugungsfähig, es will sich fortpflanzen. Gleichzeitig möchte es aber auch seine Bildung, all sein Wissen einsetzen, um beruflich erfolgreich zu sein und seine Stellung in der Gesellschaft zu sichern. All das ist verständlich. Die Rollen von Mann und Frau haben sich einerseits verändert, aber andererseits können sie sich nicht verändern, was das Thema der Familie betrifft. All das führt zunehmend dazu, dass sich die Geschlechter gelegentlich in Frage stellen. Frauen möchten führen, ihren Willen durchsetzen und mit großem Mut ihr Leben meistern. Männer entwickeln durchaus weibliche Interessen, sie sind bereit, täglich eine Familie zu versorgen und die Kinder zu begleiten. Auch hier seht ihr die Entwicklung im beruflichen Umfeld. Sämtliche Veränderungen der letzten Jahrzehnte deuten nur darauf hin, dass sich die Menschen immer stärker an atlantische Lebensformen erinnern, wenn auch unbewusst. Um all das sinnvoll zu leben, müssen die uralten Gesetze dieser Kultur Fuß fassen. Auch hier hilft der blaue Strahl, wenn es darum geht, die Initiative zu ergreifen und vor allem

Prioritäten für das Ganze zu erkennen und zur Grundlage werden zu lassen, denn das führt in die gelebte Freiheit des Individuums. So kann ein Kollektiv im Zusammenleben unabhängig und selbstständig nach vorne gehen. Man wird aufgeschlossen für die Belange aller und so kann man gemeinsam Widerstände meistern. Schwierig wird es immer dann, wenn sich die Muster und Lebenseinstellungen widersprechen. Das liegt natürlich an der Unterschiedlichkeit des Energiemusters aller Beteiligten. Generell entscheidet das Muster über die Ziele des Lebens, den Lebensplan, und so ist das Zusammenleben- und arbeiten immer wieder die größte Kunst des Lebens. Es muss bewältigt werden, will ein jedes Wesen seinen Plan vollziehen. Widerstände tauchen immer auf, überall wo sich Mensch und auch Tier finden, um gemeinsam durch Höhen und Tiefen zu wandeln. Wenn sich dann Ängste einschleichen, wenn es um die Erhaltung von Werten geht, wenn der starke Wille und die dynamische Kraft gebraucht werden, dann bittet den blauen Strahl und alle seine Helfer um Unterstützung. Die gemeinsame Meditation ist eine sehr gute Möglichkeit, sich darauf zu konzentrieren. Der blaue Strahl ist die Grundenergie der Zielsetzung, des starken Willens und der positiven Macht.

Wer führt, sei es ein Unternehmen, eine Familie, einen Verein, was auch immer, sollte diese Energie immer einladen, damit alle gut geführt und geschützt sind. Auch die Tiere leben in dieser Form, und wenn sie mit Menschen zusammenleben, erwarten sie von diesem Wesen Führung. Das hat nichts mit Dominanz zu tun. Ein Tier schätzt die Menschlichkeit, die ihm zeigt, ich gebe dir Schutz und Kraft, damit dein Leben in unserer Mitte auch deinem Plan gerecht wird. Es hat die gleichen Rechte, aber auch Pflichten. Es erwartet aber auch Respekt und Aufgeschlossenheit. Dem steht natürlich grundsätzlich entgegen, dass der Mensch immer noch der Meinung ist, das Tier spüre nicht, dass seine Artgenossen verspeist werden. Eine ungewisse Angst, selbst in diese Lage zu geraten, wird es demzufolge immer begleiten. Daher ist hier die Antwort zu suchen, weshalb ein Tier nicht "heimisch" wird, weshalb es sich distanziert, die Lage beherrschen will und nicht ohne Furcht durch sein Leben geht. Wenn ihr als Mensch ein Tier braucht, das euch beschützen soll, liegt hier ein Fehler im System vor. Das Tier ist vollkommen überfordert. Ihr habt es eingeladen, Teil eures Lebens zu sein, und so setzt den blauen Strahl ein, damit er euch schützt und damit das Tier loslassen, seine gesunde Distanz üben und furchtlos an allem teilnehmen kann. Denkt immer wieder daran, dass das Halschakra die Pforte des Strahls ist. Dann lenkt seine Kraft in das Energiefeld, in dem ihr seine Hilfe braucht. Er wird euch dann klar zeigen, wo sich eventuelle karmische Hindernisse aufbauen, die es aufzulösen gilt.

Das Lebensbuch eines jeden Wesens, auch Akasha-Chronik genannt, hütet sämtliche Geheimnisse all seiner vergangenen Leben. Diese universelle Bibliothek hat ein energetisches Ausmaß, das kein Mensch erfassen kann. Ich hüte diese Bibliothek im Geistigen, damit ich jedem Seelenanteil, der den Weg in die Verkörperung sucht, im Sinne der Zielsetzung behilflich sein kann. Dieser Anteil beginnt seine größte Präzipitation des nun kommenden Lebens. Die Planung wird immer im Detail mit der eigenen geistigen Führung vorgenommen, aber der blaue Strahl steht mit seiner Energie zur Verfügung, damit der starke Wille, Mut und Kraft als Antrieb dienen. Die Öffnung des Lebensbuches muss dabei erfolgen, damit der Anteil exakt entscheiden kann, wie die Verkörperung in Angriff zu nehmen ist. Das zu bearbeitende Karma kann eingesehen werden, damit der Weg verständlich und attraktiv wird. So weiß dieser Anteil ganz genau, was auf ihn zukommt, welche Wege zu beschreiten sind. Ich stabilisiere den Willen zur Tat mit der Energie des blauen Strahls. So bilden wir die Grundlage für das spätere Vorgehen während der Inkarnation. Ich muss also später immer wieder mit der Energie des blauen Strahls dafür sorgen, dass das Wesen bereit und in der Lage ist, die karmischen Zusammenhänge zu erfassen und konstruktiv anzugehen. Das ist nicht leicht, vor allem dann, wenn die energetische Gesamtausrichtung des Wesens eher zurückhaltend und in sich gekehrt ist. Karmische Verletzungen und im Leben auftretende Querverbindungen können für dieses Wesen sehr anstrengend und lähmend sein. Wenn ihr solche Entwicklungen bei euch selbst beobachtet, dann bittet den blauen Strahl um Hilfe. Ihr geht immer euren eigenen Weg, auch als Bestandteil eines Kollektivs. Ich muss euch immer wieder erkennen lassen, dass euer Weg das Wichtigste im Leben ist. Menschen und Tiere, die euren Weg kreuzen, wie auch immer das geschieht, gehen ebenso ihren Weg. Jedes Wesen hat(te) das Ziel, sich zu klären und Fortschritte zu machen. Wenn man sich dann begegnet, sieht alles ganz anders aus. Oft verliert man die eigene Motivation aus den Augen. Das liegt daran, dass in der Regel nur das Unterbewusstsein alle Erinnerungen und Pläne kennt. Das Bewusstsein lebt im Hier und Jetzt. Deshalb ist es immer wieder meine Aufgabe, unterstützt durch die atlantischen Priester des blauen Strahls und natürlich Erzengel Michael, die sogenannten Aufwachmomente ins Leben zu rufen. Es ist immer wieder wichtig, sich auf das Wesentliche zu konzentrieren. Wir nennen dies auch die Kraft der Befreiung aus jeglicher Sklavenschaft durch karmische Strukturen. Es ist nicht einfach, auf dem eigenen wahren Weg zu beharren und trotzdem Teil eines Kollektivs zu sein, das von Liebe und Empathie geprägt sein muss, denn nur so kann es einerseits zu tiefem Verständnis, aber auch zu Unabhängigkeit kommen. Das spirituelle Wachstum hat einen hohen Preis. Die Kraft zur Loslösung ist genauso wichtig wie die allumfassende Liebe, aber dafür braucht der Mensch viel Initiative und Dynamik, damit er erkennt, wo sein Platz ist, aber auch seine Freiheit. Jedes Wesen, das bereit ist, in eine Verkörperung zu gehen, hat als oberstes Ziel die endgültige Freiheit, die konstruktive Zerstörung aller karmischen Muster und das Sein in der loslassenden, allumfassenden Liebe. Ihr nennt es Aufstieg, wir nennen es die höchste geistige Qualität im universellen Sein. Der blaue Strahl verleiht dafür die Kraft und den starken Willen.

So wandert das Wesen durch seine irdische Existenz, vom kleinen Kind bis zum weisen, alten Menschen, der erkennt, seine irdische Kraft neigt sich dem Ende zu. Die geistige Kraft kann unendlich gewachsen sein. Sie steht nach wie vor bis zum letzten Atemzug zur Verfügung.

Mit der Geburt beginnt eine durchaus lange Reise in der Materie. Die Zahlen Sieben und Zwölf bilden sowohl in der Materie als auch im Geistigen wichtige Zeiträume und energetische Strukturen. Aus dem Licht der Schöpfung kennt jedes Wesen die maximale Zahl Zwölf, das ist die universelle Schöpfungsenergie. Die sieben Strahlen sind die Energien der Lebensgrundlage. Jedes Wesen nimmt diese Prägung mit ins Leben. Deshalb ist es so wichtig, diesen Rhythmus zu beobachten. Immer dann, wenn sieben Jahre vollendet sind, beginnt ein weiterer wichtiger Lebensabschnitt. Dieser braucht neue Energie und Tatkraft. Versucht zu beobachten, wie euer eigenes Leben innerhalb dieses Rhythmus bisher verlaufen ist. Die Kinderkrankheiten wurden durchwandert, ihr wurdet eingeschult, es erfolgten Schulwechsel, wichtige Abschlüsse und Prüfungen. Es gab eine Zeit, da wurde der Mensch mit einundzwanzig Jahren volljährig. Das war gut, denn drei große Abschnitte waren vollendet. Energetisch gesehen ist es immer noch so. Es hat nichts mit erwachsen sein zu tun, es ist einfach ein eindringlicher Zeitraum des Sichfindens. Die Berufswahl wird getroffen, vielleicht wird ein Studium begonnen, man hatte bereits wichtige Freunde, die man auch wieder loslassen musste, und eine neue Stabilität ist hergestellt. Alle Ebenen des Seins sind auf eine neue Phase eingestellt.

Das Wesen lernt nun, sich auf eigene Füße zu stellen, es verlässt das Elternhaus. Die Zeit der festen Beziehung, der Elternschaft bricht an, energetisch gesehen bis zum Ende des vierten Abschnitts, also achtundzwanzig Lebensjahre. In dieser Zeit sind die besten Grundlagen vorhanden, aber auch später ist all das möglich, denn wir müssen immer beachten, dass die karmischen Muster oftmals erst viel später zu wichtigen Begegnungen führen können. Junge Menschen und Erwachsene verstehen besser, wenn die Beziehungen der Eltern scheiterten, da sie jetzt selbst erwachsen und erfahrener sind. Vieles kann mit ganz anderen Augen gesehen werden. Man geht selbst in neue wichtige Beziehungen, die Elternschaft stellt neue Herausforderungen an einen, gerade nach Trennungen. Die nächste Phase bringt immer wieder interessante Begegnungen, Berufe werden neu gewählt, Häuser werden gebaut, man verändert sein ganzes Denken und Handeln. Aber auch die Ebenen des Egos verändern sich. Der physische Körper zeigt in den Phasen zwischen achtundzwanzig und zweiundvierzig Jahren einen Zenit an. Vieles ist möglich und vieles verändert sich. Ihr wisst es selbst am besten. Danach wird es noch nicht ruhiger, sondern eher gelassener. Energetisch gesehen ist es nun an der Zeit, sich über die wahre Lebensaufgabe bewusst zu werden. Viele Menschen ändern dann ihre eigene Wahrnehmung und hinterfragen sich und den Sinn ihres Lebens. Wir sprechen vom vorläufigen weltlichen Beruf, der durchaus zu Ende gehen darf, um eine wichtige Aufgabe zum Wohle aller aufzunehmen. Jeder Mensch hat seinen Plan, und dieser kann eine totale Veränderung beinhalten, die das Leben komplett verändert. Bis zur Phase von sechsundfünfzig Jahren wird vieles deutlich gemacht. Es sind lediglich Siebenerphasen, die als

Gerüst gelten. Haltet euch nicht daran fest, sondern berücksichtigt immer den eigenen Plan, der jederzeit etwas abweichen kann. Die Phasen sind wichtig, damit man auch in Ruhe loslassen kann. Die Phase bis dreiundsechzig dient dem Ausblick auf eine andere Leistungsfähigkeit. Mehr Ruhe stellt sich ein, Enkel haben eine Position im Leben gefunden, viele Bekannte teilen das Leben, werden auch losgelassen. Der physische Körper muss anders beachtet und gepflegt werden, die transformierten Emotionen haben den Menschen geprägt, und die Gedankenwelt hat vieles erlebt und bearbeitet. Eine Fülle von Ereignissen und Eindrücken bilden eine neue Biographie. Die Eltern verändern ihr Leben, sie brauchen euch, um in Liebe alt werden zu dürfen, und sie beenden ihr Leben. Der Umgang mit Trauer und Schmerz hat schon viele Momente gefärbt. Und immer noch kommen neue Begegnungen auf den Menschen zu, denn ihr seid in der Lage, Karma bis zum letzten Atemzug zu bearbeiten. Die weiteren Phasen sollen euch helfen, zur Ruhe zu kommen, selbst in Würde loszulassen und mit der Weisheit des Alters zu leben. Ihr sollt versorgt sein, ohne Angst alt werden dürfen. Für eure Gesundheit soll alles getan werden, damit ein würdevolles Leben dann zu Ende gehen kann, wann der Plan es vorsieht.

Und dazwischen liegen die Zwölferphasen, die große Momente spenden, die man jedoch genau beobachten muss. Wie Lichtblitze weisen sie den Weg. Es sind oftmals kleine Themen, schnelle Momente oder auch große Ereignisse, die spirituelle Wegweiser sind. Manchmal ist es schwer, sie zu erkennen. Sehr oft hat ein Mensch nach Abschluss eines Zwölferrhythmus große Träume und macht sich auf, Großes zu leisten, oder er verabschiedet sich von seinem bisherigen Leben, um neue Gefilde zu erobern. Auch karmisch gesehen zeigen sich dann große Chancen, vieles zu verändern. Wir sehen oft, dass genau dann die eigentliche Lebensaufgabe erkannt wird.

Für all diese Erkenntnisse und die weiteren Schritte braucht man Mut, Initiative und Zielgerichtetheit. Immer wenn ein solcher Moment kommt, ist der blaue Strahl bereit, euch neue Kraft zu spenden, um durchzustarten und sich über Grenzen hinwegzusetzen. Selbst im hohen Alter ist es möglich, anderen Menschen mit Mut und Kraft zur Seite zu stehen. Nicht zuletzt braucht es Kraft, um loszulassen und den Weg ins Licht anzutreten. Auch in der letzten Phase eures Lebens stehe ich da, gemeinsam mit Erzengel Michael, um euch den Mut zu verleihen, noch alles zu regeln, was mit euren Lieben, Angehörigen, aber auch vielleicht mit euren sogenannten Feinden ins Lot zu bringen ist. Es ist im Irdischen vielleicht die letzte Chance, Dinge geradezubiegen, um Verzeihung zu bitten oder auch zu vergeben. Ich helfe euch dabei, über euren Schatten zu springen, die Hand auszustrecken und den Frieden einkehren zu lassen. Nichts ist schwerer, als mit einem gebrochenen oder verletzten Herzen zu sterben. Euer Herz soll leicht loslassen können, damit der Weg ins Licht von Freude und Wohlwollen geprägt ist. Auch wenn ihr nicht mehr sprechen könnt, verleihe ich euch die Kraft der Gedanken und des starken Willens. Ich helfe euch dabei, mental alle Verbindungen zu pflegen, damit Menschen und Tiere euch von Herzen loslassen können. Wir nutzen dafür jede Sekunde, in der ihr noch atmen könnt. Wenn euch ein Tier auf diesem Weg durch seine Anwesenheit begleiten darf, ist es ein großes Geschenk, denn das Tier ist frei von Berechnung, Mitleid und Angst. Es ist da, neutral, präsent und von einer unendlichen Liebe geprägt. Seine Energie wird von mir gestärkt, damit es euch mit auf die andere Seite tragen kann.

Es sagte Laotse: "Beginnen können ist Stärke, vollenden können ist Kraft."

Konfuzius

Lenker des zweiten, des goldgelben Strahles

Bei der Grundsteinlegung des menschlichen Körpers im Moment der Zeugung übernimmt der goldgelbe Strahl der Weisheit den energetischen Aufbau – als Brennpunkt im Scheitelchakra. Jedes Wesen, das entsteht, verfügt über eine uralte Weisheit und ein immenses Wissen, das sich über viele Zeitalter und Kulturen hinweg aufgebaut hat. Es ist im Moment der Menschwerdung bereit, dieses Wissen in die Welt zu tragen, um zu lernen und zu lehren. Wenn wir im menschlichen Sinne von lernen sprechen, muss man beachten, dass nur uraltes Wissen wieder aktiv am Leben des Menschen teilnehmen möchte. Alles Wissen ist im morphogenetischen Netz gespeichert. Ein Seelenanteil, der einen neuen Körper und ein neues Leben präzipitiert, erstellt in Zusammenarbeit mit der geistigen Führung einen Lebensplan. Dieser enthält unter anderem alle Strategien und Stationen, um sich der uralten Weisheit und des Wissens zu bedienen. Es ist ein ausgeklügeltes System, das wie ein Gerüst im Sinne der Intelligenz entsteht. Der inkarnierende Seelenanteil kennt seine künftigen Aufgaben ganz genau, er plant sein Leben, seine Erfolge, seine “vorläufigen” Berufe und seine Berufung, und so weiß er auch, mit welchem Wissen er sich intensiv und für ihn interessant auseinandersetzen möchte. Auch alte Künste, astrologisches Wissen, Philosophie, die Aufgabe des Lehrens und vieles mehr spielen dabei eine Rolle. Dabei ist sich dieser Anteil voll bewusst, dass er nichts Neues lernen kann, sondern dass er auf ein uraltes Wissen und eine Weisheit zurückgreift, die dem gesamten Kollektiv zur Verfügung steht. Weisheit ist nicht erlernbar, sie ist vorhanden und integriert. Der Geist ist losgelöst von der Materie. Er hat eine übergeordnete Funktion, indem er den menschlichen Verstand und das spirituelle Gehirn mit allem Wissen versorgt, das dem Wesen gemäß seines Lebensplans optimal zur Verfügung steht. Wissen ist in der Tat Macht, aber was bedeutet Wissen? Es sollte niemals mit all dem verglichen werden, was ein Mensch im Laufe seines Lebens mühsam zusammengetragen und dann entsprechend unter Beweis gestellt hat, damit er ein anerkannter Teil der Gesellschaft ist und somit berechtigt, einen Titel zu tragen, einen Beruf auszuüben und vieles mehr. Menschen prüfen Menschen, damit sie ihnen erlauben, sie selbst zu sein. Sind sie dann noch sie selbst? Sie haben mühsam um ihre Existenzberechtigung gekämpft und darauf vertraut, dass man sie anerkennt und eingliedert. In seltenen Fällen mag es vorkommen, dass ein Mensch mit all diesen Strategien genau das Ziel erreicht, das er sich im Sinne seines Lebensplans vorgenommen hatte. Wir sehen, dass die meisten Menschen erst nach einiger Zeit verstehen, wohin sie ihr Weg tatsächlich führen wollte und sollte. Es ist niemals zu spät, doch kann ein solcher Weg sehr große Verzögerungen und Mühsal mit sich bringen.

Weisheit und Wissen, wie wir es betrachten, steht allen zur Verfügung, um rein impulsiv umgesetzt zu werden. Natürlich bedingt es immer einer Form von Bildung, die jedoch nicht nur vom Verstand geprägt sein kann. Das Herz des Wesens, auch des

Tieres, empfängt die reinen Impulse, die auch den Weg in eine reine, überaus sensible Intelligenz weisen. Die atlantische Form der Bildung folgte einem Prinzip der Fülle von Weisheit und Wissen, das weder Grenzen setzte noch Überforderung kannte. Bildung war eine freie und selbstkritische Form der Beteiligung an der unbegrenzt vorhandenen Weisheit, an einem Wissen, das niemand nur für sich beanspruchte, um mit anderen in Konkurrenz zu treten. Alles war für alle da, und jedes Wesen hatte das Recht, sich daran zu beteiligen. Wer diesen Weg gehen kann, wird immer dazu bereit sein, sich im diesem Sinne zu verschwenden und grenzenlos einzubringen.

Das Scheitelchakra bietet dem Wesen den direkten Zugang zum allumfassenden Wissen und der Weisheit aller Zeitalter. Dieser Zugang wird im Moment der Zeugung geschaffen, denn der Seelenanteil kommt in diesem Moment aus der Weisheit aller Zeitalter. Er hat eine selbst gewählte Zeitphase im universellen Licht verbracht, um sich zum selbst gewählten Zeitpunkt neu in die Materie einzubringen und erneut am Kreislauf des Lebens teilzunehmen. Er muss nicht lernen, was leben ist, was lernen ist, geschweige denn was versagen ist. Er kommt aus dem Licht, versorgt mit der Berechtigung, weise und wissend zu sein, wenn man es ihm gestattet. Es ist die Aufgabe der Meister des goldgelben Strahls, ihm dies immer wieder zu zeigen und ihm zu beweisen, dass Intelligenz nicht messbar, sondern auf individuelle Weise erfahrbar ist. Es gibt kein Wesen ohne Intelligenz, aber es gibt Menschen, die sich gestatten, die Intelligenz anderer, ob Mensch oder Tier, zu beurteilen und zu bewerten. Wir kennen diese Beurteilung nicht, da alles eine Frage der Energie ist, die ein Wesen mitnimmt auf seinen Lebensweg. Ein jedes Individuum ist wertvoll, denn es hat seinen Zugang zur Weisheit und zu dem Wissen, das es genau einschätzen kann, um seinen Lebensweg erfolgreich zu gehen. Die Schwierigkeit der Menschen jedoch besteht darin, dem

Wesen zu gestatten, sich zu entfalten, sich kennenzulernen, seine eigene Strategie abzurufen und ihr zu folgen. So wird jedes Individuum zum eigenen Genie. Es darf erkennen, wo seine Stärken liegen, auch seine Schwächen. Doch wenn man ihm erlaubt, seine Stärken zu kultivieren, wird es beizeiten verstehen, dass es die Schwächen zum eigenen Wohle beseitigen sollte, jedoch nur in der Form, dass sie keine unnötige Belastung mehr darstellen. So lernten die Atlanter, ihr Leben konstruktiv zu entfalten. Wenn sie erkannten, dass ihnen der Zugang zu einem bestimmten Wissen fehlte, wenn sie es benötigten, nahmen sie gerne teil an der entsprechenden Bildung. Man stellte sie ihnen zur Verfügung, damit sie das Maß selbst bestimmen konnten. Nur so konnten sie einen kreativen Lebensweg beschreiten, der ihnen auch den impulsiven Zugang zu den höchsten Sphären verschaffte. Sie blieben offen für den Geist, indem sie ihren Verstand nicht als das Wichtigste betrachteten. So konnten sich Weisheit und universelles Wissen mit der intelligenten Materie und dem Verstand auf einem konstruktiven Niveau verbinden und einen erfüllten sowie zufriedenen Lebensrhythmus begründen. Nur so konnten sich Kräfte den Weg ins Leben bahnen, die ihr heute mühsam zu erlernen versucht. Die Natur verfügt über die Heilkraft, der Mensch meint, sie erlernen zu können. Bildung ist nicht Ausbildung. In der Wahrnehmung seiner selbst und aller zur Verfügung stehenden Kräfte zeigt sich ein Potenzial, das vorhanden ist und sich dann in einem Wesen manifestiert und zu Tage tritt. Es ist immer die Frage des Plans und der eigenen Wahrnehmung.

Bei der Präzipitation "Leben" hat der zweite, der goldgelbe Strahl die Aufgabe, dem inkarnierenden Seelenanteil beständig den Weg in die Weisheit, von der ich sprach, zu ebnen. Alle Meister der Weisheit, dazu zählen auch Laotse, Djwal Khul, Helios und andere, erschließen über das Scheitelchkara im Moment der Zeugung des Wesens den sogenannten Weisheitskanal. Auch der Weltenlehrer Kuthumi hat hier seine Aufgaben, über die er aber noch selbst ein paar Worte sagen möchte. So steht jedem Wesen der Weg offen in die Weisheit aller Zeitalter im gesamten Universum. Es ist berechtigt, sich mit allem zu versorgen, was es als wichtig empfindet, um seinen Weg erfolgreich zu gehen. Ich will damit sagen, dass jedes entstehende Wesen, ob Mensch oder Tier, von diesem Moment an weise ist und sofort an der geistigen Schulung im Sinne der Menschwerdung teilnimmt. Es vergeht kein irdischer Moment ohne Anschluss an die allumfassende Weisheit des Universums. Das ist ein tröstlicher Gedanke, der viele Menschen beruhigen wird. Es geht hier nicht um Intelligenz, sondern um den Zugang zur universellen Weisheit. Niemand hat den Anschluss verpasst, wenn er später im Leben augenscheinlich eine geringe Beteiligung an der sogenannten Bildung zeigt. Ihr müsst verstehen, dass durch die vollzogene Zeugung eine Gesamtversorgung mit sämtlicher Energie aller Strahlen geschaffen ist. Es ist dann die Frage der individuellen Wahrnehmung und Nutzung des gesamten Volumens des morphogenetischen Netzes. Im Sinne der Weisheit und des allumfassenden Wissens sorgt hier der goldgelbe Strahl für den gesicherten Zugang. Das entstehende Wesen hat sich manifestiert und ist gezeugt. Es kann sein Wachstum beginnen, physisch, emotional und mental, damit es dann zur gegebenen Zeit als Person durch die Geburt zu Tage treten und sich gemäß seines Plans und der gewählten Strahlenenergie zur Persönlichkeit entwickeln kann. Es ist in diesem Sinne nur allzu verständlich, dass ein so entstehendes Wesen ein großes Bedürfnis nach Weisheit hat, die sich nachhaltig in seinem späteren Dasein manifestieren darf und soll. Aus diesem Grund ist es so wichtig, dass die werdende Mutter all das weiß und respektiert. Sie sollte sich immer wieder vergegenwärtigen, dass jede Aufregung und ungesunde Ablenkung, ob mental, emotional oder physisch, das Kind von der geistigen Schulung ablenkt und somit in ungewollte Phasen im Irdischen zwingt, die zu ihrem Dasein gehören. Die starke Identifikation mit ihr lässt eine künstliche Distanz zu ihr nicht zu. So kann man auch verstehen, dass wenig gewinnbringende irdische Einflüsse, die vom Erwachsenen jederzeit aufgenommen und beendet werden können, ein Ungeborenes über die Maßen von der geistigen Schulung ablenken und sehr störend einwirken können. In der heutigen Zeit ist dies nicht zu unterschätzen. Betrachtet es wie eine Waage. Eine Waagschale speichert alle Weisheit, die dem Kind zugänglich ist und es erfüllen möchte. Die andere Waagschale enthält die Störfaktoren vieler Art, über die ich euch nicht zu belehren brauche. Jede werdende Mutter sollte sich in mentaler, emotionaler und physischer Form vorwiegend sich selbst und dem Kind widmen. Sie braucht alle Ruhe und viel Zurückgezogenheit, so wenig mentale Belastung wie möglich, vor allem durch unnötige Telefonate und Fremdeinwirkungen aller Art, aber auch emotionale Sicherheit und keine traumatischen Erlebnisse. Wenn Trauer auftritt, benötigt sie sofort Hilfe, und auf der physischen Ebene viel Schlaf, Ruhe, Meditation, den Aufenthalt in der Natur, die beste Ernährung und nicht zu vergessen das Sein mit Tieren. Sie hat dieses Recht, denn sie trägt ein neues Leben in sich, das nur von ihr profitieren soll. Dieses Kind weiß auch, warum es in diese Familie inkarniert, welche karmischen Strukturen es mit allen, auch der Mutter, verbinden. Diese Weisheit geben wir ihm mit, aber es kann sich in der Schwangerschaft nicht von der Mutter distanzieren. Es ist ein Teil von ihr, und wir sollten auch nicht vergessen, dass dieser werdende Mensch zugleich der Mutter helfen möchte, sich über seine Energie an die universelle Weisheit anzubinden. Nicht alle werdenden Mütter denken darüber nach, welches Geschenk wir ihnen damit bieten. Das Scheitelchakra der Mutter ist wie eine Antenne auf uns ausgerichtet, die ständig bereit ist, das vor dieser Familie liegende Leben weise und intelligent zu gestalten. Gerade dann helfen wir vielen Müttern, ihren Weg zu verändern, sich über das Kind neu zu finden und zu entfalten. Wir zeigen Wege auf, die vorher nicht gesehen wurden. Allerdings ist all das an das Verhalten dieser Mütter geknüpft. Wenn sie ihre Schwangerschaft als notwendiges Übel, als unvorhergesehene Unterbrechung ihres bisherigen Lebens oder als aufgetretene Blockade betrachten, haben wir in Zusammenarbeit mit dem Kind oder den Kindern wenig Chance auf Beachtung dieses Füllhorns an Weisheit.

Das heranwachsende Ungeborene hat jederzeit das Recht, sich an der geistigen Schulung zu beteiligen. Deshalb ist der Andrang nachts sehr stark, da die meisten Mütter dann ruhen. Das führt natürlich auch dazu, dass sich der Mensch später, wenn auch unbewusst, daran erinnert. Deshalb sind viele Künstler, Autoren und andere geistig Arbeitende oft des Nachts am erfolgreichsten. Sie empfinden die Nacht als ungestört und erfüllend. Ist die werdende Mutter jedoch in der Nacht aktiv, weil sie vielleicht beruflich bis kurz vor der Geburt eingespannt ist, schlecht schlafen kann oder durch Lärm und sonstige Störfaktoren belastet ist, kann es sein, dass der werdende Mensch in seinem späteren Leben ebenfalls diese Schwierigkeiten erwartet und annimmt. Wenn eine Mutter sich aus solchen Belastungen nur schwer lösen kann, sollte sie in ihren Tagesablauf zumindest regelmäßige Zeiten der Meditation einbinden, damit sich für das Kind eine willkommene Struktur der Weisheit bilden kann. So hat es später zumindest diese Möglichkeit des Einstiegs in die geistige Schulung, um sich dann zur geeigneten Zeit selbst neue Strukturen zu schaffen.

Wir schulen nach dem atlantischen Prinzip, denn unsere Schule ist ständig geöffnet. Das morphogenetische Netz ist präsent. Einerseits erfolgt unsere Schulung während der Schwangerschaft im Hinblick auf das universelle und jederzeit vorhandene Wissen, die Weisheit aller Zeitalter, damit sich der werdende Mensch in einer weisen Sicherheit fühlen kann. Er weiß, er kann sich jederzeit weise bedienen. Gleichzeitig erfährt dieses Wesen den Sinn seiner Menschwerdung im Hinblick auf sein gewähltes Kollektiv, in dessen Mitte es inkarniert. Auch das ist ein großer Teil der Schulung des goldgelben Strahls. Die Familie im Irdischen wurde ausgewählt, der Zeitpunkt der Zeugung war gekommen und nun gilt es, die Zeit bis zur Geburt sinnvoll zu unterteilen. Dabei spielt das weise Beobachten der Familie und ihrer sozialen Struktur eine wichtige Rolle. Man muss immer bedenken, dass verschiedene Faktoren für diesen neuen Erdenbürger zu kombinieren sind. Sein Lebensplan und seine kollektive Berufung sind vordergründig, aber auch die soziale Struktur muss dem Ganzen Rechnung tragen. Erschwerend kommen hier oftmals karmische und weltpolitische Themen dazu. Wir können sagen, dass jedes beginnende Leben starke Risiken mit sich bringt, da viele Erkenntnisse und das gesamte Wachstum auf allen Ebenen auch an eine Zeiterscheinung gebunden sind. Aus diesem Grund zeigen wir dem Seelenanteil immer wieder, wie wichtig ab der Geburt der weitere Kontakt mit uns ist, damit wir dem jungen Menschen die Weisheit spenden können, dass sich immer wieder alles zum Guten wenden kann und dass man Geduld braucht, damit sich alles entfalten kann. Weisheit bedeutet auch, in Ruhe karmische Themen zu transformieren, damit sich das Rad des Lebens erfolgreich weiterdrehen kann. Ein Impuls, der aufgenommen wird, kann in vielen Fällen nicht sofort erfolgreich umgesetzt werden, gerade dann, wenn sich Karma dazwischendrängt. Dann braucht ein Mensch viel Geduld, aber dennoch eine gewachsene Sicherheit, dass die rechte Zeit für alles kommt. Ungeduld ist dann die größte Gefahr. Deshalb zeigen wir dem Wesen Wege der Meditation, des Innehaltens und des Abwartens. Ich schule im Geistigen speziell die geistigen Gesetze der Präzipitation, denn jedes Erschaffen aus der Urmaterie braucht seine Zeit. Auch Krankheiten, die im Plan zu finden sind, schwierige persönliche Krisen oder auch Zeiten, in denen man einfach nichts tun möchte, müssen akzeptiert und durchlebt werden, damit sich der Plan korrekt erfüllen kann. Manchmal braucht es dafür unendliche Geduld, eine Zeit des Beobachtens und des Loslassens, und doch basiert alles auf der Weisheit des Lebens. Jedes Leben trägt seine Philosophie in sich. Deshalb gibt es keine Lebensregeln, keine perfekte Familie, vor allem keine perfekte Schule. Wenn in einem Lebensplan alte Künste wieder neu zum Ausdruck kommen sollen, kann es sehr lange dauern, bis ein Mensch den Weg dorthin findet. Ich muss nicht erwähnen, dass dieser Weg gelegentlich über die Krankheit führt oder auch über tiefgreifende Veränderungen der Lebensstruktur. Obwohl es im Plan ist, muss sich der Mensch dorthin entwickeln. So brauchen auch wir unendlich viel Geduld im Sinne der geistigen Führung. Ich selbst erlebe dies mit meinen eigenen Schülern. So ist es immer wieder die Aufgabe des goldgelben Strahls, hier für Ruhe, Gelassenheit und Kontemplation zu sorgen, zumindest den Zugang dazu zu ermöglichen. All das wird dem Wesen von der Zeugung bis zur Geburt vermittelt. Alleine daran könnt ihr schon erkennen, wie intensiv die Zeit der Schwangerschaft ist. Kein Moment vergeht ohne die Zusammenarbeit der sieben Strahlen mit dem werdenden Menschen, und so lernt dieses Wesen schon in diesem ungeborenen Zustand, mit allen Strahlen gleichzeitig und sinnvoll zu arbeiten und zu haushalten. Deshalb sind absolute Ungestörtheit, viel Ruhe und Freiheit unabdingbar.

Der nächste große Punkt der Weisheit ist der Umgang mit den im Geistigen vorhandenen Geschwistern, den Seelenpartnern, Zwillingsseelen und auch Dualseelen. Nicht zuletzt begegnen dem Seelenanteil auch Verstorbene, die ihm Mut machen, den

Weg zu gehen, und die ihm große Hilfestellung bieten. Auch Tierseelen stehen bereit, ihn zu schulen im Sinne der Weisheit. Jeder Seelenanteil lernt, die Sprache der Tiere zu integrieren. Die Tierseelen übernehmen diese Schulung im Sinne des goldgelben Kollektivstrahls der Tierseelen. Alle Tierseelen, gleich welcher Gattung, profitieren vom goldgelben Strahl im Sinne ihrer Weisheit, denn sie sollen dabei helfen, die Erde der Energie der Venus anzugleichen. Das ist eine Besonderheit in der Tierwelt. Jede Tierseele, die inkarniert, bedient sich ihres eigenen Seelenstrahls, so wie der Mensch. Das Tier hat sich aber niemals aus der Weisheit entfernt, es ist nach wie vor während der Inkarnation direkter Überträger der universellen Weisheit und der Erleuchtung. Leider wird dies von vielen Menschen nicht beachtet. Man kann also sagen, die Tierseelen sind als einzige universelle Wesen in der Lage, den goldgelben Strahl als fest verbrieften Monadenstrahl für die Inkarnation zu nutzen. Ein Tier, das die Erde verlässt, weiß, dass es wieder zur vollkommenen Weisheit zurückkehrt, selbst wenn es den gewaltsamen Tod erleidet. Hierzu wird sich jedoch Kuthumi noch detaillierter äußern. Deshalb kann der tierische Seelenanteil während der geistigen Schulung eines Menschen in der Schwangerschaft wichtige Aufgaben übernehmen. Er übernimmt die Weisheitsschulung der Liebe zum Tier, denn diese ist fundamental, soll die Liebe zum Reich der Tiere im Herzen des Wesens eingeprägt sein. So sucht ein ungeborener Seelenanteil schon während der pränatalen Zeit den Kontakt zu den Tierseelen, mit denen er im späteren Leben eine gewisse Zeit verbringen möchte, damit eine Speicherung im Plan erfolgen kann. Dann knüpfen wir den Kontakt zu den Geschwistern, die nach dem Seelenanteil in die Inkarnation gehen möchten. Man bespricht das künftige Zusammenleben, und im Sinne der Weisheit verfolgt man immer den liebevollen Plan, das Verzeihen, dass man es dieses Mal richtig macht und sich im

Sinne der bedingungslosen Liebe einbringt. Auch das Loslassen prägt sich ein. Es kommt durchaus zu Vereinbarungen, einen Geschwisteranteil bei sich selbst inkarnieren zu lassen, sollte es innerhalb der Familie doch nicht möglich sein. So kann man sich vorstellen, dass durch die geistige Schulung im Sinne der Weisheit keine Probleme bestehen, sich später im gewählten Kollektiv gewinnbringend zu zeigen. Es wird dann darum gehen, die karmischen Strukturen zu transformieren, die sich unweigerlich durch ein Kollektiv verselbstständigen. Das gleiche Prinzip besteht bei den Seelen, die sich künftig der Familie nähern, sei es als Stiefgeschwister, Stiefeltern, Freunde, Partner, berufliche Kontakte, Anverwandte, kurzum alle Wesen, die den Lebensweg kreuzen und temporär begleiten. In diesem Sinne ist jedes Leben ein großes Projekt, das über die Monate der Schwangerschaft geplant und gezielt vorbereitet wird. Deshalb schult der goldgelbe Strahl hier die Weisheit, sich immer wieder einzubinden in den kollektiven Plan. Dieser beschreibt das individuelle Projekt "Leben", aber auch die Teilnahme am Großprojekt "Erde". So ergibt sich logischerweise die unbedingte Notwendigkeit, im späteren Leben des Nachts immer wieder den Weg in die geistige Schulung zu suchen, aber auch den über die Meditation, die Reinkarnationstherapie und den eigenen Drang zur Lebensweisheit. Der goldgelbe Strahl der Weisheit und Geduld, auch unterstützt von Erzengel Jophiel, steht jederzeit zur Verfügung.

Das Thema der Geburt ist auch für den goldgelben Strahl von großer Bedeutung. Zunächst muss jede geistige Führung gewährleisten, dass die Schulung für das beginnende irdische Leben abgerundet, vollzogen und der Weisheitskanal vollständig gefestigt ist. Nur so kann später immer wieder eine geeignete Schulung über Impulse stattfinden, und das spirituelle Gehirn kann sich optimal entfalten. Hier kann ich mich nur allen Schilderungen El Moryas anschließen. Wir setzen voraus, dass alles in Ruhe und im Einvernehmen mit dem ungeborenen Kind in Angriff genommen wird. Jede geistige Führung braucht für die Geburtsvorbereitung ihre Zeit und Ruhe. Man muss sich darüber bewusst sein, dass es hier um einen Abschied geht, um eine Entlassung aus einer sehr intensiven und anspruchsvollen Zeit des geistigen Wachstums. Der Mensch, der jetzt in sein Leben eintritt, wird über einen langen Zeitraum völlig anders mit uns kommunizieren müssen. Darauf muss er vorbereitet werden. Stellt euch vor, ihr habt euch als erwachsene Menschen zum Auswandern auf einen anderen Kontinent entschieden. Der Tag des Abschieds von Menschen und Tieren ist gekommen. Oftmals entsteht eine Form von Schmerz und Trauer, obwohl man sich auf die kommende Zeit freut. Jeder weiß, so wie in diesem Moment trifft man sich nie wieder. Es kommt eine andere Form des Seins auf alle zu, auch eine andere Form der Kommunikation, bis man sich wiedersieht. Genauso ist es im Moment der geistigen Geburt. Das Kind entscheidet sich, uns zu verlassen, nachdem es sicher ist, alles in sich aufgenommen zu haben. Es schlägt seinen Weg der "Auswanderung" ein. Wir sehen es nie mit Schmerz und Trauer, da wir auf der geistigen Ebene keine irdischen Emotionen leben. Das Kind jedoch geht in die Ebene der Materie, wo Emotionen ihren Lauf nehmen, um sie zu bearbeiten, damit eine gesunde Gefühlswelt entstehen kann. Aufgrund des Karmas ist für ein Kind, das sich auf den Weg macht, der Abschied oft mit schmerzhaften Erinnerungen und Emotionen verbunden. Diese tauchen sofort auf. Für uns ist das gesund, da wir diesem Erdenbürger bereits in dem Moment helfen können, die alten Muster zu bearbeiten. So könnt ihr sehen, wie anstrengend bereits diese Phase sein kann. Wenn jedoch dieser Moment der geistigen Geburt durch irdische Maßnahmen, die vielleicht nicht ganz plausibel sind, forciert oder manipuliert wird, geraten wir alle zunächst in organisatorische Schwierigkeiten. Das Kind kann dann schon

Emotionen zum gesamten Kollektiv, das an dieser Maßnahme beteiligt ist, aufbauen. Wir versuchen natürlich unser Bestes, diese Emotionen zu neutralisieren, aber man kann keinen Menschen von etwas überzeugen, wovon man selbst nicht glaubt, dass es sinnvoll ist. Das ist auch nicht unsere Aufgabe, denn Menschen im Außen haben diesen Stresspegel geschaffen. Ein inkarnierender Seelenanteil baut ein hohes Maß an Adrenalin auf, wenn er weiß, er bewegt sich auf die irdische Geburt zu. Kein Mensch in der Materie kann dies nachvollziehen, es ist auch nicht messbar. Alle Strahlen müssen dabei helfen, ein ausgeglichenes Niveau zu stabilisieren, damit die Organe und die Zellen des Wesens verstehen können, was jetzt geschieht. Von außen erzeugter Druck und Stress können dann für ungeahnte Verwirrungen sorgen. Ich muss dann dafür sorgen, dass die uralte Weisheit, die dieses Wesen in sich trägt, ihm eine Stabilität gibt, die ihm vermittelt, dass es ähnliche Momente schon oft erlebte. Aber in der heutigen Zeit entstehen durch Geburten regelrechte Wirbel von Verwirrungen, die das Wesen aus alten Leben nicht kennt. Vor allem sind ihm die Neigungen und von außen erzeugten Verhaltensformen der Mutter fremd, die sich unter Umständen beeinflussen und verunsichern lässt. All das stört das Gefühl der grenzenlosen Weisheit. Hier kann es dann zu gnadenlosen Emotionen kommen, die später in ständigen Diskussionen um sinnvolle Entscheidungen und Maßnahmen enden. Man kann es bereits als gesundes Misstrauen der Mutter gegenüber bezeichnen, wenn es darum geht, Entscheidungen eines Kindes ernst zu nehmen und auch deren Zeitpunkt der Ausführung. Es ist durchaus ratsam, sich eventuelle Folgen solcher Momente auf viele Bereiche zu überlegen. Solche sich bereits im Kleinkindalter aufbauenden Emotionen sind keine Erscheinungen der neuen Zeit, sie sind schlichtweg auf Bevormundung in der pränatalen Phase und der Geburtsphase zurückzuführen, die selten alleine von der Mutter erzeugt wurden. Wir sehen, wie stark heute der Einfluss von außen ist. Das blieb den Wesen in Atlantis erspart, da sie sich rechtzeitig vor der Geburt von allen Außenstehenden in die Geburtshäuser zurückzogen. Deshalb empfehlen wir dringend, in eurer heute so intelligenten Zeit Geburtshäuser im atlantischen Stil einzurichten, damit die Mütter und die Kinder ausschließlich von perfekten Helfern und Ärzten betreut und versorgt werden. Erst wenn die Mütter in Absprache mit den Kindern sicher sind, dass sie sich "gefunden" haben, kehren sie in die Familien zurück. Ihr werdet sehen, dass sich so viele Emotionen und Aggressionen verhindern lassen.

Aber kehren wir zur optimalen Form der Geburt zurück. Der Weisheitskanal zu uns ist perfekt integriert, die geistige Schulung ist abgeschlossen und die Führung hat sich in Ruhe verabschiedet und zurückgezogen. Trotzdem entsteht ein Abschiedsschmerz, der das kleine Herz bewegt und in eine Schwingung bringt, die das Wiedersehen als Herzenswunsch erzeugt. Das ist wichtig, denn nur dorthin, woran man eine gute Erinnerung in sich trägt, kehrt man gerne zurück. So bildet sich in diesem Menschen die Weisheit, dass er, wenn die Zeit gekommen ist, in Ruhe loslassen und dorthin zurückkehren kann, wo alles endet und beginnt, ins Licht.

Die irdische Geburt nimmt ihren Lauf. Die mentale Kommunikation mit der Mutter besteht sofort, nicht zuletzt die emotionale und physische. Ihre Art und Schwingung hat sich jedoch sofort verändert. Alles ist greifbar, erlebbar und wird plötzlich anders wahrgenommen. Das Kind kann noch nicht sprechen, aber es muss auf seine Weise mit der Mutter zusammenarbeiten, um die Geburt zu vollziehen. Kaum jemand denkt darüber nach. Auch hier dient der Weisheitskanal aller Beteiligten auf einer internen Ebene dazu, einen absolut geschützten Raum der mentalen Verbindung herzustellen. Solange eine Geburt natürlich verläuft, ist das Kind der Mutter in vielen Dingen voraus. Es ist nicht mit ihrem körperlichen Schmerz verbunden, der sie stark beeinflusst. So hat es die Möglichkeit, beruhigend und sehr gefühlsbetont oder auch emotional auf die Mutter Einfluss zu nehmen. Das kommt immer auf die karmische Verbindung an. So kann sich bereits in dieser Phase vieles lösen lassen, und das Kind spielt hier eine sehr weise und erwachsene Rolle. Es ist der Mutter gleichgestellt und kann sie so auch schützen. Wird jedoch im Rahmen der Geburt durch Narkose und sonstige Mittel Einfluss genommen, liegt es auf der Hand, dass diese Form der Kommunikation im Sinne der Weisheit an Utopie grenzt. Bei einem Kind, das so beeinflusst wird, ohne sich dagegen wehren zu können, kann es zu starken Zweifeln kommen, einerseits an sich selbst und seiner Intelligenz und andererseits an der Vertrauenswürdigkeit der Mutter. Es wird ohne Vorahnung blockiert und manipuliert. Vor allem wird es nicht mehr gehört, weil die Mutter anderweitig beschäftigt ist und das Kind sich vergessen fühlt. Man kann sich vorstellen, welche Folgen später in diesem Sinne zu Tage treten können, denn alles wird mental, emotional und physisch gespeichert. Wenn sich solche Maßnahmen nicht vermeiden lassen, um das Leben aller zu schützen, ist es wichtig, dass die Mutter im Vorfeld mit dem Kind mental kommuniziert und es darauf vorbereitet. Nun werdet ihr sagen: Das Kind muss doch die Dinge bemerken. Nein, es muss sie nicht bemerken, da es von uns auf eine Geburt vorbereitet wurde, die ein fürsorgliches Band zwischen Mutter und Kind legt. Wir entlassen es nicht mit Gedanken an alle möglichen Komplikationen, damit es in Ruhe und Gelassenheit seinen Weg antreten kann. Man darf nicht zu viel von ihm erwarten. Es freut sich auf die Mutter, die Geburt und darauf, in Erscheinung zu treten und endlich von der Mutter gehalten zu werden. Es will vom ersten Moment des Eintritts in die Materie an ernst genommen und geachtet werden. Es ist deshalb wichtig, ihm das Gefühl der Achtung zu geben, indem man es um Verständnis für die jetzt notwendigen Maßnahmen bittet. Diese Achtung kann ihm nur die Mutter schenken, sonst niemand. Sie hat die Verbindung, die dem Kind Vertrauen gibt, nur sie. Wenn ein Mensch zum Zahnarzt geht, weil er Schmerzen verspürt, erwartet er, dass er von diesem Arzt über die jetzt folgenden Maßnahmen aufgeklärt wird. Wenn dann eine schmerzhafte Behandlung ansteht, wird der Arzt immer fragen, ob eine Betäubung gewünscht wird, er wird nicht einfach Maßnahmen ergreifen. Wenn ja, wäre es ein Eingriff in die Persönlichkeit und der Mensch wäre sehr verärgert. Warum wird einem Kind nicht erklärt, dass sich der Wind gedreht hat und andere Maßnahmen erforderlich sind? Die werdende Mutter braucht nur kurze Zeit, um sich auf ihre Art zu verbinden. Dann kann sich das Kind darauf einstellen und sich sofort mit seiner Führung beraten. Das ist auch bereits ein Training für später, wenn unvorhergesehene Dinge geschehen.

Dann beginnt die Präzipitation "Leben" im Sinne des goldgelben Strahls. Das Kind nimmt viele Eindrücke über die Sinne auf, wobei der goldgelbe Strahl intensiv beteiligt ist. Das Kind erkennt alte Muster wieder und es nimmt neue Themen wahr. So helfe ich ihm, die Verbindung zwischen altem Wissen, Weisheit und moderner Kultur herzustellen. Das beginnt sehr früh, auch wenn der Mensch noch nicht sprechen kann. Er kombiniert, reagiert und speichert alle Eindrücke ab, die jederzeit abrufbar sind. Selbst zunächst verdrängte Informationen und Erlebnisse sind erreichbar, wenn man gezielt danach sucht. Auch wenn ein kleines Kind still daliegt oder schläft, nimmt es alles auf, was in seiner Umgebung geschieht. Natürlich ist es auch hier eine Frage der energetischen Ausrichtung der niederen Körper des Egos, inwieweit es auf verschiedenen Ebenen Prioritäten setzt. Der Mensch ist präsent, gleich in welcher Entwicklungsphase er sich befindet. So ist es auch mit seiner Verbindung ins Geistige bestellt. Die langen Schlafphasen der frühen Kindheit bieten hier eine perfekte Plattform für die geistige Schulung.

Die Phasen des Sich-bemerkbar-Machens, der Wunschäußerungen, dann der Entwicklung der Sprache, das motorische Wachstum und das Laufen, all das sind zwar Entdeckungen, die aber sehr schnell integriert werden, weil es im Rad der Zeitalter nichts Neues ist. Das Kind erkennt die Strukturen wieder und legt sie in der Ebene "notwendige Schritte" ab. So spürt es, dass es über eine uralte Weisheit verfügt. Es freut sich über seine Erfolge, aber sie sind schnell Aspekte des Alltags.

Dann jedoch folgt durchaus eine Phase, die nicht mehr so alltäglich scheint. Hier muss ich im Sinne der Weisheit und des Wissens beginnen, dem Menschen klarzumachen, dass er in einem anderen Zeitalter gelandet ist. Und jetzt kommt der entscheidende Moment: Wir müssen den Plan, die karmischen Muster, ihre Bearbeitung und die neue Kultur miteinander verbinden. Auch hier ist die energetische Strahlenstruktur immens wichtig. Früher war diese Phase leichter zu bewältigen. Die Menschen hatten Zeit, sich zu orientieren und zu finden. Im jetzigen Zeitalter wird ein Kind überrollt von Technik, Hast und Eile, von einer sehr früh geforderten Selbstständigkeit, und vor allem muss es oftmals sehr schnell auf die Präsenz der Mutter verzichten. Wie oft müssen die Großmütter an ihre Stelle treten. Das Kind findet sich in einer Welt, die es so nicht kennt. Da sich die Erde karmisch gesehen in einer intensiven atlantischen Prüfungsphase befindet, kann auch diese Inkarnation für einen Menschen eine große Prüfung werden. Jeder Seelenanteil weiß, in welche Gefilde er sich begibt, aber dennoch trennen sich durch die Geburt das Geistige und die Materie in der Form der Wahrnehmung. Ein kreatives Kind wird niemals verstehen können, dass seine Eltern nur noch bestimmte Zeiten in der Woche oder im Monat als

"Qualitytime" einplanen. Es muss dann seine Impulse fließen lassen und glücklich sein. Ansonsten ist dafür keine Zeit.

Im Sinne der Intelligenz und der Lernfähigkeit müssen wir das Kind in sein Umfeld integrieren. Es muss die Möglichkeit finden, so akzeptiert und gefordert zu werden, wie es in seinem Plan verankert ist. Gerade hier zeigen sich oft große Hürden, denn die Wahrnehmungsfähigkeit der Eltern, Geschwister und der übrigen Menschen, die sehr früh an der Erziehung teilnehmen, spielt dabei eine große Rolle. Nur sie sind in der Kleinkindphase in der Lage, mit der Energie des goldgelben Strahls gemeinsam die Weichen so zu stellen, dass das Kind sich bestätigt und weise geführt fühlt. So wächst seine Neugier auf das Leben und auf seine Wirkung im Außen. Es erfährt den Ansporn, sich zu bilden und seinen Verstand zu trainieren. Gerade die kreativen Dinge können sich so bestens entfalten. Das Lernen schlechthin wird durch diesen Strahl stabilisiert, damit der Verstand üben kann, altes Wissen zu aktivieren. Die Meditation sollte so früh wie möglich auf seine Weise an das Kind herangetragen werden, nie als Pflicht, sondern als regelmäßiges, entspannendes Tagewerk. So bleibt es impulsfähig und in der Verbindung mit der geistigen Führung. Nicht zuletzt pflegt der goldgelbe Strahl von Beginn an das kollektive Verhalten. Das Kind erfährt sehr schnell, dass seine Familie sein Grundkollektiv ist. Auch die Tiere innerhalb der Familie werden mit eingeschlossen. Das ist der Grundstein für liebevolle Begegnungen und freudige Ereignisse. Auch hier werden wichtige Werte vermittelt. Wärme, Nähe, einfach das Gefühl, geliebt und angenommen zu sein, werden durch diesen Strahl vermittelt. Wie schnell gelangt das kleine Kind in fremde Kollektive. Der Kindergarten, die Freunde und dann die Schule sind die nächsten Ebenen, die es erkunden und integrieren muss. Hier geht es schon sehr intensiv darum, mit Weisheit und Wissen aus uralter

Zeit umzugehen, aber auch neues Wissen aufzunehmen und korrekt zu platzieren. So bildet sich die materielle Grundlage für diese Inkarnation. Dabei versuche ich immer wieder, jedem Kind zu vermitteln, dass es auf seine Weise intelligent und aufnahmefähig ist. Dennoch entsteht oft ein Kampf zwischen dem Bewusstsein, dass es sehr einfach ist, sich an das alte Wissen anzuschließen, und einer Überforderung aufgrund der menschlichen Bewertungsmechanismen. Jeder Mensch, der sich unter Druck gesetzt fühlt, beginnt, sich unwohl und falsch verstanden zu fühlen. Ein Kind soll seinen Neigungen entsprechend gefordert und gefördert werden. So bewegten sich die Atlanter im Spektrum des Wissens. Ein junger und ein älterer Mensch wird immer auf seine Art neugierig sein und sich bilden wollen, wenn er sich frei fühlt. Ein Wesen, das sich für ein kreatives Leben entschieden hat, wird wenig Interesse für Lerngebiete der Technik zeigen, dennoch wird es sich damit auseinandersetzen, wenn es spürt, jetzt ist es an der Zeit, sich dahingehend zu bilden. All das ist eine Sache des Vertrauens. Ich sehe oft mit großer Wehmut, wie lange Menschen folgsam der vorgeschriebenen Bildungsweise folgen, ohne wirkliche Freude an diesem Wissen. Sie verhalten sich adäquat, und oft braucht es Jahrzehnte eines wertvollen Lebens, um sich zu finden. Im Sinne eurer Gesellschaft ist das mentale Verschwendung. Alles Wissen ist abrufbar, und zwar von jedem Wesen, ob Mensch oder Tier. Es ist einsetzbar und erfolgversprechend, aber es kommt auf den Plan des Wesens und sein Energiemuster an.

Bereits vor der Einschulung eines Kindes ist es wichtig, seine mentalen Fähigkeiten zu schulen, allerdings spielerisch und ohne Zwang, bereits beim Schuleintritt alles beherrschen zu müssen. Es soll gerne seine Erfahrungen machen. So zeigen sich auch die eigentlichen Anlagen sehr schnell. Man erkennt, ob ein Kind eher kreativ, technisch oder naturwissenschaftlich ausgerichtet (nicht begabt) ist. Begabungen, wie ihr es nennt, gibt es im Grunde genommen nicht. Alles ist Teil des Plans. Lasst das Kind sich entfalten, es wird an allem in seiner gewünschten Form gerne teilnehmen. Im Kindergarten und in der Schule lernt das Kind ein neues Kollektiv kennen, mit dem es sich auf vielen Ebenen auseinandersetzen muss. Hilfsbereitschaft, Achtung, die eigene Darstellung, aber auch eine gesunde Distanz werden eingeübt. Die Tiere spielen dabei eine sehr große Rolle, denn sie sind unvoreingenommen und taktvoll. Sie sind nicht nachtragend, aber dennoch spüren sie, wer sie sehr liebt oder einfach nur akzeptiert. So lernt ein Kind auch viel von ihnen. Je nach Energiestrahl auf der emotionalen Ebene kann ein Mensch oder auch ein Tier durchaus nachtragend geprägt sein, aber ein Tier zeigt dem Kind, wie man sinnvoll mit dieser Emotion umgeht, um daraus ein neutrales Gefühl zu entwickeln. Deshalb ist es so wichtig, die Tiere, die mit Kindern arbeiten dürfen, gemäß ihrem Charakter gut auszusuchen, da es hier um Wissen und Weisheit geht. Gerade in der Schule sind die Schulhunde unverzichtbar. Sie strahlen auch Schutz und emotionales Verständnis aus. Ein Hund wird sich immer das Kind als Tagesgefährten aussuchen, dem es emotional schlecht geht. Er weicht nicht von seiner Seite. So kann das Kind trotz aller momentaner Beeinträchtigungen dennoch lernen und sich fortbilden, wenn auch etwas eingeschränkt. Man darf es dann auch nicht bewusst disziplinieren oder für Unaufmerksamkeit bestrafen. In den Schulräumen soll viel Goldgelb auftauchen. Lasst die Kinder die Wände selbst gestalten. Alle Themen der Natur und auch Symbole der Weisheit sollten die Wände zieren. Ein wichtiges Tier ist dabei die Eule, die auf einem Buch sitzt. Viele Schulbücher und Schulhefte, nicht zuletzt Kinderbücher sollten goldgelbe Umschläge haben. Bevor der Unterricht beginnt, sollte eine kleine Meditation den Tag einleiten. Viele Kinder wurden schon zu Hause mit Problemen und Sorgen konfrontiert. Der Schulbeginn sollte daher nicht zu früh sein, damit alles in Ruhe verarbeitet wurde und der Tag erfolgreich verlaufen kann. Deshalb ist es auch so wichtig, dass die Lehrer erkennen, wo Probleme zu vermuten sind, um dann individuell auf die Kinder zugehen zu können. Persönliche Sprechzeiten sind von großer Wichtigkeit. Die Kinder benötigen Pausen gemäß der Anforderungen. Hohe Konzentration oder Prüfungen bedingen flexible Erholungszeiten. Gebt den Kindern immer die Möglichkeit, sich außerhalb des geregelten Unterrichts kreativ zu beschäftigen, auch sportlich aktiv zu sein. Es klärt viele vorangegangene Anstrengungen und schafft neue Aufnahmefähigkeit. Und überall sind die Tiere mit einzubinden. Kinder sollen in allen Bereichen ihrer Bildung die Möglichkeit haben, sich auszuruhen. Nicht jedes Kind kann sich gleich stark konzentrieren. Ein paar Minuten ausruhen oder mit einem Tier an der frischen Luft bewirken neue Kraft. Das Kind wird nichts versäumen, im Gegenteil, es nimmt mehr auf als anders. Achtet auch darauf, dass im Kinderzimmer der Bereich des Lernens mit der Farbe Goldgelb bestückt ist. Die Sonnenblume ist mein Symbol. Dieser Platz sollte immer mit der Sonne in Verbindung gebracht werden. Sie soll nicht blenden, sondern wärmen.

Prüfungen in den Schulen, auch während eines Studiums, sollten zwanglos sein, das Kind und den jungen Menschen anspornen, sein Wissen selbst zu prüfen, nicht, es unter Beweis zu stellen. Lasst ihnen genügend Zeit, denn eine Zeitbegrenzung ist der größte Feind des Verstandes. Je nach Mentalstrahl braucht ein Mensch seine Zeit, um sich mit allem zu beschäftigen und es dann zum Ausdruck zu bringen, gerade auch bei mündlichen Prüfungen, die in unseren Augen mehr demütigend als förderlich sein können. Wenn sich Ängste aufbauen und Unsicherheit ein Begleiter ist, weil ein Wesen starke karmische Erinnerungen an Verhöre und Verurteilungen in sich trägt, kann kaum ein fundiertes

Ergebnis zu erwarten sein. Es wäre eher sinnvoll, eine kollektive Unterhaltung über ein Thema zu führen und dabei jeden anzusprechen und nach seiner Meinung oder seinem Wissen zu fragen. Das ist eine entspannte Atmosphäre, die Sicherheit und Interesse zeigt. Es legt im Übrigen das Fundament für spätere Brainstormings und das selbstbewusste Einbringen in berufliche Themen. Wer schon in Prüfungen gedemütigt wurde, vermeidet später jede verbale Darstellung aus Angst, wieder zu versagen. Das ist nicht das atlantische System der Wertschätzung eines jeden Wesens. Gerade bei euren Prüfungen sind Tiere unverzichtbar, um Stärke und Wärme zu geben. Auch euer Benotungssystem lässt sehr zu wünschen übrig. Es bewertet und urteilt, ohne dazu berechtigt zu sein. Bedenkt immer, dass es sich um eine Momentaufnahme des Verstandes handelt. Niemand ist in der Lage, auf diese Weise zu erkennen, wie weit die Bildung reicht, um über den weiteren intelligenten Verlauf zu entscheiden. So kann ein Mensch vollkommen falsch bewertet und in die Zukunft entlassen werden. Das kann eine unwiderrufliche Fehlentscheidung sein, die den ganzen Weg eines Wesens in die falsche Bahn lenken kann. Jahrzehnte können ins Land gehen, bis dieser Mensch begreift, was ihm wirklich liegt. Es ist durchaus gut, einem Menschen klarzumachen, dass er augenscheinlich einige Lücken zu füllen hat, aber nur deshalb, weil es aufgrund irgendeines menschlich erfundenen Systems so zu sein scheint. Aber dabei solltet ihr es belassen. Dadurch ist ein Mensch nicht unfähig, sein Leben zu gestalten. Wir wissen, dass der Mensch denkt, er brauche ein Bewertungssystem für den kollektiven Fortschritt. Aber was, wenn ein Wesen diesem System jetzt nicht folgen kann und will? Lasst ihm die Freiheit, sich zu entwickeln und so zu erkennen, wohin sein Weg es führen soll. Jedes inkarnierte Wesen kennt seinen Plan, und nur dem will es folgen. Bedenkt: Wenn sich ein Wesen vierzig Jahre lang lenken, prüfen und steuern lässt, um in der

Gesellschaft anerkannt zu sein, hat es durchaus nicht mehr sehr viel Zeit, seinen wahren Plan auszuführen. Auch hier kann es durchaus zu karmischen Strukturen kommen, die neu aufgebaut werden. Nicht umsonst hat euer Schulsystem so große Probleme damit, sich den atlantischen Strukturen zu nähern. Die atlantischen Priester und Priesterinnen haben sie grundlegend erklärt und sind jederzeit bereit, sie euch zu zeigen.

Der goldgelbe Strahl öffnet jedem Wesen auch den Weg in die Freude am Lesen und an der Aufnahme von interessanten Informationen. Gleichzeitig zeigt er aber auch die Wichtigkeit der Umsetzung, damit alles Aufgenommene nicht nur gespeichert wird. Ansonsten kann es zu Verzögerungen in der Umsetzung kommen. Hier stellen sich dann die negativen Auswirkungen der falsch angewandten Strahlenenergie dar. Alles Wissen soll eingesetzt werden, Entscheidungen sollen getroffen und neue Wege beschritten werden.

Aber auch das kollektive Verhalten soll weise gelenkt werden. Vor allem wenn der Mensch sich dem Erwachsenenalter annähert, muss und soll er lernen, dass es nicht immer darum gehen kann, sich anzupassen. Hier helfen die Tiere wieder sehr gut, sich auch einmal anders als erwartet zu verhalten. Um weise zu werden, ist es wichtig zu erkennen, wie sich das Kollektiv zeigt, in dem man sich bewegt. Ob in der Familie, im Freundeskreis, am Arbeitsplatz, wo auch immer, trifft der Mensch auf vielerlei Naturen und Strahlenstrukturen. So lernt er, dass es nicht immer ohne Reibungspunkte vonstattengeht. Der goldgelbe Strahl hilft hier dabei zu erkennen, wo es darum geht, sich sinnvoll und weise einzubringen, und wo es an der Zeit ist, sich - auch im Sinne der Wahrheit - unbeliebt zu machen. Er hilft aber immer auf eine warmherzige und wohldurchdachte Weise. Man kann auch höflich korrigieren und der Wahrheit Ausdruck verleihen. Gerade in führenden Positionen oder als Respektsperson ist es wichtig, sich höflich und dennoch klar auszudrücken. Hier ist es sehr wichtig, auf den eigenen Klang der Stimme zu achten, diese eventuell auch zu schulen. Sie ist das Erste, was andere wahrnehmen neben der Mimik, dem Ausdruck der Augen und der Gesten. Die Stimme kann erschrecken, einschüchtern und auch beschwichtigen und gelassen führen. Ihre Lautstärke spielt eine große Rolle. Die Schulung eurer Stimme ist so wichtig, sie sollte in den Schulen eine Rolle spielen. Es ist so grundlegend, wie Menschen untereinander und mit Tieren verbal umgehen, auch wie gehaltvoll der Ausdruck ist. Wer nur noch im Befehlston kommuniziert oder in einer ausdruckslosen Sprache, wird weder ernst genommen noch bietet er die Möglichkeit, gerne mit ihm in eine Unterhaltung zu gehen. Achtet sehr darauf, dass ihr eure Sprache nicht ganz der Technik unterordnet, denn ihr werdet dann nicht mehr "gehört".

Im Erwachsenenalter ist die Weisheit eine Aufgabe, ein Ziel, das man erreichen will. Sie ist nicht vorhanden, wenn man sein Studium beendet oder seinen Beruf erlernt hat. Sie wächst und verkümmert, je nachdem, wie man sich einbringt in die Schule des eigenen Lebens. Ein steter Wachstumsprozess der Weisheit ist nicht leicht zu gestalten, denn er bedingt die ständige Arbeit an sich. Kein Mensch ist fehlerfrei, aber je älter ein Mensch wird, umso mehr sollte er beginnen, sich und seine Gefühle zu beobachten. Ich sage bewusst nicht "Emotionen". Emotionen sind wichtig, denn sie sind der Speicher karmischer Strukturen, die auch durch andere Wesen aktiviert werden müssen, sofern sie Anteil daran haben. Eine Emotion entsteht immer in der Relation zu anderen Wesen, aus welchem Grund auch immer. Sie dann zu erkennen und in ein positives Gefühl zu verwandeln, dabei auch anderen zu helfen, wenn man seinen eigenen Anteil daran erkennt, auch wenn es schwerfällt, ist die Kunst der Älterwerdens. Ein Kind kann das noch nicht, es reagiert und agiert. Ein wachsender

Mensch muss es lernen, will er sich entwickeln. Wenn er andere ihrer Emotionen wegen verurteilt oder sich selbst nur emotional herausgefordert fühlt, hilft er sich und den anderen nicht dabei, gefühlvoll zu werden. Die Isolation ist dann eher das wartende Gefängnis. Es ist ein sehr weiser Weg, der durch die Lebensschule aufgezeigt wird und durch die Energie des goldgelben Strahls, verbunden mit dem ständigen eigenen Blick ins Lebensbuch. Deshalb entscheidet dieser Stand der Dinge auch letztlich über das Erreichen der selbst gesteckten Lebensziele, der Berufung und der wahren Lebensaufgabe. Nicht selten bleibt ein Mensch so in seiner Aufgabe stehen, in einer eingefahrenen Spur, die ihm durchaus hilft zu überleben, aber nicht, in sich ruhend zu agieren. Hier kann der goldgelbe Strahl eine hohe Herausforderung darstellen. Nicht zuletzt erkennt jeder Mensch aufgrund dieses Wachstums erst im fortgeschrittenen Alter seine wahre Aufgabe, seine Berufung. Im jungen Alter weist ihm der Strahl den Weg in die karmischen Gefilde der Begegnungen und Aufgaben. Es ist gut, mehrere Berufe zu erlernen, durchaus ein Studium abzubrechen, sich temporär ins Ausland zu begeben oder auch eine Auszeit zu nehmen. Das ist keine Flucht vor dem Leben, es ist das Abarbeiten wichtiger Schritte auf dem Weg zur Weisheit. Wer es sich gestattet, wohlüberlegt die Weichen zu stellen, wird immer neue Sichtweisen des Lebens erlangen. Er steuert bewusst auf Bereiche zu, die anderen verborgen bleiben. Das ist niemals leicht, denn das Leben muss immer wieder neu organisiert und verstanden werden. Manchmal ist es sehr mühsam und aufregend zugleich. Der goldgelbe Strahl unterstützt diese Abenteuerlust des Lebens. Er trägt das Füllhorn der Weisheit mit sich. Wer die Welt kennt, kennt sich selbst. Er hat gelernt, in den Spiegel zu schauen, sich einzubringen, wo es erforderlich war, und wieder Abschied zu nehmen, wenn es vollbracht war. Die Wiederkehr in den alten Rhythmus wird durch den goldgelben

Strahl der Weisheit gut unterstützt. Schnell werden die gewonnenen Erkenntnisse und alles Wissen integriert in eine neue oder auch gewohnte Aufgabe. Der Mensch ist ruhiger und er weiß, er hat Dinge gelernt und erfahren, die er unter Umständen zu einer späteren Zeit nicht mehr hätte einplanen können, denn das Leben nimmt seinen Lauf. Neue Themen und Lebensphasen gewinnen einen Wert, Partnerschaften, vielleicht eine Ehe und eine eigene Familie rücken in den Vordergrund. Auch hier gilt es, die neue Weisheit zu erkennen. Alles hat seine Zeit, wie El Morya bereits betonte, und jede Zeit hat ihre Ansprüche an die Weisheit. Ein Mensch soll erspüren können, wann es Zeit für die Elternschaft ist, damit alles optimal integriert und auch bestehende Aufgaben optimal erfüllt werden können. Vielleicht ist eine berufliche Selbstständigkeit in Sicht, und alles Erfahrene ist hier von großem Wert. Ich helfe jedem Menschen dabei, sich hier auf sein Wissen und seine Weisheit zu verlassen, denn so entwickelt sich eine gesunde Weitsicht. Wenn andere Menschen zu führen sind, ist es wichtig, eine gesunde Gelassenheit zu spüren, die auf der Weisheit des Lebens aufbaut. Ansonsten ist der Mensch nicht selbstsicher genug. Aber auch die Gründung einer Familie, die durchaus parallel verlaufen kann, bedarf all dieser Aspekte. So entsteht eine gesunde Basis für das Zusammenleben in der Zukunft. Wir wissen, dass alles seine Zeit hat, und diese Werte vermitteln wir über die Impulse. Der Mensch kann einfach sicherer in die Zukunft blicken. Eine Familie zu führen, war zu keiner Zeit einfach. Jedes Zeitalter bot seine Herausforderungen, doch eure heutige Zeit erfordert besondere Vorsicht, damit man weise planen und leben kann. Partner und Kinder, die sich dazugesellen, brauchen Liebe, Zeit und Fürsorge. Das Zusammenleben kann nicht abgehandelt werden. Es ist bewusst gewählt, denn es ist Teil des Lebensplanes und erfordert so den richtigen Respekt vor allem Leben. Tiere, die integriert werden sollen, fordern auch ihre Beachtung. Nicht zu vergessen die Eltern, die Großeltern und die Anverwandten. Alle bilden ein Kollektiv, das bewusst zusammengeführt wurde. Die Werte, die so geschaffen wurden, bleiben allzu oft auf der Strecke. Gerade tiefgehende Gespräche, Ratschläge der Älteren und die Weisheit des Alters sollen den Jüngeren zur Verfügung stehen. Wer dafür keine Gelegenheiten schafft, verzichtet freiwillig auf wertvolle Zuwendung. Vergesst diese Werte nicht, sie sind unwiederbringlich. All das schweißt auch zusammen, obwohl man auch lernen muss loszulassen. Aber es schafft Neutralität. Wenn dann die wichtigen Menschen krank werden, ist man gerne bereit, sich um sie zu kümmern und alles zu veranlassen, was zu tun ist. Krankenbesuche sind dann selbstverständlich. Wenn das Alter seinen Tribut fordert, ist es keine Frage, auch hier einem Menschen mit allen gemeinsamen Kräften beizustehen, selbst wenn ein alter Mensch zum Kind wird. Der goldgelbe Strahl spendet hier die Geduld und die Gelassenheit, alles anzunehmen, wie es kommt. Bittet den Strahl und uns um Hilfe, damit jedes Zeitfenster seinen Glanz und seine Würde bewahren kann. Dann könnt ihr auch jedem Wesen auf dem letzten Wegabschnitt in den Tod, der unweigerlich kommt, eine vertrauliche Begleitung sein. Es herrscht dann keine Angst vor dieser Situation, weil man sich nicht voneinander entfremdet hat. Die Tiere machen es euch vor. Sie sind gerne bei einem Sterbenden, wenn sie spüren, es ist so weit. Sie sind neutral und geben Liebe und Wärme. Es ist dann keine Zeit mehr für Vorwürfe, Schuldzuweisungen und Trennung. Alle Themen, die sich negativ aufgebaut haben, sollten zu diesem Zeitpunkt geklärt sein. Auch dafür braucht es Weisheit, die vielleicht verzeiht, obwohl der andere den ersten Stein geworfen hat. Vergeben und Verzeihen entstehen im Herzen, und dort ist die Quelle eurer Führung. Sie wird euch immer auf den Weg zur Weisheit führen. Selbst im Moment des eigenen

Todes hilft euch der goldgelbe Strahl der Weisheit beim gütigen und ruhigen Loslassen. Ein letztes Wort, ein gütiger Blick, ein leichter Händedruck kann vieles ausdrücken, was vielleicht unausgesprochen bleiben wird. Wenn ein Mensch in sich ruhen und sagen kann: "Es ist vollbracht", dann ist es seine Betrachtungsweise des Lebens, ganz gleich, was andere davon halten. Es gibt ihm Sicherheit, um später im Geistigen die wahre Bilanz mit der geistigen Führung zu ziehen.

Rowena

Lenkerin des dritten, des rosafarbenen Strahles

Das Herz, aber auch die Herzensebene ist der Puls des menschlichen Lebens. Alles, was das Herz eines Wesens betrifft, legt den Grundstein für die Existenz, physisch, emotional und nicht zuletzt mental. Es gibt nichts im existenziellen Bereich eines Lebewesens, das vom Herzen unabhängig wäre. Aus diesem Grund bezeichnen wir den rosa Strahl auch als den Strahl der aktiven Intelligenz. Erst durch den Herzschlag und die Wirkungsweise des Herzens wird ein Lebewesen frei und unabhängig im Kreislauf der Materie. Sanat Kumara wird noch sehr eindrucksvoll über das emotionale Herz berichten. Emotionen sind für uns nicht mit Gefühlen gleichzusetzen, denn Emotionen sind die karmischen Bestandteile des emotionalen Körpers. Sie erzeugen wichtige Prozesse im Sinne der persönlichen Freiheit. Selbst eine angenehm empfundene Emotion ist karmisch bedingt. Sie ist immer das Ergebnis der Beteiligung am Zusammentreffen der Wesen. Gleich wie sich eine Emotion erzeugt und darstellt, erst durch den Transformationsprozess wird sie zum Gefühl, zur Empathie und zur Gelassenheit allen Wesen gegenüber. Deshalb spielt der rosa Strahl bei der Zeugung eines Wesens eine tragende

Rolle. Sein Brennpunkt ist das Herzchakra. In diesem Moment erkennt der inkarnierende Seelenanteil bereits seine emotionale Verbindung zur Mutter, zu dem Wesen, das ihm das Leben schenkt. Sie ist die erste emotionale Bindung in der Materie. Nur sie kann diesem Wesen, das entsteht, die Sicherheit geben, wohlbehalten zur Welt kommen zu können. Wohlbehalten bedeutet nicht zwangsweise gesund, denn jeder Anteil bestimmt im Vorfeld über die Beschaffenheit seines Körpers selbst. Die Mutter gibt ihm die Chance, in der Materie Fuß zu fassen, um seinen Plan zu verfolgen. Deshalb weiß auch jede Mutter, dass sie sofort nach der Geburt loslassen muss. Loslassen heißt nicht trennen, sondern den eigenen Weg gehen lassen. Wir helfen jeder Mutter, ihre Kinder zu versorgen, bis sie in der Lage sind, ihren eigenen Weg in der Welt zu gehen. Keine Mutter muss ihr Kind im Stich lassen oder in fremde Hände geben, weil sie sich überfordert fühlt. Wenn dies der Fall ist, spielen uralte Emotionen eine Rolle, die bereits durch die Zeugung freigesetzt werden können. Deshalb ist es so wichtig, dass jede Mutter ihr Kind direkt nach der Geburt im Arm hält, solange sie es für gut befindet. So können sich karmische Emotionen sofort in das Gefühl der Liebe transformieren und eine Mutter kann auch von einer Freigabe zur Adoption Abstand nehmen. Dies muss dann von allen akzeptiert werden. Durch die Zeugung wird die Herzensverbindung über die Mutter zum Rest der Familie angelegt. Das Kind weiß genau, wer alles zu seiner neuen Familie gehört und ihm im Laufe seines Lebens begegnen wird. So gewinnt schon die persönliche Freiheit eine starke Bedeutung. Menschenrechte und das Thema der Barmherzigkeit vervollkommnen den Plan des Lebens. Das Kind beobachtet exakt die Einstellung seiner bereits vorhandenen Geschwister, des Vaters, der Großeltern und aller Anverwandten. Auch hier kann es bereits zu starken Emotionen kommen, wenn es spürt, es ist nicht erwünscht, bereits jetzt entstehen Eifersucht und Intoleranz. Es hat zu kämpfen, aber es ist noch nicht in Erscheinung getreten. Hier ist es wichtig, dass die Mutter beginnt, für das Kind einzutreten und seine Rechte zu verteidigen. Mehr kann sie zu diesem Zeitpunkt nicht tun. Nicht zuletzt bestehen durchaus Emotionen zur Mutter aus alten Zeiten. Große Ängste können ihren Raum fordern, die aus Unsicherheit entstehen. Das Kind ist im gewissen Sinne den Emotionen der Mutter ausgeliefert, es sei denn, sie beschäftigt sich intensiv mit dieser Thematik. Dann kann ich ihr helfen, in Ruhe alles zuzulassen und dem Kind Sicherzeit zu geben.

Im Sinne der Intelligenz spielt der rosa Strahl auch hier bereits eine große Rolle, denn jedes Wesen, das entsteht, hat sich seinen Plan gestaltet, der auch Erfolg beruflicher Art als Teil eines Kollektivs vorsieht. Das Wesen kennt seine Vergangenheit, es hat neue Ziele gesetzt und dafür braucht es Intelligenz. Wie Konfuzius bereits erklärte, geht es hier nicht um Schläue, Schnelligkeit und Interesse, sondern es geht darum, die Intelligenz im Sinne des Plans und der eigenen Energie zu manifestieren. So kann es gewollt sein, durch Kreativität auf vielen Ebenen Erfolg zu haben. Die Wirtschaftlichkeit eines Lebens, Führungskraft als menschliche Qualität, all das sind Aspekte des rosa Strahls. Er legt hierfür die Grundsteine. So könnt ihr erkennen, dass auch diese Themen im Herzen wachsen und nicht im Verstand. Selbst wenn ein Wesen mit einem Herzfehler geboren wird oder wenn sich im Laufe des Lebens physische Probleme des Herzens zeigen, ist der Mensch nicht von sämtlichen positiven Aspekten des Strahls abgeschnitten. Gerade dann ist es wichtig, dass der betroffene Mensch die Herzensqualitäten anderer einfordert.

Das Herzchakra ist die energetische Quelle des Lebens und der Schöpfung. Das Herz muss unendlich viel leisten im Leben eines Wesens. All das wird als selbstverständlich empfunden, bis sich Hindernisse zeigen. Wenn es seinen Dienst einstellt, gibt es kein Zurück mehr. Deshalb ist es so wichtig, all seine Aspekte gerade auch im Sinne des emotionalen Herzens zu verstehen. Das Herzchakra ist die direkte Verbindung zur geistigen Ebene, es ist unsere Wohnstatt, unsere Chance, dem Wesen die lebenswichtigen Impulse zu senden. Während der Zeit der Schwangerschaft wird das Kind im Sinne des rosa Strahls in allen Herzensthemen geschult. Es lernt, mit Emotionen umzugehen und Herzensqualitäten zu kultivieren. Gerade das Verstehen, Vergeben, Verzeihen sind Themen, die täglich auf die Menschen zukommen. Sie werden intensiv durch den Strahl und meine Arbeit gemeinsam mit Erzengel Chamuel an das Wesen herangetragen. Das Dasein im Mutterbauch ist zwar ein geschützter Raum, und dennoch nimmt es Teil am Leben der Mutter mit allen auftauchenden Emotionen. Es muss lernen, sich von den Emotionen der Mutter, die nichts mit ihm selbst zu tun haben, zu distanzieren. Nur so kann es später im Leben genau differenzieren, wo es Anteil zu nehmen oder sich zu lösen hat. Ein Mensch kann niemals die Emotionen eines anderen auf sich nehmen und transformieren. All das bringen wir diesem Wesen nahe. So auch das emotionale Verhältnis zu allen anderen Wesen, die ihm begegnen werden. Alles wiederholt sich. Wir legen auch den Grundstein für die Liebe zu den Tieren. Auch sie muss frei von Emotionen werden. Es kann immer karmische Muster geben, ob als Opfer oder Täter, die zu transformieren sind, damit diese allumfassende Liebe im Herzen Einzug halten kann. Das Tier gehört zum Leben des Menschen.

Auch die emotionale Verbindung zu den im Geistigen verbleibenden Geschwistern, Seelenpartnern, auch zur Dualseele, muss durch den rosa Strahl gefestigt werden. Auf der geistigen Ebene besteht diese Verbindung in einer absoluten Neutralität. Im Irdischen jedoch kann sich die Wahrnehmung der Verbindung verändern, indem sich ein Wesen alleine gelassen fühlt. Das ist eine vermeintliche Einsamkeit oder auch ein Verlust einer bekannten Seelenverbindung, was durch die Energie des Strahls aufgefangen wird. Durch die Zeit der Schwangerschaft neutralisiert sich hier vieles, da das Wesen immer wieder zur Schulung zu uns zurückkehrt. So lernt es, dass es keine Trennung gibt, doch es ist immer die Frage, wie es ein Mensch später wahrnimmt.

Bei der Präzipitation "Leben" spielt der rosa Strahl seine Rolle im Sinne der aktiven Intelligenz. Wir ebnen hier den Weg in die Herzensqualität und in den bewussten Erfolg in der Materie. Gerade in der heutigen Zeit beobachten wir hier bereits in der Schwangerschaft eines Wesens Einflüsse, die einen Seelenanteil, der sich lange im Geistigen aufgehalten hat, deutlich verwirren können, wobei man sagen muss, dass es sich hier auch um atlantische Muster der Endzeit handelt. Die Menschen haben in früheren Zeiten intensiver auf der Herzensebene gelebt. Es mag sein, dass sich mein Hinweis sehr kritisch anhört, aber so soll es nicht sein. Wir erkennen, dass sich hier die Einstellungen der heutigen Menschen sehr stark unterscheiden. Es liegt mehr oder weniger an den alten kollektiven Karmastrukturen, die weder gelöst noch beachtet werden. Das Kollektive strahlt natürlich in das Persönliche aus, je nach alter und neuer Wahrnehmung und Konfrontation. In früheren Zeiten fühlten sich die Menschen innerhalb ihrer Familien viel mehr verbunden. Sie teilten ihre freie Zeit miteinander und Werte sowie Traditionen wurden intensiv gepflegt. Man beschäftigte sich mehr miteinander, obwohl man sehr hart arbeiten musste. Obwohl es viele kinderreiche Familien gab, herrschte eine starke Verbundenheit über das Herz. Heute sehen wir immer mehr Menschen vereinsamen, obwohl es genügend Kontakte gäbe. Kinder spielen zwar noch immer ihre Rolle, aber viele vermissen die Zuwendung der Eltern. Auf diese Weise können manche karmischen Punkte nur sehr schlecht wahrgenommen und gelöst werden. Ihr solltet euch genügend Raum und Zeit für eure persönlichen Themen nehmen. Man muss sich miteinander beschäftigen. So ist es auch mit vielen alten Menschen, die wenig Beachtung finden. Sie kosten zu viel Zeit und Mühe, weil sie sich sehr oft, bedingt durch das hohe Alter, in ihrem Wesen verändern. Der Respekt vor dem alten Menschen lässt nach. Man sollte sich immer wieder Gedanken darüber machen, inwieweit dadurch neues Karma geschaffen wird. Wer aus früheren Leben viel Gemeinschaftlichkeit kennt, familiäre Wärme und Zugehörigkeit, wird im heutigen Leben durchaus enttäuscht. Aber auch zu hohe Anforderungen, Erwartungshaltung und Missbrauch beweisen die starke Ansammlung karmischer Grundlagen. Es ist wichtig, dass die Menschen lernen und verstehen, dass das Herz hier seine Qualitäten schulen muss. Im Kollektiv erkennt ihr im Heute große karmische Aufgaben. Jeder Widerstand, jedes Wesen, das auf der Flucht vor Krieg und Vernichtung ist, aber auch der Missbrauch der Tiere und der Natur sind uralte karmische Muster, die euch viele alte Fehltritte vor Augen führen. Hier muss der rosa Strahl im Sinne der aktiven Intelligenz dafür sorgen, dass ihr immer wieder erkennen könnt, wo ihr eine große Transformationsarbeit zu leisten habt. Alles, was euch im Heute begegnet, gab es in vielen Epochen und Kulturen schon einmal, und immer wieder gab es die gleichen Umgangsformen, nicht zuletzt Ignoranz. Wenn ein neues Zeitalter anbrechen soll, müssen wir dafür sorgen, dass hier auf der emotionalen, der mentalen und der physischen Ebene vieles transformiert wird. Dies gilt für jedes Individuum, aber auch für das Kollektiv. Die allgemeine Akzeptanz der Reinkarnationstheorie als Grundlage des Glaubens an Ursache und Wirkung ist heute wichtiger denn je. Immer schneller werden euch die karmischen Muster vor Augen geführt. Menschen kehren bewusst zurück an die Orte, an denen sie einst den Tod fanden. Die Tiere weisen den Weg in die korrekte Ernährungsweise, die in der Blütezeit von Atlantis ganz normal war. Die Natur wehrt sich gegen die zeitalterlange Ausbeutung. Früher sprach man von Völkerwanderungen, weil die Menschen vor Verfolgern und Naturkatastrophen flüchteten. Schaut euch die Indianer an, wie man mit ihnen umging. Sie sind noch heute Wesen, die in ihrem Herzen stark spirituell verbunden sind. Wo ist die Transformation ihrer Ausbeutung und Unterordnung im Sinne der Menschenrechte erfolgt? Jedes Wesen hat das Recht, auf der ganzen Welt zu leben. Die Welt gehört nicht bestimmten Gruppierungen von Menschen, die der Meinung sind, durch ihre Intelligenz alles erreichen zu können. Niemand gab oder gibt euch das Recht, Grenzen zu errichten, geschweige denn, euch die Erde gegenseitig zu verkaufen. Mutter Erde hat ein einziges Herz, das für alle schlägt, die in ihrem Schoß in der Lage sein sollen, endlich ihre Transformation in die Liebe der aktiven Intelligenz zu erlangen, damit sich dieser Kreislauf des Karmas lösen kann. Die Rechte eines jeden Wesens, ob Mensch, Tier, Pflanze oder Mineral, werden vom rosa Strahl gewahrt. Es ist das verbriefte Recht, die Erde und all ihre Ressourcen nutzen zu dürfen, um sich aktiv an ihrem Geschick zu beteiligen. So schulen wir jedes Wesen, damit es später in seinem Leben daran teilnehmen kann. Damit ist der Erfolg des Wesens verbunden, seine Kraft zu überleben und seine gelebte Menschlichkeit. Wenn dem Wesen nun dieser Weg in der Materie verwehrt oder massiv erschwert wird, kann es seinen Plan nicht korrekt verfolgen. Dadurch entstehen neue Emotionen, ohne dass die alten karmischen gelöst werden können. So können wir sagen, jedes Wesen, das den Weg in die Materie anstrebt, ist bereit, im Rahmen seiner Möglichkeiten an der Transformation des Kollektivs teilzunehmen. Daraus entsteht aber auch das große Bedürfnis nach Akzeptanz, Barmherzigkeit und Toleranz. Nur wer dies alles erfährt, kann es leben und weitergeben. Die Andersartigkeit ist gewollt, verbrieft mit dem Recht, so leben zu können, wie man es wünscht. Der rosa Strahl ist dafür da, dass alle ausreichend versorgt sind, um gut und in Frieden leben zu können. Nicht umsonst erfahrt ihr auf dieser Ebene so große Herausforderungen. Zu viel Energie fließt auf der Erde in die Kultivierung der Unmenschlichkeit, der Vernichtung vieler Wesen und der Natur. Nur der universelle Frieden, der nicht erschaffen, sondern nur gelebt werden kann, wird euch dazu befähigen, alle ohne Sorge und großen Aufwand perfekt leben zu lassen. Deshalb bringt jedes Lebewesen diesen Anspruch mit in sein Leben. Der rosa Strahl muss die Grundlagen dafür legen. Wenn das Kollektiv dann andere Bahnen erschafft, erkennt man unweigerlich den Widerspruch. Wer mit dem Anspruch auf ein friedliches Miteinander den Weg in die Materie einschlägt, wird sehr verwirrt sein, wenn ihm der Unfrieden anerzogen und er auch dazu erzogen wird, den Egoismus zu demonstrieren und zu kultivieren. Nicht zuletzt soll er zur Vernichtung anderer Gleichberechtigter beitragen. Ich wurde selbst in einigen meiner Inkarnationen mit dieser Thematik konfrontiert. Deshalb ist es mir, wie allen anderen Meistern und Meisterinnen, ein großes Bedürfnis, hier für eine globale Transformation einzutreten. Jeder Seelenanteil, der sich auf den Weg seiner Lebenspräzipitation macht, erhält durch den rosa Strahl die Schulung der Herzensqualität im Sinne der aktiven Intelligenz. So werdet ihr kein Wesen antreffen, das diese Basis nicht in sich trägt. Es ist eure kollektive Aufgabe, hier eins zu werden, das Herz sprechen zu lassen, dann könnt ihr uns "hören", um eins zu sein mit uns auf dem Weg der persönlichen Freiheit eines jeden Individuums. Über das Herz, das die Wesen mit der Quelle verbindet, bleibt diese Verbindung erhalten. Wir laden jeden Seelenanteil vor der Geburt ein, jederzeit unsere Schulung im Geistigen zu besuchen. Gerade der rosa Strahl bietet hier die Sicherheit, immer geborgen zu sein, verstanden und geachtet zu sein. Wir spenden Trost, wenn die Trauer zu groß ist und Trennungen das Herz zu zerreißen drohen. Das physische Herz wird von uns gepflegt. Gerade wenn es im Leben zu Eingriffen am Herzen kommt, wenn schwere Herzerkrankungen auftreten, ist die Energie des rosa Strahles sehr hilfreich. Nicht alles ist heilbar, aber Trost und Fürsorge helfen oft, auch schwere Zeiten zu durchleben. Daraus entsteht neue Lebenskraft und das Potenzial, es nochmals zu versuchen. Das Vertrauen in die Kraft des Herzens ist sehr wichtig, denn es ist der Motor des Lebens. Sein Dienst ist unbezahlbar. Die dreifältige Flamme der Schöpfung wohnt in jedem Herzen und verbindet euch alle mit der göttlichen Energie allen Lebens. Dabei ist die aktive Intelligenz zu sehen wie die Tatkraft des Vollbringens. Sie ist unerschöpflich vorhanden. All das erfährt ein Ungeborenes in unserer Schulung, und darauf sind wir sehr stolz, denn wir wissen, wir haben alles getan, um es in sein neues und doch altes Kollektiv zu entlassen. Hier gilt es, intensiv die alte atlantische Form der Geburtsvorbereitung zu erwähnen. Die Mütter kamen in die Geburtstempel. Wir nannten sie "Oasen der Mütter". Dort fand das Ungeborene zunächst alles vor, was es brauchte, um auszureifen und selbst zu entscheiden, wann der perfekte Moment gekommen war, der Mutter mit Freude zu begegnen. Mütter und Ungeborene waren unter sich. Es gab keine Störung und keine Zweifel an der gesamten Existenz. Die Mütter spürten im Herzen, wann es Zeit war, sich von der Familie zu entfernen und zu uns zu kommen. Es wurde alles dafür getan, ihnen die Zeit zu verschönern, damit sie zu jeder Zeit mit ihrem Kind in Verbindung waren. Es war eine nonverbale Kommunikation, die eine feste Herzensverbindung erzeugte. Ihr kennt das alle aus dieser Zeit, und deshalb hat die Mutter die stärkste Verbindung. Unser Wunsch wäre es, wenn ihr wieder solche Oasen schaffen könntet, fernab von kranken und sterbenden Menschen in den Krankenhäusern. Nur so kann die Energie eines Neugeborenen geschützt werden. Lasst die Mütter von Herzen dort verweilen, bis das Kind oder die Kinder sich entscheiden, die Oase zu verlassen. Die Mütter werden so mit den Hebammen perfekt über die Form der Geburt entscheiden können. Für Komplikationen sollen Ärzte und alle Vorrichtungen dort gegeben sein, damit die Oase alles bietet, was man braucht. Der Moment der Geburt gehört nur Mutter und Kind. Wir wissen, dass die Väter sich manchmal dazu berufen fühlen, ihre Begleitung anzubieten. Das kommt zwar oft von Herzen, aber sehr oft fühlen sie sich überfordert, weil man von ihnen Schutz erwartet. Das Kind kann so Gefahr laufen, das Gefühl zu haben, Ängste bei den Eltern zu erzeugen. Das ist nicht vorteilhaft. Mutter und Kind wissen, was zu tun ist. Überlasst sie den richtigen Helfern, dann ist alles gut. El Morya hat bereits alles Wichtige erwähnt, was bei der Geburt zu beachten ist. Der rosa Strahl hat hier ausschließlich die Aufgabe, die Herzen zu verbinden, um so die Basis für eine gesunde Mutter-Kind-Beziehung zu stabilisieren. Diese Beziehung vor, während und nach der Geburt ist unwiederbringlich. Alte Emotionen lösen sich, auch der Geburtsschmerz im Irdischen infolge des Abschieds im Geistigen wird durch die rosa Energie des Strahls auf Rosen gebettet. So kann sich alles in Liebe und Dankbarkeit verwandeln. Das Herz der Mutter weitet sich und umfängt ihr Kind oder ihre Kinder mit einer Liebe, wie sie Maria empfand, als sie Jesus das Leben schenkte. Auch sie wusste: Jetzt muss ich ihn loslassen. Er geht jetzt seinen Weg, erfüllt seine Aufgabe. Ich werde für ihn da sein bis zur letzten Stunde, wer auch immer von uns beiden die Erde zuerst verlässt. Sie war da, und er konnte "gehen".

Wenn die geistige Führung des Kindes alles erledigt hat, wird es in die Phase der geistigen Geburt entlassen. Der rosa Strahl festigt dabei die Herzensverbindung zu allen, die auf der geistigen Ebene zurückbleiben. Diese Verbindung ist absolut rein und getragen von der höchsten göttlichen Liebe. Es gibt nicht mehr als die universelle Liebe zu allem, was ist. Jede Emotion, die noch karmisch besteht oder neu aufgebaut wird, trübt durchaus das Empfinden dieser Liebe, aber dennoch kann sie dadurch nicht erlöschen. Wie ein Wesen diese Emotion spürt und wie es letztlich damit umgeht, entscheidet es selbst in der Materie. Der rosa Strahl wird immer bestrebt sein, alle Energie zu spenden, damit jede Emotion zum segensreichen Gefühl wird.

Das Kind verlässt uns und schlägt seinen Weg in die irdische Geburt ein. Dieser Weg wird sehr unterschiedlich wahrgenommen und empfunden. Ich kann mich hier nur allen Worten der anderen Meister anschließen. Je geschützter der Rahmen der Geburt ist, umso befreiter und entspannter kann das Kind die Mutter verlassen. Es lässt los und betrachtet sie im Herzen als gleichgestelltes Wesen, als Freundin und schützende Persönlichkeit. Deshalb ist die gelassene Kommunikation zwischen Mutter und Kind im Vorfeld so unglaublich wichtig. Jede Fremdeinwirkung und alles, was Angst einflößt, stört den emotionalen und gefühlsbetonten Raum der beiden. Niemand auf der Erde kann in diesem Moment wahrnehmen oder einschätzen, was sich hier emotional und gefühlsmäßig vollzieht. Es hat auch niemand das Recht, es wissen zu wollen. Ich möchte hier kurz auf die Geburt von Jesus eingehen. Sie versinnbildlicht alles, was wir zur Geburt zu sagen haben. Maria war vom Augenblick seiner Zeugung an geistig direkt mit ihm verbunden. Sie wusste, sie muss dieses Wesen schützen, solange sie die Macht dazu hat. Durch ihre geistige Schulung wusste sie, dass ihr Sohn ein intensiver Lichtarbeiter des rubinroten Strahls des Friedens sein würde. Genauso wusste sie auch, dass sie ihm eine absolut geschützte Geburt garantieren wollte. Sein Vater musste sie auf ihrem anstrengenden Weg begleiten, um den dafür erforderlichen Rahmen zu bieten, aber alles andere oblag nur ihrer Fürsorge. Die Tiere und ihre Hirten waren die Ersten, die ihn begrüßten, bis er dann durch den

Besuch der drei Alten Weisen El Morya (Melchior), Kuthumi (Caspar) und Serapis Bey (Balthasar) in der Materie begrüßt und energetisch gestärkt wurde. Durch die Wahl des rosa, grünen und violetten Strahls in den egoischen Ebenen seiner Persönlichkeit war er somit perfekt geerdet für seine anspruchsvolle Aufgabe - die Eröffnung des rubinroten Zeitalters des Friedens. Maria wusste all das, und so konnte sie ihn sofort loslassen. Sie wusste, im Herzen wird sie ihn niemals verlieren.

Jede werdende Mutter geht diesen Weg, auch wenn ihr vieles nicht bewusst ist. Deshalb raten wir zu den Geburtshäusern, damit Mutter und Kind oder Kinder sich finden können. Der Kreis der Herzensenergie soll sich schließen können. Hektik und zu schnelles Zurückkehren in den Kreis der Familie sind nicht immer gesund. Diese Momente der Zweisamkeit, auch bei mehreren Kindern, sind nie wieder zu erreichen. Sie sind einmalig und werden von mir und Wellina, der Atlanterin für die Kinder der neuen Zeit, optimal ausgefüllt mit der Liebesenergie, die nur eine gebärende Mutter empfinden kann. Sie heißt ihr Kind willkommen und gibt ihm die Wärme, die es viele Monate lang getragen hat, in der Materie zurück. So schließt sich ein Band des Herzens, das immer dazu bereit sein wird, der Mutter diese Liebe und Wärme zurückzugeben, wenn sie einst vielleicht bedürftig ist. Ich helfe allen Müttern und Kindern dabei. Es ist die Basis der Barmherzigkeit und Fürsorge, ob Sohn oder Tochter, es spielt keine Rolle.

Bei der natürlichen Geburt arbeitet das Kind sich auf seine Weise in die persönliche Freiheit. Es geht seinen ersten Weg hinaus in die Welt, in vollem Bewusstsein. Wie es diesen Weg empfindet, hängt von seinen uralten Erinnerungen und Mustern ab. In diesen lebenswichtigen Momenten ist es nur auf sich gestellt, denn es will überleben und frei sein. Es muss den physischen Schmerz der Mutter ignorieren, denn es ist ihre Aufgabe, diesen Prozess zu durchlaufen. Dennoch fühlt es ihre Emotionen. Durch diese distanzierte Haltung kann ich ihm dabei helfen, geburtsbedingte Emotionen sofort zu transformieren, damit beide später davon nicht belastet werden. So können durchaus karmisch-geburtliche Muster sehr gut gelöst werden. In solchen Momenten ist das Kind der Mutter durchaus überlegen, da ich ihm die Möglichkeit verschaffe, wohlwollend zu verzeihen und sehr tolerant zu sein. Je bewusster die Mutter die Geburt im geistigen Sinne durchläuft, umso herzlicher kann der gesamte Prozess abgeschlossen werden. Auch hier muss man wieder darauf hinweisen, dass bei anderen Geburtsverfahren, ob geplant oder kurzfristig inszeniert, eine ganz andere Thematik im Raum steht. Es spricht nichts dagegen, wenn große Gefahren bestehen. Wie dem auch sei, es ist dann immer sinnvoll, die Geburt mit einem guten Reinkarnationstherapeuten auf ganz normale Art und Weise nochmals zu durchlaufen. So können zurückgehaltene Emotionen, die vielleicht aus Gründen der Narkose in Vergessenheit gerieten, zeitnah gelöst und transformiert werden. Wie Konfuzius schon sagte: "Wir entlassen das Kind nicht mit dem Gedanken an Komplikationen." Die Mutter kann ihm später dabei helfen, die aufgetretenen emotionalen Zwischenfälle zu transformieren. Dabei spielt das Herz die größte Rolle, damit die aktive Intelligenz die Regeln der Menschwerdung ins Bewusstsein transportieren kann.

Die geschützte Gefühlswelt zwischen Mutter und Kind direkt nach der Geburt hat El Morya bereits sehr gut beschrieben. Selbst wenn noch Emotionen vorhanden sein sollten, die durch den Geburtsschmerz oder das Umfeld hervorgerufene Eindrücke entstanden sind, kann der rosa Strahl sofort bei der Auflösung helfen. Das Herzensband zwischen Mutter und Kind kann nicht zertrennt werden. Ich wiederhole Sanat Kumaras Worte: "Die Energie der aktiven Intelligenz der rosa Flamme ist unzerstörbar." Es spielt keine Rolle, was sich eingeschlichen hat, alles kann sofort gelöst werden. Ich stelle mich dafür mit einer sehr leichten Übung zur Verfügung. Sollte eine Mutter bei sich oder ihrem Neugeborenen Irritationen verspüren, und diese kann nur sie erfühlen, wartet sie, bis die erste gemeinsame Ruhephase eintritt. Das Kind ist ausreichend versorgt, sie konnte sich entspannen und ihr Kind in aller Ruhe zu sich nehmen. Dann stellt sie sich die liegende Acht in rosa Licht getaucht vor. Sie visualisiert sich selbst in der linken Öffnung der liegenden Acht sitzend. Das Kind nimmt Platz in der rechten Öffnung der Acht. Sind es mehrere Kinder, macht sie die Übung mit jedem Kind getrennt. Beide sitzen sich gegenüber. Dann bitte ich Erzengel Chamuel, die Acht mit der rosa Flamme der unendlichen Herzensenergie so lange zu durchfluten, bis die Mutter es im Herzen spürt. Es kann bei jeder Frau zu anderen Gefühlen kommen. Deshalb sind sie von mir nicht zu beschreiben. Es sind immer positive Aspekte, die das Gefühl festigen, alles gut und richtig gemacht zu haben. Die Mutter lässt alles zu, auch Tränen, die fließen, bis sie spürt, dass bei beiden Ruhe im Herzen einkehrt. Sie darf so bereits lernen, ihr Kind im Herzen direkt wahrzunehmen. Wenn sich alles gut und warm anfühlt, reichen sich beide in der Acht die Hände. Dann reicht die Mutter ihrem Kind physisch die Hand als Willkommensgruß. Alles ist gut. Wann immer es im späteren Zusammenleben Emotionen gibt, die Mutter und Kind im Herzen treffen, macht diese Übung. Weist eure Kinder in diese Übung von klein auf ein. Ihr werdet erleben, wie jede Unstimmigkeit schnell und gütig aufgelöst werden kann. Emotionen werden "geboren" aus uralten Strukturen heraus, aber auch aus anstrengenden Momenten und Ereignissen, die niemand voraussehen konnte. Gebt ihnen keine Chance zu überleben. Sie sind immer bereit, sich in Liebe aufzulösen.

Der bewusste Schritt in die Familie ist für jedes Neugeborene etwas ganz Besonderes. Es erwartet Freude und Herzenswärme von allen, die es dort bereits gibt. Der rosa Strahl muss hier sehr aufmerksam wachen, damit die Wahrnehmung des Kindes nicht getrübt wird, wenn nicht alle Familienmitglieder ihr Herz sofort weit öffnen können. Es mag Geschwister geben, die in ihm eine Konkurrenz sehen. Der Vater ist vielleicht distanziert, weil er Mutter und Kind bei sich lassen musste. Es kann viele Momente geben, die ein kleines Kind verunsichern können, denn es kann sich nicht äußern, geschweige denn andere von seiner Liebe überzeugen. Tiere, die im Haus leben, sehen vieles anders. Sie sind neugierig, mag sein auch etwas eifersüchtig, aber hier gibt es genug Möglichkeiten, ein Tier auf das neue Kind einzustimmen. Ein Tier öffnet sofort sein Herz für ein Baby, denn es geht in die schützende Rolle. Für ein kleines Kind ist das sehr gut, denn so lernt es von Beginn an, die Liebe zum Tier zu pflegen.

Wenn nun die Mutter emotionale Schwierigkeiten innerhalb der Familie erkennt, ist es ihre Aufgabe, das Kind bekannt zu machen und in die Familie zu integrieren. Wir helfen ihr mit der Energie des rosa Strahls dabei, Worte der Liebe und der Toleranz zu finden. Sie muss sehen, dass sie alle gleich behandelt und dennoch das Neugeborene schützend umgibt. Toleranz ist jetzt ein großes Thema für alle. Auf diese Weise kann das Kind seine Position in Ruhe erobern. Es weiß, dass es von allen anderen eine ganze Zeit abhängig sein wird, und trotzdem weiß es, dass es nun frei ist. Für ein aufwachsendes Kleinkind ist das nicht einfach. Es schwankt zwischen Hilflosigkeit und persönlicher Freiheit. Der rosa Strahl hilft ihm, sich korrekt zu behaupten und die Herzen zu erobern. Karma, das sich sofort entfaltet und bearbeitet werden muss, kann das Kind in den Augen der Familie ganz anders wirken lassen. Hier hat die Mutter wiederum eine tragende Rolle. Ich helfe ihr dabei, für ein Kind die richtigen Worte und korrigierende Maßnahmen zu finden. Die ersten sieben Jahre im Leben eines Kindes lassen dieses Wesen oft verzweifeln, weil es spürt, dass man es noch nicht so integriert, wie seine Vorstellung im Herzen die Impulse gibt. Da geht es um viele Themen der aktiven Intelligenz, der Herzensebene, die auch verbal ihren Ausdruck finden will. Ihm fehlt noch der Wortschatz, es hat viele Ideen, die es noch nicht einordnen kann, und es möchte so schnell wie möglich auf intelligente Art und Weise in das Leben des Heranwachsenden eintauchen. Hier zeigt ihm der rosa Strahl seine kreativen Fähigkeiten, seinen Sinn für die Menschlichkeit, die Barmherzigkeit und natürlich die persönliche Freiheit. Es ist noch ein Kind, aber es ist ein kleiner Mensch, der von uns als alte Seele geführt und geachtet wird. Die gesamte Familie, die ersten "Erzieher" und Lehrer, die ersten Freunde und die Tiere in seinem jungen Leben müssen lernen, ihr Herz für seine emotionale Welt zu öffnen, damit es vieles abbauen und in Gefühle verwandeln kann. Wir wissen, dass man dafür viel Zeit und Zuwendung benötigt, aber das ist der Sinn des Wachstums. Das Kind macht sich auf seine Weise bemerkbar, so wie sein Wachstum es gestattet. Ihr müsst es übersetzen und entsprechend einsetzen. Die frühere Großfamilie war dafür das ideale Umfeld. Mehrere Generationen gaben ihm die Chance, früh mit der Karmabearbeitung zu beginnen. Kinder wie alte Menschen prägten seine Wahrnehmung. Es lernte schon früh die Achtung vor dem Alter, und es wusste, wie man die Weisheit der alten Menschen nutzen konnte. Bringt kleine Kinder immer über ihr Herz mit alten Menschen in Verbindung. Sie profitieren im Sinne ihrer Herzensbildung von ihnen.

Die aktive Intelligenz zeigt dem kleinen Kind sehr schnell, wo seine Stärken liegen und wo es Nachholbedarf gibt. Es tut Dinge besonders gerne, und es zieht sich von anderen Dingen zurück. Lasst die Kinder im atlantischen Sinne zunächst von ihren Stärken profitieren, damit sie zur geeigneten Zeit selbst erkennen, in welchen Bereichen sie sich mehr engagieren müssen, um Schritt zu halten. Schritt zu halten bedeutet nicht, alles perfekt zu beherrschen. Das Kind spürt ganz genau, was sein Plan fordert. So lernt es spielerisch, vieles als Herausforderung zu sehen. Seid immer versichert, dass jedes Wesen, ob Mensch oder Tier, genau weiß, wo seine Intelligenz die besten Möglichkeiten bereithält. Das Kind beobachtet seine Familie, die Verwandten und Freunde der Familie. In seinem Gehirn vernetzt es alles und entscheidet, womit es sich beschäftigen will. Teilnahmslosigkeit zeigt nur, dass es sich mit anderen Dingen auseinandersetzen will, die seine Intelligenz im Sinne seines Plans unterstützen. Kein Wesen ist von der aktiven Intelligenz ausgeschlossen. Das einzige Problem, das der erwachsene Mensch damit hat, ist seine irrige Meinung, ein Kind steuern und optimal schulen zu müssen – aus der Angst heraus, es könnte versagen oder nicht genügen. Es ist die Angst des Erwachsenen, der das Kind dann zum Opfer fällt. Der rosa Strahl will hier den Ausgleich bringen, denn das ist der Aspekt der persönlichen Freiheit und des Loslassens. Arbeitet mit der Energie des Strahls und bittet mich um Hilfe. Doch eines müsst ihr bedenken: Der Strahl wird euch niemals im Sinne der Manipulation unterstützen. Die aktive Intelligenz weiß, dass alles gut wird, denn sie muss dem Plan eines Wesens folgen und nicht dem Willen anderer Menschen. Gebt dem Kind alle Möglichkeiten, zu wachsen, zu lernen, zu spielen und auf sein Herz zu hören, denn dann hört es seine geistige Führung. Die Meditation von klein auf ist ein äußerst wichtiges Instrument. Die atlantischen Priester und Priesterinnen wenden sich mit ihren Themen und Meditationen auf einer Herzensebene an die Kinder, die jedes kleine Wesen mit Wärme und Hingabe auffängt. Bringt sie damit in Verbindung.

Im Schlaf werden die Kinder von uns geschult. Jedes Wesen weiß in der Tiefschlafphase ganz genau, in welchem Themenbereich es geschult werden möchte. So kann der rosa Strahl beim

Kind wie beim Erwachsenen das Herz beruhigen, aber auch die Toleranz und die Menschlichkeit schulen. Wenn ihr zum Beispiel spürt, dass ein Kind eifersüchtig reagiert, dass es zu viel fordert oder intolerant ist, versorgt es mit der Farbe Rosa. Das kann die Bettwäsche sein, ein Kuscheltier oder auch ein Edelstein. Helft ihm, vor dem Einschlafen die Farbe zu visualisieren. Auch eine rosa Kerze kann sehr viel bewirken. Malt mit ihm ein großes Herz und erklärt ihm, wie es mit diesem Herzen sprechen kann und dass es alle seine Sorgen sieht. Ein Engel in Rosa kann sein ständiger Begleiter werden. Er tröstet es und gibt ihm Liebe. Oft tut es auch den Erwachsenen gut, auf diese Weise ihr Herz neu zu öffnen.

Jedes kleine Wesen beginnt mit dem Moment der Zeugung, sein Kollektiv karmisch wahrzunehmen. Es wird immer Erschütterungen und Verletzungen des Herzens erfahren. Aber es darf auch lernen, Liebe und Barmherzigkeit zu nehmen und zu geben. Die Energie des rosa Strahls ist für diese Schulung da. Deshalb ist es so wichtig, dass ein Kind von klein auf kreativ ist, ob nun künstlerisch oder in der Organisation seines Lebens und Umfelds. Lasst es selbst entscheiden, welche Farbe die Wände seines Zimmers bekommen sollen, wo sein Bett stehen soll und wo das Haustier bei ihm schlafen darf. Es weiß genau, wie alles zu sein hat. Die aktive Intelligenz ist nicht dafür da, ständig aufzuräumen und alles in Ordnung zu halten. Dafür benötigt ihr die Energie des violetten Strahls. Der rosa Strahl unterstützt durchaus das Genie, das das Chaos beherrscht. Wenn das Kind einen Einfall hat, und sei er noch so ungünstig in diesem Moment, dann ist jetzt die Zeit, ihn auszuführen. Als Erwachsener nimmt sich der Mensch durchaus das Recht, am späten Abend kreativ zu sein. Das Kind aber muss alles vor dem Schlafengehen erledigen. Ein Kind kann das nicht ausführen, weil ihm dann der entsprechende Impuls dazu fehlt. Nicht jedes Kind zeigt diese Themen, aber wenn sich diese Anzeichen bilden, ist es wichtig, ihm den Freiraum zu geben. Es wird lernen, seine Energie richtig zu nutzen.

Die Schulzeit ist für jedes Kind ein großes Kapitel im Sinne der aktiven Intelligenz. Sein Leben wird neu organisiert, es erfährt Pflichten, die das Kollektiv mit sich bringt. Wenn dies alles spielerisch geschieht, indem man seine Neugier weckt, wird es kaum Probleme haben, sich auf dieses neue Miteinander mit anderen Kindern und Erwachsenen einzustellen. Auch hier muss der Strahl gerade die Menschlichkeit unterstützen. Das Kind wird intuitiv spüren, mit wem es die Schulbank teilen möchte. Sein Herz verleiht ihm die richtigen Impulse, und wenn es nach drei Tagen den Platz tauschen will, hat es das Recht dazu. So wie mit den Geschwistern lernt es an diesem Ort das Teilen und das gemeinsame Profitieren vom korrekten Umgang miteinander. Es tut jedem Lehrer, jeder Lehrerin gut, den Kindern zu signalisieren, dass man sich auf die Mitarbeit für eine lange Zeit freut und dass man auch als Erwachsener die tägliche Zeit gerne mit ihnen teilt. Kleine Geschenke erhalten die Freundschaft. Das Herz eines Kindes freut sich über eine kleine Geste der Belohnung für seine Anwesenheit. Eine kleine Meditation vor dem Unterrichtsbeginn schafft eine kollektive Entspannung und sie berührt alle im Herzen, denn sie wissen, sie pflegen eine gemeinsame Kultur. Sie wirkt wie ein Tischgebet. Es ist der Dank an die Eltern, die Lehrer und den Schöpfer allen Seins. Sie wissen, dass alles ein Geschenk ist, denn ihr Herz ist die Quelle der aktiven Intelligenz.

So sollen die Kinder auch lernen, den Unterricht mitzugestalten. Vor allem der Schulbeginn sollte nicht zu früh sein. Lasst sie durchaus entscheiden, welchen Themen sie mehr Raum geben möchten, ob sie Nachholbedarf haben oder ob ein bestimmtes Fach weniger Zeit und Beachtung benötigt. Geht mit ihnen in die Natur, und vor allem, lasst immer ein Tier die Schule begleiten. Gemeinsame Mahlzeiten sind so wichtig wie die gesunde Ernährung. Die Kinder sollen ihren Speiseplan mitgestalten und sich auch an der Zubereitung beteiligen dürfen. Die Schulzeit prägt jeden Menschen nachhaltig. Je stärker sein Herz die Intelligenz unterstützen kann, umso größer und besser wird die Erinnerung an diese wertvolle Zeit lebenslang sein. Es entwickeln sich Werte, die ein ganzes Leben lang gepflegt werden. Wenn der Lehrer oder die Lehrerin im Herzen unruhig ist, wenn sich eigene Probleme in den Lehralltag einmischen, muss sich dieser Mensch fangen und erholen dürfen. Die Kinder spüren diese Dinge. Sie werden unruhig und gehen auf Distanz, denn sie sind noch zu jung, um an dieser Misere teilzunehmen. Auch hier hilft das Tier, denn es greift regulierend ein. Das Herz eines Kindes muss noch lernen, auch andere Wesen als die Mutter zuzulassen und zu umfangen. Die Schule ist der erste tiefgreifende Schritt aus der Familie heraus. Bedenkt: Es ist immer die Frage, wie stark ein kleines Kind bereits innerhalb der Familie um seine Position bemüht war. Wenn es zur Schule geht, wird von ihm erwartet, dass sein kleines Herz bereit ist, sich für ein völlig neues Kollektiv zu öffnen, das aus fremden Kindern und Erwachsenen besteht. Das ist eine immense Herausforderung. Es ist vergleichbar mit dem Auswandern eines Erwachsenen. Das bisherige Kollektiv hat bereits alles gefordert an Menschlichkeit, Toleranz und aktiver Intelligenz. Der neue Schritt in eine weitere persönliche Freiheit hält ein neues Kollektiv bereit, das mächtige unbekannte Größen in der Gleichung enthält. Das wird oft unterschätzt. Ein Kind ist ein kleiner Mensch, der im Gegensatz zum Auswanderer nicht selbst entscheiden kann, ob ihm dieser Schritt gerade gelegen kommt. Es ist "verpflichtet", den Schritt in die Bildung zu tun. Diese Bildung eurer Gesellschaft ist für viele Kinder eine Art Zwangslage, die sich notwendigerweise ergeben hat. In Atlantis war es eine Erwartung, die jedes Wesen an Wissen hatte. Diese Erwartung wurde zuerst auf der Herzensebene erfüllt, indem man es dem Wesen freistellte, sich nach seiner Verfassung an der Wissensaufnahme im Sinne der Weisheit zu beteiligen. Es konnte kommen und gehen, rund um die Uhr, um in Freude präsent zu sein. Tiere warteten und es gab keine "Lehrer". Es gab Wesen, die man befragen konnte, die bereit waren, mit dem jungen Menschen an die Weisheit anzuknüpfen. Man belehrte nicht, sondern man ging weise und neugierig miteinander um. Ein Mensch, der viel Lebensweisheit in sich trägt, der viele Erfahrungen gesammelt hat und sich berufen fühlt, Kindern zur Seite zu stehen, kann durchaus ein perfekter Begleiter in der Schule sein. Hier spielt der rosa Strahl eine wichtige Rolle, denn es sind Herzensbegegnungen. Kompetenzprobleme, die dabei auftreten können, verbriefen nicht die Untauglichkeit des Erwachsenen. Was dann zu Tage tritt, ist die Verkrustung eures uralten Lernsystems, das auch die Kinder aus früheren Leben in sich tragen. Ihr Unbewusstes erwartet den strengen Lehrer, der bestraft und zur Ordnung ruft, der bewertet und über Gelingen oder Scheitern befindet. Das Herz eines Kindes wendet sich immer der Güte, Geduld und Wärme eines Erwachsenen zu. Hier kann es allerdings zu großen Differenzen zwischen Schule und Elternhaus kommen. Wenn ein Kind zu Hause keine Wärme und Zuwendung erfährt, entsteht in seinem Inneren (nicht im Herzen) eine immense Verwirrung, die sogar zu Unaufmerksamkeit und Aggressionen führen kann. Doch seid versichert, wir helfen dabei, diese Themen zu lockern und zu kurieren. Es braucht seine Zeit, aber die Bemühungen werden sich lohnen. Wenn die Kinder dann die weiterführenden Schulen, später die Universitäten und Berufsschulen besuchen, wird es sich auszahlen. Sie sind erfolgreicher, denn ihre aktive Intelligenz weist auf Erfolg und Menschlichkeit hin. Das sind die Qualitäten eines neuen Zeitalters.

Das Heranwachsen des Kindes verändert sein Wesen sehr stark. Es wird zu einem Jugendlichen, sein Körper verändert sich und so auch die Wahrnehmung seiner Gefühle. Diese neue Ebene seiner eigenen Wahrnehmung und die Integration auf jeder menschlichen Ebene ist eine immense Herausforderung. Hier hilft der rosa Strahl dabei, intelligent und auch liebevoll damit fertigzuwerden. Die Familie ist dabei stark gefordert. Erwachsen zu werden ist nicht immer leicht, da diese Zeit mit viel Einsicht und neuen Themen der Toleranz verbunden ist. Der junge Mensch spürt, dass er jetzt viel mehr Verantwortung für all sein Denken, Fühlen und Handeln übernehmen muss. Trotzdem hat er das Recht auf Unterstützung durch die Familie. Selbstverteidigung und das Trotzalter zeigen nur die Hilflosigkeit im Herzen, die dem Menschen zeigt: Lerne zu sein, wer du bist, aber vergiss nicht, Liebe zu geben und zu fordern. Das ist eine gelebte Ambivalenz, die oft unterschätzt wird. Gerade in dieser Phase sind Tiere wieder wichtige Begleiter. Pferde können dabei helfen, eine gesunde Autorität und gleichzeitig eine tiefgehende Aufmerksamkeit für die Bedürfnisse anderer zu entwickeln. Sie sind sehr gute "Lehrer", die selbstbewusst, korrigierend und belohnend auf die Menschen eingehen. So schreitet das Wesen durch seine Pubertät, es muss sich für andere Schulen und seinen erwünschten Bildungsweg entscheiden, und so stellt es seine Weichen für das Leben. Dabei ist es sehr wichtig, dass es lernt, auf sein Herz zu hören. Wir wissen, dass die Schulwechsel mehr als einmal zerrüttend wirken können, wenn liebgewonnene Freunde aus dem Sichtfeld verschwinden. Sie werden nicht aus dem Leben herausgerissen. Wenn sich ein Kind nun entscheidet, den Wechsel mit zu vollziehen, um seine gewohnten Menschen zu behalten, kann das verheerende Folgen haben. Man kann nun sagen, es folgte seinem Herzen, aber das stimmt nicht. Es folgte vielleicht eher alten Ängsten des Verlustes. Wenn dann später der Leistungsdruck zu groß wird und wenn der Mensch spürt, ich habe mich verlaufen, ist es wichtig, den Rückweg anzutreten. Nicht immer ist die Flucht nach vorne zielführend. Wenn sich wichtige Veränderungen wie ein Schulwechsel zeigen, soll das Kind nach innen hören, damit es seinen Plan verfolgen kann. Es soll verstehen, dass es die anderen Mitschüler nicht verliert. Es gibt immer Möglichkeiten, Kontakte weiter zu pflegen. Das zahlt sich im Erwachsenenalter aus. Schulen, die weiterführen sollen, haben die Aufgabe, die richtige Wahl des vorläufigen weltlichen Berufs zu unterstützen, damit sich die wahre Lebensaufgabe nach einer Zeit des Wachstums entfalten kann. Werden hier bereits die Weichen falsch gestellt, gelingt oft keine Kurskorrektur. Dann erzeugt der durchaus gut gemeinte Weg jede Menge Sackgassen. Wer sehr oft an den Ausgangspunkt einer Wanderschaft zurückkehren musste, weil er sich verlaufen hat, wird irgendwann müde und resigniert. Er beginnt aus- und durchzuhalten. Dann ist es für den rosa Strahl sehr schwer, die aktive Intelligenz immer wieder anzukurbeln, um alternative Wanderwege zu entdecken, die in unbeschreibliche, wundervolle Gegenden führen können, welche auf keiner Wanderkarte vermerkt sind, weil sie noch niemand betreten hat. Auf diesen unbekannten Wegen wird dann ein Wesen kreativ und authentisch, denn es weiß, es ist ein Pionier. Gestattet dem jungen Menschen, sich zu finden, auch Risiken einzugehen und fremde Länder und Menschen kennenzulernen, bevor er sich entscheidet – nicht entscheiden muss –, wie er sein weiteres Leben gewinnbringend plant. Zwingt ein Wesen niemals dazu, in eure Fußstapfen zu treten, auch wenn euer Erfolg noch so vieles verspricht. Die persönliche Freiheit ist ein Attribut des rosa Strahls, und ich werde immer dafür kämpfen, dass jedes Wesen seinen Weg selbstbestimmt gehen kann. Nur dann ist es erfolgreich, und es lernt immer wieder loszulassen, wenn es das Gefühl hat, alles an einem

Ort erledigt zu haben, um zu neuen Ufern aufzubrechen, auch wenn dort zuerst Steine aus dem Weg zu räumen sind. All das bildet die Basis dafür, zur richtigen Zeit selbst eine Familie zu gründen oder auch nicht. Der Plan bestimmt den Weg, nicht die Vernunft. Die Ursprungsfamilie wird immer die Basis des Lebens bleiben, und alles andere richtet sich nach dem Plan. Wer die Welt sein Leben lang alleine erkunden wollte, hat das Recht dazu. Steht eine eigene Familie auf dem Plan, wird sich diese aufbauen lassen. Ist diese Familie eine temporäre Zeiterscheinung, wird sie durchaus zu verlassen und in ihrer Form aufzulösen sein. Dennoch entbindet es niemanden davon, weiterhin als wichtiger Bestandteil des Kollektivs präsent zu sein. Das war und ist das atlantische Lebensmodell. Es geht immer darum, im Herzen zu wissen, was zu tun ist und wofür man einzutreten hat. Wenn Emotionen, die sich erzeugen, in gute Gefühle verwandelt werden, kann sich immer wieder die neue, adäquate Lebensform entwickeln. Niemand, auch keine Religion, hat das Recht, Menschen bis zum Tod einander zu verpflichten. Daraus entstehen immer wieder neue karmische Muster, die später wieder aufzulösen sind. Nur die gelebte persönliche Freiheit führt dazu, dass Herzensbildung und tief empfundene Liebe dazu führen können, Abschied zu nehmen und trotzdem da zu sein.

Das lernt das Wesen auch dann, wenn es seine Eltern und die Familie verlässt, um sein eigenes Umfeld aufzubauen. Trotzdem bleibt die Ursprungsfamilie die Basis seiner Existenz. Probleme und Konflikte sind dadurch nicht gelöst. Wir sehen oft, dass Menschen sich in neue familiäre Muster flüchten, ob eine eigene Familie oder die, in die sie einheiraten, um das ursprüngliche Muster zu vergessen. Das Herz und der Karmaspeicher können nichts vergessen. Selbst die Annahme eines anderen Familiennamens erzeugt lediglich eine neue Verpflichtung, dieser Familie dienlich zu sein, in welcher Form auch immer. Wird sie dann eines Tages verlassen, weil alte Muster nicht transformiert werden, nimmt man den nächsten Namen an. Die eigentlichen Werte und Strukturen werden negiert und vergessen im Verstand, jedoch niemals im Herzen. Jedes Wesen ist dazu aufgefordert, seine gesamten Themen zu bearbeiten. Ich helfe jedem Menschen dabei, sein Herz immer wieder zu befragen, wo Dinge in Vergessenheit gerieten, die jedoch noch immer präsent und schmerzhaft sind. Nur so ist es möglich, in Liebe und im Frieden zu altern und diese Weisheit des Herzens in die Welt zu tragen, seien es fremde Menschen, die euch begegnen, die Enkel und Urenkel oder auch spätere Lebensgemeinschaften, in die ihr euch zu integrieren habt. Jedes Kollektiv fordert euer Herz aufs Neue heraus, tolerant, barmherzig und weitsichtig zu sein, aber auch intelligent vorzugehen.

Ein weiterer wichtiger Aspekt des rosa Strahls im Sinne der aktiven Intelligenz ist die wirtschaftliche Ebene im Leben des Menschen. Um die gerechte Fülle im Leben zu erreichen, hilft der rosa Strahl jedem Wesen dabei, den richtigen Weg in den Erfolg zu finden. Dabei geht es darum, sich im Sinne der gewählten Lebensaufgabe einer gesunden Selbstbewertung, durchaus auch Selbstkritik, zu stellen. In der vorläufigen Aufgabe kann es geschehen, dass die erwünschte Fülle und auch die Zufriedenheit ausbleiben. Dieses sogenannte Manko muss entstehen, damit der Mensch die Notwendigkeit der Veränderung erkennt. Sobald er dann seinen Weg beschreitet, entstehen die wirtschaftliche Sicherheit und Zufriedenheit nicht von selbst. Vieles gehört dazu, wenn man sich gezielt etablieren und so authentisch durch das Leben schreiten will, immer in Verbindung mit dem Gefühl, gut versorgt zu sein. Aber auch finanzielle Strukturen werden mit Hilfe des rosa Strahls beleuchtet. Die Ebene des Geldes wurde vom Menschen erfunden, als Mittel des Tausches jeglicher Leistung. Auch hier hilft der Strahl bei der richtigen Bewertung, denn der Mensch muss sich auf dieser Ebene bewegen und für sich selbst sorgen. Nicht zuletzt ist der Strahl auch damit beschäftigt, bei der Führung von Menschen zu helfen. Es ist wichtiger denn je, jedes Wesen seiner richtigen Arbeit und Position im Kollektiv zuzuführen, um eine Menschlichkeit und Gerechtigkeit in den Unternehmen zu erreichen. So hilft der rosa Strahl jedem Unternehmer und jeder Führungskraft dabei, die richtige Wahl und Zuordnung der Mitarbeiter ins Auge zu fassen. Die zwischenmenschliche Kommunikation spielt dabei eine große Rolle, so dass die verbale Ebene im Sinne der aktiven Intelligenz hier geschult wird. So entsteht eine erfolgreiche Zwischenmenschlichkeit, die von Erfolg gekrönt ist. Gleichzeitig zeigt der Strahl aber auch die Missstände auf, die sich durch eine fehlerhafte Kommunikation aufbauen. Hier greift er regulierend ein, wenn er um Hilfe gebeten wird. Nicht nur im Unternehmen ist diese Form der Hilfe angebracht. Auch im persönlichen Umfeld geht es um die wirtschaftlichen Aspekte. So kann man den Einfluss des rosa Strahls auch hier beobachten und gleichzeitig anfordern. Alles soll menschlich sein und gleichzeitig intelligent inszeniert werden, damit alle Beteiligten den Erfolg für sich verbuchen können.

In der letzten Lebensphase ist der rosa Strahl ein äußerst wichtiger Begleiter. Wenn es darum geht, endgültig loszulassen, entstehen in vielen Menschen unbewusste Ängste, die aus dem Herzen kommen. So mancher spürt, die Kraft und der Mut, neue Wege zu gehen, schwinden, und der Körper weist den Weg in mehr Ruhe und Gelassenheit. Wenn sich jedoch dann unbearbeitete karmische Themen und daraus erwachsende Emotionen bemerkbar machen, kann das Alter sehr unruhig werden. Ältere Menschen, die fühlen, dass ihr Leben sich dem Ende zuneigt, wann auch immer das sein wird, sollten von euch ganz besonders beachtet werden. Nicht jeder Mensch hat aufgrund seiner Lebensstrukturen die Möglichkeiten gesehen, intensiv an sich zu arbeiten. Gerade die emotionale Ebene wurde durch den Verstand und den Körper bezwungen und auf ein gesundes Mindestmaß reduziert. Dennoch ist es niemals zu spät, hier regulierend einzugreifen. Noch immer ist Zeit für Meditation, Yoga, Gänge in die Natur, das Zusammenleben mit Tieren, jungen Menschen und nicht zuletzt für eine gesunde Portion Psychologie. Damit meine ich die Eigenreflexion, für die nun die Zeit angebrochen ist. Es wird schwierig sein, hier in vielen Fällen noch eine intensive Reinkarnationstherapie zu starten, vor allem dann, wenn sich bereits eine leichte Demenz beim Menschen zeigt. Darum geht es dann auch nicht mehr. Jedes Wesen hat sein Herz, und dieses schlägt bis zur letzten Sekunde des Lebens. Gebt den Menschen den Raum und die Zeit, sich ihrer offenen Lebensbaustellen bewusst zu werden. Sprecht mit ihnen über die Lebensstationen, die als unvollendete Wirkungsstätten zurückgeblieben sind. Vielleicht warten dort noch immer einige Passanten oder Besucher darauf, im Herzen abgeholt und begleitet zu werden. Sie haben die Orientierung verloren und wollen Frieden schließen, weil der damalige gemeinsame Weg zu viele Gefahren offerierte oder weil man sich aus der Schusslinie bewegt hat. Verzeihen, verstehen und Toleranz wurden vielleicht Jahrzehnte lang hinausgeschoben. Viele denken, sie könnten bequem auf die verzichten, die ihnen das Leben schwermachten. Die Frage ist nachhaltig: Wer hat wem das Leben schwergemacht? Letztendlich sind es die Karmastrukturen - und der Mensch ist nur ihr Träger. Wenn es dann im Alter noch zu guten Aussprachen kommt, zur sogenannten Friedenspfeife, dann ist vieles getan. So mancher Streit hat sich längst in nichts aufgelöst, aber die Emotionen, Gedanken und Taten sind gespeichert. Jeder hat sein Leben weitergelebt, vieles geriet in Vergessenheit, auch gesagte Worte, Verletzungen aller Art, und manches Mal weiß man gar nicht mehr, wie eine Distanz überhaupt zustandekam. Dennoch vergesst niemals: Alles ist im

Speicher der karmischen Ebenen gelagert. Was nicht transformiert wird, kultiviert sich weiter und tritt im nächsten Leben zu Tage. Oft hilft es, einem alten Menschen anzubieten, als Diplomat zur Verfügung zu stehen. Man arrangiert Gespräche, vielleicht ein kleines Familientreffen, um über alte Zeiten und Ereignisse zu sprechen. Natürlich entwickeln sich dann auch Streitgespräche, Verletzungen und Emotionen treten an die Oberfläche, aber genau das ist es, was der rosa Strahl fördert. Dann kommt es endlich zur Aussprache und im Herzen zum Verzeihen, damit man irgendwann in Frieden loslassen kann.

Speziell der Eintritt in die Sterbephase ist bei jedem Wesen, ob Mensch oder Tier, der wichtigste Prozess des Loslassens. Was nutzt eine Beichte, die letztlich wieder in ein Schuldbekenntnis mündet? Die Frage ist doch, ob ein Wesen tatsächlich verstanden hat, worum es geht. Wenn man eine Schuld, die es niemals gibt, eingesteht, kann ein anderer Mensch sie nicht auflösen oder sie vergeben. Gott kennt keine Schuld. Alles sind Erfahrungen, die Gedanken, Emotionen und Handlungen freisetzen. So kann eine gute Sterbebegleitung noch in den letzten Stunden des Lebens dazu führen, dass sich der sterbende Mensch erleichtern kann, dass er im Herzen bedauern, vergeben und loslassen kann. Manchmal tut es gut, in die Rolle eines längst verstorbenen Menschen zu schlüpfen, mit dem es noch einiges zu klären gibt. Der rosa Strahl hilft euch dabei, diese Rolle wie ein Schauspieler ohne eigene Identität anzunehmen. Dem Sterbenden tut es gut, denn er erfährt Liebe und Barmherzigkeit. Letztlich wisst ihr, dass sich das Karma so nicht gelöst hat, aber ohne Schuld und Schuldzuweisung aus dem Leben zu gehen, ist ein Segen, den wir jedem zuteilwerden lassen. Ein Wesen verabschiedet sich dann aus der Materie mit dem unbewussten Bewusstsein, dass es im nächsten Leben konstruktiv sein muss. Schuld und Schuldzuweisung sind eingebrannte Verkrustungen, die nicht zu vergeben sind, sondern konstruktiv herausgewaschen werden müssen. Das Gefühl der Schuld erzeugt Unterwürfigkeit und eine Absicht, dienen zu müssen. Scheidet niemals so aus eurem Leben. Die Barmherzigkeit ist eine Tugend, die alles ermöglicht. Ich bin da.

Serapis Bey

Lenker des vierten, des kristallweißen Strahles

Der Brennpunkt des kristallweißen Strahles ist das Wurzelchakra. Klarheit, Reinheit, Disziplin, Diplomatie, Harmonie, Schönheit und Ästhetik stehen geistig gesehen wie zentrale Stationen im Leben eines jeden Wesens. Immer wieder gelangen Mensch und Tier in Situationen, die eine gezielte Orientierung im Sinne des weißen Strahls unumgänglich machen, denn seine Aspekte stabilisieren immer wieder das geerdete Dasein in einem Kollektiv. Die Energie des Strahls ist ständig damit beschäftigt, das Wesen daran zu erinnern, dass es bewusst den Weg in die Materie gewählt hat, um sich zu vervollkommnen oder eine selbst erwünschte Perfektion zu erreichen. Um perfekt zu sein, muss ein Mensch sich immer wieder selbst zur Ordnung rufen, denn er benötigt Disziplin und den Wunsch, jeder Krise und jedem Konflikt konstruktiv ins Auge zu sehen, um die innere und äußere Harmonie und Reife zu erlangen. Hat ein Wesen diesen Punkt erreicht, wirkt es von selbst ästhetisch und auf seine Art schön. Ausgeglichenheit, wenn alles momentan bereinigt ist, wird sichtbar, lässt ein Wesen in sich ruhen und macht es auch bereit, zu neuen Ufern aufzubrechen, die nicht immer das

Paradies versprechen. So entsteht eine selbst erschaffene Diplomatie, die der Lebenssituation angepasst nach außen treten kann. In der Regel benötigt der Mensch dazu aufgrund seiner karmischen Strukturen eine ganze Weile in seinem Leben. Deshalb spricht man dann von der Weisheit des Alters. Menschen werden gelassener und nehmen auftauchende Krisen durchaus ernst, dennoch gehen sie ruhiger und weiser damit um. Wer einen Krieg überlebt und viele Gefahren gemeistert hat, weiß den Frieden zu schätzen, und er sollte in der Lage sein, ihn aufrechtzuerhalten. Hier stellt der weiße Strahl seine Energie zur Verfügung. Jedes Wesen bringt Konfliktpotenzial mit in sein Leben, da es viele karmische Muster gespeichert hat. Die Familie ist deshalb der erste Ort, an dem sich einiges zeigt und auch entlädt. Oft ist sie der erste "Kriegsschauplatz" im Leben eines Wesens. Das ist unvermeidbar und sollte auch konstruktiv betrachtet werden. Es gibt noch kein Kollektiv, das sich im reinen Frieden zusammenschließt, aber die Reinheit zu erzeugen, ist eine kollektive Aufgabe. Jedes Familiemitglied bringt hier sein Konfliktpotenzial ein wie die Ernte in den Getreidespeicher. Es ist ein kollektiver Speicher, in dem die Spreu vom Weizen zu trennen ist, damit eine gute Ernährung aller gewährleistet ist. Lernt, dieses Thema sinnvoll zu sehen, dann kann auch eine diplomatische Lebensform gefunden werden. Der weiße Strahl hilft euch mit seiner Energie und unserer Präsenz. Jede Form des Zusammenschlusses vieler Wesen zu einem bestimmten Zweck stellt das Feld einer Familie dar, so auch in einem Unternehmen. Man verfolgt ein gemeinsames Ziel, wie vor Urzeiten schon einmal. Was immer damals geschah, es wird sich im Heute als Konfliktpotenzial zeigen. Ist alles bereinigt, in die Klarheit gebracht, dann steht dem gemeinsamen Erfolg nichts mehr im Wege. Dafür braucht es dann durchaus einen Diplomaten, der sich zwischen die Stühle setzt. All das weiß ein Mensch, der sich zur

Inkarnation entschließt. Wir müssen ihn im Vorfeld damit konfrontieren, denn sein Karmaspeicher weist in allen Ebenen die entsprechenden Aspekte auf. So kann es sein, dass das bevorstehende Leben seine Schatten sehr konfliktreich vorauswirft. Im Sinne des Plans weiß der Mensch dies, und so sieht er später auch allem gelassen entgegen. Er hofft auf Verständnis und Toleranz und ist bereit, dafür zu kämpfen. Die Frage ist jedoch, wie ihm andere begegnen, wenn sie erkennen, ein Revolutionär hat sich in der Familie oder im Unternehmen niedergelassen. In der Endzeit von Atlantis war und im Heute ist die Betrachtungsweise dieser Haltung sehr schwierig, denn viele Widerstände werden in der Materie künstlich erzeugt. So bittet den weißen Strahl immer wieder, euch Klarheit zu verschaffen, ob die Konflikte karmischer Natur sind oder ob sie durch die kollektive Lebensform erzeugt sind. Ich werde darauf noch zu sprechen kommen, denn bereits in der Schwangerschaft zeigen sich hier beträchtliche Fehltritte, die dringend zu vermeiden sind. Nicht jeder Widerstand ist karmisch bedingt. Im Altertum führten beispielsweise mangelnde Hygiene oder falsche Ernährung bereits zu Seuchen und schwerwiegenden Problemen. In allen Zeitaltern versuchte der weiße Strahl, die Menschen zur Reinheit im Innen und Außen anzuhalten, denn die Pflege der gesamten Materie ist wichtig, um Schönheit und Ästhetik zu garantieren. Deshalb liegen in der Energie des Strahls auch die Sportlichkeit des Wesens, die Proportionen des Körpers, aber auch die sensible Wahrnehmung aller krankmachenden Veränderungen, physisch, emotional und mental. Hier erzeugt der Strahl die Aufmerksamkeit und die Sensibilität für das eigene Sein und das der anderen.

Der weiße Strahl der Klarheit und Reinheit hat bereits im Moment der Zeugung eines Wesens eine intensive Aufgabe, wenn es darum geht, das entstehende Wesen, ob Mensch oder Tier, damit zu konfrontieren, dass in jedem Leben Hindernisse aus dem Weg zu räumen sind, die uralter Natur sind, und dass daraus eine lang ersehnte Harmonie erwachsen kann. Es mutet jedem Wesen seltsam an, wenn man sagt: "Frieden entsteht, wenn der Krieg zu Ende ist." So entsteht Harmonie aus Disharmonie, wenn man erkannt hat, dass jede Vervollkommnung eine tiefgehende Veränderung mit sich bringt. Nun kommt es immer darauf an, wie der karmische Speicher eines Wesens gefüllt ist und nicht zuletzt ob die neuen Lebensziele eine zügige Bereinigung eines hohen Konfliktpotenzials voraussetzen. Wenn sich ein Wesen zur Inkarnation in ein bestimmtes Kollektiv entscheidet, weiß es genau, worauf es sich von der Zeugung an einstellen muss. Selbst wenn sich die Zeugung bereits konfliktbeladen vollzieht, hat das seinen Sinn. Nicht jede Zeugung erfolgt harmonisch und in der Materie unbedingt gewollt. Geistig sieht das durchaus ganz anders aus. Der Anteil, der zur Inkarnation bereitsteht, nimmt bewusst an dieser Zeugung teil, denn er sucht den Weg in dieses Kollektiv und in die Materie. Deshalb ist es so wichtig, dass eine werdende Mutter dieses Wesen sofort akzeptiert und in ihrem Leben willkommen heißt. Es wollte ihr Leben bereichern und vervollkommnen. Das ist nicht immer leicht zu verstehen, das wissen wir, aber dennoch muss hier Klarheit geschaffen werden. Der weiße Strahl ist auch der Unterstützer jeglicher Disziplin, und so kann eine Schwangerschaft auf beiden Seiten hohe Ansprüche stellen. Der werdende Mensch hat seine Prüfungen zu durchlaufen, ob er gewillt ist, sich dieser Situation in der Materie auszusetzen, denn er hat niemals die Aufgabe, Mutter und Vater von seiner Existenzberechtigung zu überzeugen. Der weiße Strahl fordert alle Beteiligten auf, diese Form der Lebensdisziplin zu erkennen und ihr zu folgen. Das Wesen ist in die Inkarnation zu begleiten, damit es diszipliniert seinen Weg einschlagen kann. So mag eine Zeugung durchaus ungewollt erfolgen, dennoch ist es sehr wichtig, den Sinn dahinter zu erkennen. Wir haben auf unserer Ebene viele Seelenanteile während der Schwangerschaft im Sinne der Disziplin dazu anzuhalten - nicht zu überzeugen -, sich der Lage in der Materie zu stellen. Diese Menschen gehen dann gut gewappnet in ihr Leben, und so sind sie auch dazu bereit, alle anderen Beteiligten nach besten Kräfte zu unterstützen. Bereits während der Schwangerschaft stellen die neuen Wesen hohe Ansprüche an die Mütter. Eine gute Pflege des Körpers von innen und außen wird vorausgesetzt, wie auch eine sehr gesunde Ernährung. Alles, was das Kind aufnimmt, schlägt sich nieder. So könnt ihr ihm bereits im ungeborenen Zustand helfen, sich sauber und gewinnbringend zu versorgen. Ich möchte an dieser Stelle dringend darauf hinweisen, wie verletzbar das gesamte System eines ungeborenen Menschen ist. Wenn ungesunde Einflüsse von außen durch den Ätherkörper der Mutter in sein System gelangen, hat das nichts mit karmischen Themen oder der physischen Versorgung durch die Mutter zu tun. Es sind externe Einflüsse, die sehr schädigend wirken und die die unterschiedlichsten Auswirkungen erzeugen können. Jede Form von technischer Einstrahlung durch Handys, Computer usw., aber auch Umweltgifte, Lärm und andere Erschütterungen hinterlassen Beeinträchtigungen, gegen die sich ein Kind nicht wehren kann. Es kann nicht flüchten, denn sein Körper, sowohl der physische als auch der ätherische, ist an die Mutter gebunden. Es wird von ihr versorgt, damit es physisch überlebt. Bedenkt, was ihr den Kindern zufügt, wenn es euch nicht gelingt, in dieser Phase ihres Lebens, und nicht zuletzt in den ersten sieben Lebensjahren, absolut sauber, rein und abstinent zu leben. Es ist die Pflicht der Mutter, nicht zuletzt der ganzen Familie, diese Rücksicht zu üben. Das ist gelebte Disziplin in der Verantwortung bei der Erschaffung eines Wesens. Ihr helft einem Menschen, sein Leben zu erschaffen. So sorgt bitte für absolute Reinheit. Wir können diese Reinheit nicht erschaffen. Es ist die Verantwortung des

Umfeldes, aber die Mutter ist der stärkste Bezugspartner. Sie hat dafür zu sorgen, dass der Schutz aufgebaut wird. Selbst wenn ihr Tiere in der Schwangerschaft begleitet, verpflichtet euch die Liebe zum Tier dazu, auch hier für die gleiche Reinheit zu sorgen. Auch eine Tiermutter ist den Dingen ausgesetzt.

Das harmonische Verhalten der Mutter wird genau beobachtet. Gönnt sie sich Ruhephasen, hält sie sich so gut es geht aus Konfliktsituationen heraus, wie überträgt sie das Bedürfnis nach Schönheit, Gepflegtheit, entfernt sie sich auch phasenweise aus der Familie und geht in den gesunden Rückzug wie in Atlantis? Und wie geht sie mit kreativen Themen wie Musik, Tanz und künstlerischen Aspekten um? Diese Zeit des Wachstums in der Mutter ist so prägend und wichtig, dass man sagen kann, eine werdende Mutter sollte mindestens fünfzig Prozent des Tages mit diesen Themen verbringen können. Diese Zeit ist nie wieder rekonstruierbar, sie ist unwiederbringlich und prägt das ganze Leben. Wenn es Streit gibt, nimmt das Kind daran teil. Es versucht unter Umständen, mental und emotional als Diplomat aufzutreten, aber es stößt dabei an seine Grenzen. Wenn das Kind spürt, es ist karmisch mit diesen Situationen verbunden, wird es sehr unruhig und durchaus depressiv, wenn es spürt, niemand hört es oder nimmt von ihm Notiz. In der Regel kommt der Anteil dann zu uns zur Schulung, um wieder stabilisiert zu werden. Das Wesen braucht Ruhe und unsere Harmonie, um zu verstehen, dass es nur Anteil nimmt am Geschehen, aber nicht in die Verantwortung zu gehen hat. Das ist auch wichtig für das spätere Leben, damit ein Mensch spürt, wo er sich einbringen und wo er sich distanzieren sollte.

Eine werdende Mutter verträgt keine intensiven Konflikte, es schädigt ihr ganzes System, das sehr sensibel geworden ist. Jeder Streit und jeder Stress schlägt sich in ihren Zellen nieder. Wenn sich diese Themen häufen, kann es durchaus sein, dass der

Körper all diese Gifte während der Geburtsphase hinaustransportieren möchte, um sie wieder zu befreien. Das ist sehr anstrengend, und deshalb darf die Geburt selbst nicht hektisch, geschweige denn von hektischen Menschen begleitet sein. Aber auch uraltes Konfliktpotenzial zwischen Mutter und Kind kann schon während der Schwangerschaft gezielt zu Tage treten. Wie auch immer die Mutter dieses Potenzial wahrnimmt und durchleben muss, ist von der Struktur des Karmas abhängig. Große Verlustängste können sich so zeigen, Angst vor der Geburt, nicht zuletzt schon frühzeitige Loslassprobleme. Auch das familiäre Umfeld zeigt dem Kind durchaus, wo es in Zukunft diplomatisch sein muss und wie sich die Erwartungen der anderen entfalten. So kann ein Ungeborenes noch immer alle auftauchenden Fakten in seinen Plan integrieren und sich intelligent auf alles einstellen. Gleichzeitig lernt es aber auch, sich zu wehren und sich auf uralte, unvermeidbare Konflikte einzustellen. Es lernt, sich nicht unterkriegen zu lassen, wenn es sein muss.

Durch gezielten Rückzug, wenn es ihm zu viel wird, lernt der Mensch durch die Schulung bei uns, wie man sich zeitweise löst, um sich zu erholen und abzuschalten. Kein Konflikt löst sich von selbst, wenn man ihn temporär ruhen lässt, aber dennoch muss er gelöst werden. Auch das ist diplomatisches Verhalten. Es gehört mit in unsere Schulung im Sinne des Plans.

Die Ästhetik spielt in jedem Leben eine große Rolle. Wir verwenden viel Zeit in der vorgeburtlichen Schulung, um einem Wesen zu zeigen, was Ästhetik bedeutet. Wenn eine kreative, künstlerische Aufgabe im Plan vorgesehen ist, bringen wir dem Wesen bei, wie es sich bereits im frühen Alter damit beschäftigen kann. Es lernt, sich die Zeit dafür zu nehmen. Aber auch das ästhetische Auftreten des Wesens und seine Form der göttlichen Schönheit, wie es sie betonen und leben darf, werden geschult. Es lernt, dass vieles, was von ihm in Erscheinung tritt, durch die

Eltern mitgegeben wird, durch die gewählte Kultur, aber es weiß auch, wie es selbst Einfluss nehmen kann.

Viele spätere Anlagen werden durch den weißen Strahl geprägt, wie zum Beispiel die Sportlichkeit und der Wunsch, den Körper sinnvoll zu trainieren, um ihn ästhetisch sein zu lassen. Auch legt das Wesen im Plan fest, ob es im Sinne seiner Schönheit und Ästhetik nach außen gehen und sich erfolgreich präsentieren möchte. Es hat sich so sein Leben geplant, und deshalb kann ein Mensch, der von klein auf den Hang zur Schauspielerei und positiven Selbstdarstellung zeigt, nicht zum Techniker erzogen werden. Gebt ihm alle Chancen, schön und erfolgreich zu sein, auch wenn es in eurem eigenen Lebensstil nicht vorkommt. Ein schönes Wesen zu sehen, das sich so in die Herzen aller Menschen "spielt oder tanzt", ist ein großes Geschenk und eine Freude. Wir haben den Grundstein dafür gelegt, und so möchte das Wesen von allen anderen geachtet werden.

Hinsichtlich der Geburtsphase möchte auch ich dringend dazu raten, stärker im atlantischen Sinne vorzugehen. Der weiße Strahl fördert im Sinne der Reinheit und Ästhetik immer die Geburt im Wasser, wenn es möglich ist. Das Wasser des Lebens gibt Mutter und Kind eine warme Sicherheit. Es lässt das Kind ins Leben hinausschwimmen. Dadurch erlebt es seine eigene Stärke sofort, denn es fühlt die Klarheit des Wassers, das es kennt aus seiner Heimat. Nicht zuletzt ist es eine harmonische Geburt, begleitet von Musik und gedämpften Farben. Ruhe ist unabdingbar, damit sich dieser Prozess gelassen und ohne Hektik vollziehen kann. Auch hier sollte die Mutter nur von den wichtigsten Helfern begleitet werden. Ich schließe mich darin allen anderen Meistern an. Diese natürliche Zweisamkeit lässt die Mutter klar erkennen, dass sie jetzt loslassen muss, um bedingungslos zu lieben. Ihr Kind schwimmt ins Leben und sie kann es seine Bahnen ziehen lassen. Man sollte dafür sorgen, dass klares Wasser wieder aufgefüllt wird, bis die Mutter das Gefühl hat, sich und ihr Kind in vorgewärmte Tücher hüllen zu dürfen.

Kann eine Geburt aus bestimmten Gründen nicht im Wasser erfolgen, sollte dennoch ästhetisch vorgegangen werden. Dazu wurde bereits vieles gesagt. Die Harmonie ist immer ein wichtiges Thema. Setzt leise Musik ein, so wie die Mutter es wünscht. Helle und gedämpfte Farben und intensive Wärme sollten Mutter und Kind umgeben. Sogenannte Schwebeliegen sollten für beide sofort bereitstehen. Das wärmende Wasser, das unter der sich bewegenden Unterlage in allen Farben leuchtet, bringt beide in das uralte atlantische Lebensgefühl. Das Neugeborene erfährt so in seinem Körper eine intensive Regulierung aller physischen und feinstofflichen Ebenen. Sämtliche durch die Geburt hervorgerufenen Anstrengungen und Belastungen werden so in allen Körpern gleichmäßig ausgeglichen. Das Blut fließt mit voller Kraft durch den gesamten Körper und der Mensch kommt absolut geerdet an. Nicht zuletzt wird dadurch die geistige Wiedergeburt in das atlantische Bewusstsein in der Materie unterstützt. Lasst die Mutter die Zeit wählen, die sie mit dem Kind dort verbringen möchte. Erst danach sollten alle anderen Maßnahmen vollzogen und das weich eingekleidete Kind dem Vater und den Geschwistern vorgestellt werden. All dies natürlich nur dann, wenn keine dringende medizinische Versorgung erforderlich ist. Sollte dies der Fall sein, ist alles andere zeitnah nachzuholen und auf Wunsch der Mutter jederzeit zu wiederholen. Es ist nie zu spät dafür. Wichtig ist vom ersten Moment der Zeugung an die Kommunikation zwischen Mutter und Kind. In der Schwangerschaft ist die mentale Verbindung die stärkere, denn beide nehmen die Gedanken des anderen wahr, oft unbewusst. Trotzdem kann die Mutter auch verbal mit dem Kind kommunizieren. Nach der Geburt ist die Unterhaltung auf beiden Ebenen gleich wichtig. So kommt es zu einer lebenslangen intensiven Verbindung zwischen diesen beiden Menschen. Jeder spürt des anderen Not, Freude, Trauer und Hilferufe. Alles Mentale ist wahrnehmbar und kann in Gefühle und Handlungen umgesetzt werden, selbst über die Ferne. Eine klare und verständnisvolle Sprache ist für ein Neugeborenes überaus wichtig. Es hört und begreift wie ein Erwachsener. So lernt ein Kind sehr früh, sich klar auszudrücken. Jedes Kind kann auf die Babysprache verzichten, denn es hat einen klaren Menschenverstand. Dieser wird umso kreativer, je schneller das Kind mit Harmonie und Kreativität konfrontiert wird. Eine wortreiche Ansprache verhilft ihm im Sinne des weißen Strahls zu mentaler Fruchtbarkeit, wie immer sie sich später ausdrückt.

Der Eintritt in die Familie zeigt dem Neugeborenen klare Strukturen. Es erkennt vieles wieder, bedingt durch unsere Schulung und karmische Gegebenheiten. Selbst Geräusche und Gerüche sind ihm bekannt. Deshalb kann es auch entsprechend darauf reagieren. Viele Tränen, die vergossen werden, rühren von seiner Hilflosigkeit her, nicht eingreifen oder diplomatisch agieren zu können. Aber auch Eifersucht, die sich zeigt, kann es in starke Krisen stürzen, wie auch Neid oder gezielte Ablehnung. Die Familienmitglieder sollten hier sehr aufmerksam beobachten und auf das Kind zugehen. Ihr könnt mit ihm sprechen, es befragen, so erhaltet ihr klare Informationen. Das ist die mentale Klarheit, die alle anderen zum Nachdenken und Handeln zwingt. Es ist durchaus ein einschneidendes Erlebnis, sich bewusst zu werden, dass ein Baby klare Anweisungen gibt, wie sich die Familie zu verhalten hat. Die gemeinsame Meditation mit einem Baby und möglichst einem Haustier öffnet Welten. Ihr könnt euch nicht irren, auch wenn es peinlich wird. Der durchdringende Blick eines kleinen Kindes kann einen Erwachsenen bis ins Mark beschämen. Die Augen sprechen Bände, auch wenn das Gesichtchen unbeweglich scheint. Das ist die Klarheit des weißen Strahls. Ein Kind wächst, es lernt, sich anders zu bewegen, seine Bedürfnisse klar zum Ausdruck zu bringen, und es übt Kritik. Wir unterscheiden zwischen gesunder Kritik und Frechheit. Gesunde Kritik übt ein Kind, wenn es von Anfang an gelernt hat, sich gekonnt und umsichtig auszudrücken. Frechheit entsteht unter Zwang, Schmerz und karmischer Bedrängnis. Hier gibt es viele Muster, die dann möglichst zeitnah durch die Eltern zu bearbeiten sind, indem sie sich in die alten Leben hineinführen lassen. So schaffen wir Klarheit und Diplomatie. Ab der Geburt ist es wichtig, auf gesunde Ernährung zu achten. Hier hilft nach Kräften der atlantische Priester Smagus. Dennoch muss ein Kind essen dürfen, was es braucht, um zufrieden und ausgeglichen zu sein. Wenn es in den ersten Lebensjahren zu Fleisch tendiert, dann lasst es zu. Zwingt kein Wesen, auch kein Tier dazu, so zu leben, wie ihr es im Erwachsenenalter entschieden habt. Es kommt immer die Zeit des Wandels, aber dann ist es gesund und selbst gewollt. Reines Wasser soll ein Kind von Anfang an begleiten, im Innen und Außen. Es darf auch anderes trinken, so wie ihr, aber das Wasser ist sein Elixier. Der Atlanter schrieb dem Wasser große Heilkräfte zu, denn es klärte alle Widrigkeiten. Dieses Wissen trägt jedes Wesen in sich. Wir sind jederzeit dazu bereit, euch im Sinne gesunder Ernährung zu schulen, fordert unsere Hilfe an.

Im Schlaf erhalten der junge und der alte Mensch die beste Klarheit. Deshalb sind sieben Stunden am Stück die absolute Ruhezeit, die jeder benötigt. Die Tiere passen sich diesem Rhythmus gerne an. Geistige Schulung und die Klärung vieler Sorgen nehmen dann ihren Lauf. Ihr durchwandert die Räume eurer Träume, immer von eurer geistigen Führung begleitet. Und so soll auch jedes Kind aufwachsen. Es zeigt euch seine beste Zeit der Ruhe. Wenn das Kind in eine intakte und in sich ruhende Familie hineingeboren wird, hat es keine Mühe, sich zu integrieren.

Stress, Hektik und Unruhe lassen es anders agieren. Sobald es sich ausdrücken kann und beginnt, seine Träume ernst zu nehmen, führt es dahin, diese selbst zu entschlüsseln. Lasst es vieles malen und beschreiben. Viele Aufenthalte in der Natur und am Wasser helfen ihm dabei, seine Klarheit zu erlangen, um so in seiner Mitte anzukommen. Kinder, die am Meer oder an einem See aufwachsen, sind hier immer im Vorteil, denn das atlantische Lebensgefühl schwingt dort mit.

Die ersten Freundschaften und der Eintritt in neue kollektive Strukturen beeindrucken das Kind bis ins Herz. Emotionen tauchen auf, um in Gefühle verwandelt zu werden. Oftmals geschieht dies durch Konflikte, die sein müssen. Das Kind muss lernen, sich zu wehren, aber ohne Gewalt in der Sprache oder im Verhalten. Die intelligente Klarheit führt immer in die Diplomatie auf der Basis von Toleranz. Nicht jeder Mensch ist der geborene Diplomat, aber das Betrachten aller Seiten und der Gegensätzlichkeiten benötigt nur ein wenig Abstand. Distanz zu schaffen ist keine Feigheit, sondern der Rückzug, um die Neutralität zu erlangen. So lernt der junge Mensch bereits, sich all seiner Gedanken, Gefühle und Handlungen bewusst zu werden. Es entstehen neue Vorgehensweisen und konstruktive Pläne für den weiteren Weg. Ihr werdet sehen, dass ein Kind oder ein Erwachsener so deutlich mehr gute Kontakte pflegen kann, die nie zu eng werden, sondern jedes Wesen leben lassen, wie es richtig ist. Jeder Schuleintritt ist für die Menschen in euren Systemen eine Pflicht. Die Vorfreude auf diese Zeit verfliegt sehr schnell, wenn das Kind spürt, es muss präsent und möglichst intelligent sein. Trotz allem hat es in seinem Inneren das atlantische System, das sich mit Wissen beschäftigen möchte, gespeichert. Nicht jeder Schulbesucher ist gewillt, über viele Jahre hin mit Pflicht zu lernen sowie ständig und immer wieder geprüft zu werden. Hierfür braucht der Mensch Disziplin. Der weiße Strahl spendet dafür die Energie. Aber unsere Form und Sichtweise von Disziplin zeugt von der Theorie des Notwendigen. Ihr braucht für vieles Disziplin, aber sie darf euch niemals zermürben oder knechten, denn der Weg in die Sklaverei ist dann nicht mehr weit. Die gesunde Disziplin soll euch durch das Leben begleiten, damit ihr immer wieder das Gefühl habt, das Wichtigste getan zu haben, um vor euch selbst in Achtung zu bestehen. Es geht nie um die Achtung durch andere. Sie mögen fordern, was ihnen beliebt, ihr sollt euch achten in einer Lebensweise, die euch ein gutes Gefühl gibt. Aber Disziplin braucht man auch, wenn man Höchstleistungen aus freiem Willen vollbringen möchte, zum Beispiel im Sport oder als guter Schauspieler, der seine Rolle beherrschen muss. So lernt ein Kind schon früh verschiedene Disziplinen kennen und leben. Verbissenheit und übertriebenes Pflichtgefühl sind die negative Seite der Disziplin, auf die wir euch auch hinweisen müssen, denn ihr werdet sonst unzufrieden mit euch selbst.

Und wenn einem Menschen alles zu viel wird, lenkt der weiße Strahl ihn immer wieder zu seiner kreativen Ausdrucksform. Das kann das Spiel sein, Musik, Tanz, künstlerische Formen des Ausdrucks, der Umgang mit Tieren, kurzum alles, was euch in die Harmonie und Lebensfreude begleitet. Auch das darf ein Kind neben all seinen Pflichten üben und genießen. Nur so kann es ausgeglichen erwachsen werden und die Zeit des Lernens und Studierens in Freude durchlaufen. Jedes Wesen gelangt so in Phasen, die es scheinbar von selbst auferlegten Pflichten entfernen, aber das muss sein, damit die innere Harmonie wieder ins Gleichgewicht gebracht wird. Die Meditation und viele andere Übungen sind immer unser Rat, damit auch Auswege gefunden werden, indem ihr Klarheit erlangt über eure Irrwege.

Der Eintritt ins Jugend- und Erwachsenenalter verlangt von dem jungen Menschen viel Klarheit und auch wieder Disziplin.

Der Körper verändert sich und gewinnt eine andere Ästhetik. Die Beachtung und die Pflege der persönlichen Erscheinung fordern mehr Zeit und eine eigene Form von Disziplin. Diese Phase kann sehr verwirrend und anstrengend sein. Hier ist die Toleranz und Unterstützung der Mutter sehr wichtig, denn durch die Phase der achtsamen Schwangerschaft lernte der Mensch von ihr, auf sich zu achten. So erkennt ihr, dass eine Mutter in jeder Lebensphase des jungen Menschen mit die Hauptrolle spielt. Sie öffnet ihr Herz in der bedingungslosen Liebe, wenn der erste Liebeskummer in das Leben ihres Kindes tritt oder wenn Freundschaften zerbrechen. Ihr Trost bringt Klarheit und schafft wieder Harmonie. Bittet den weißen Strahl immer um Hilfe, wenn es darum geht, sanft und dennoch klärend auf die sich wandelnden Strukturen hinzuweisen. Auch das ist gelebte Diplomatie. Die Familie insgesamt hat für eine geraume Zeit die diplomatische Rolle zu spielen, auch als Geschwister, die älter und erwachsener geworden sind. Der junge Mensch muss sich auf seinem ersten Kampfschauplatz beweisen können, auch wenn er Wunden davonträgt. Es sind lediglich alte Narben, die bei allen wieder aufbrechen. Die Zeit heilt nicht alle Wunden. Es bleiben Narben zurück, die nur durch Klarheit und korrekte Transformation verblassen und dann durch Regeneration endgültig verschwinden können. Je intensiver diesem jungen Wesen dabei geholfen wird, klar und authentisch zu sein, ohne anderen damit zu schaden, umso eher wird es auf seine Weise diplomatisch und erwachsen. Es erfährt, wie wichtig es ist, sich über die eigene Zukunft rechtzeitig Gedanken zu machen. Die gesunde Disziplin hat ihm dann geholfen, einen Weg zu gehen, der eigene Wünsche zulässt und auch Risiken gestattet. Ein Jungvogel, der sich nicht freiwillig aus dem Nest stürzt, wird nie wissen, ob er wirklich fliegen kann. Wenn ein junger Mensch mit Freude sein Wissen aufgenommen hat, wird er spüren, was ihm fehlt, um seine vorläufige Aufgabe in die Hand zu nehmen. Wir schaffen mit ihm die Klarheit, und dann ist es nie zu spät, noch mehr zu lernen oder einen anderen Weg zu gehen. Fehlt ihm der Ansatz zur Entscheidung, dann lasst den Menschen ziehen. Er soll sich die Welt anschauen, um frei zu werden und eine neue Sichtweise zu gewinnen. Auf diesem Weg wird er lernen, zu überleben und für sich zu sorgen. Kehrt er dann wohlbehalten zurück, hat er Klarheit gewonnen. Eine neue Disziplin ist in ihn eingekehrt.

Auch bei der körperlichen Veränderung hilft der weiße Strahl intensiv, damit sich die neue Ästhetik und die Schönheit anpassen können. Der Strahl gibt immer wieder Impulse, was zu tun ist, um sich dem eigenen Wachstum anzupassen. Innere und äußere Schönheit zeigen ihre Bedürfnisse. Unterstützt ein Wesen immer auf diesem Weg. Ihr braucht keine Angst davor zu haben, wenn plötzlich eine schöne, junge Frau oder ein sportlicher, junger Mann Teil eurer Familie geworden ist. Das ist Wachstum und Gleichberechtigung. Lernt sofort, das Gute darin zu sehen und loszulassen. So entsteht eine neue Ebene des Zusammenlebens in Harmonie und Freundschaft, die niemals zerstört werden kann, wenn ihr diplomatisch bleibt. Ich spende euch immer wieder die Klarheit dafür. So durchläuft dieser junge Erwachsene dann die Phase mit seinem vorläufigen Beruf. Er wählt seine Aufgabe, für die er sich bereit fühlt, auch wenn er oder sie spürt, dass es sicherlich nur der Anfang ist. In jedem Anfang liegt ein Zauber, und dieser bleibt unvergessen, denn er spendete die Kraft zum Durchhalten und zur Disziplin. Freut euch mit dem Menschen über seine Erfolge, bestätigt ihn, lasst ihn erzählen, was er erlebt, auch wenn euch dies alles bekannt ist. Für diesen Menschen sind es neue Erlebnisse, die er teilen möchte, um den positiven Speicher seiner Erfahrungen zu füllen. Wenn Angriffe und Misserfolge ihren Lauf nehmen, bestätigt ihn in seiner Wahrnehmung und macht ihm Mut, die Dinge aufzuarbeiten. Je eher ein Wesen an die konstruktive Karmabearbeitung herangeführt wird, umso schneller werden Hindernisse aus dem Weg geräumt. Die Zeit ist wertvoll und jeder Erfolg währt umso länger.

So gewinnt der Mensch auch den Mut, seine Berufe zu wechseln oder Orte zu verlassen, um zu neuen Ufern aufzubrechen. Die Klarheit weist ihm den Weg. Der Erfahrungsschatz gewinnt andere Ausmaße. Eine so aufgebaute Lebensweisheit ist unbezahlbar und kann im fortgeschrittenen Alter eine enorme Basis für die spirituelle Lebensaufgabe werden. Oftmals verlangt sie von dem Menschen das Loslassen der vorläufigen Aufgabe, auch wenn sie Jahrzehnte gedauert hat. Wenn ein Mensch dann sagen kann: "Ich habe an allen Fronten gekämpft, es darf ruhiger werden", dann kann er in sich ruhen und neue Wege gehen. Er hat sich das Rüstzeug selbst erarbeitet, und seine gewonnene Disziplin wird ihn tragen und nähren.

Ein so in sich klarer und ruhender Mensch wird seine eigene Familie, sofern es sein innerer Wunsch ist, so aufbauen, dass er loslässt und gleichzeitig präsent ist. Was er selbst erfahren durfte, wird er weitergeben. Ich nenne es die "alte neue atlantische Ehe".

Ehre der Individualität aller Wesen.

Herzliche Verbundenheit, die jederzeit loslässt.

Erhalten der Werte, die das Zusammensein bereichern.

Das waren die atlantischen Aspekte der Zusammengehörigkeit aus Liebe, Toleranz und der Andersartigkeit.

Die Diplomatie schafft immer wieder die Ebene der Kritikfähigkeit und der Konfliktbearbeitung. Die Polarität wird geachtet und als wichtiger Bestandteil des Lebens gesehen. So lernt ihr auch wieder, das Zusammensein mehrerer Generationen zu schätzen und zu würdigen, denn so lebte man in Atlantis. Das kennt ihr alle. Niemand vereinsamte oder starb an gebrochenem Herzen.

Die Tiere wurden eingebunden, denn sie waren und sind die besten Therapeuten. Ihre Diplomatie ist nach wie vor erlebenswert und heilsam. All das zeigt euch der weiße Strahl. Die Lebensräume werden klar und dennoch ästhetisch gestaltet. Es herrscht Reinheit, damit man sich wohlfühlt. Jeder trägt sein Scherflein dazu bei. Man nimmt sich Zeit für das Miteinander und Füreinander. Spiele, gute Gespräche, aber auch das Verlangen nach Distanz sind perfekte Lebensbegleiter. Wenn ihr spürt, dass euch vieles auf dieser Ebene fehlt, bittet uns um Hilfe. Wir spenden euch die Impulse, die alles verändern, aber ihr müsst ihnen folgen. Beruflicher Erfolg, eine intakte Lebensgemeinschaft mit Jung und Alt und gleichzeitig das Schaffen der eigenen Oase für Abstand, das ist eine große Herausforderung für einen erwachsenen Menschen. Das nennen wir die heilsame Lebensdisziplin, denn nichts bleibt dabei auf der Strecke. Zu trainieren ist hierbei unweigerlich die Fähigkeit der ständigen Selbstprüfung, wo man in seinem eigenen Leben steht, was unerfüllte Wünsche und Träume sind und wo man sich selbst oder auch andere vergisst. Das geerdete Dasein kann trotzdem die geistigen und spirituellen Impulse zulassen. Ein ständiges Bemühen darum wird immer belohnt, seid dessen versichert. Versucht es!

In der Zeit des Berufslebens, der Lebensaufgabe, also in jeder Form der Darstellung zum Wohle aller nach außen, ist der weiße Strahl wiederum ein wichtiger Helfer. Sei es der Beruf des Arztes, des Unternehmers, des Lehrers oder des Schauspielers und Künstlers, jede Aufgabe erfordert die ihr eigene Disziplin. Als Teil eines funktionierenden Kollektivs, selbst freiberuflich, ist es wichtig zu erkennen, was getan werden muss, um den Erfolg zu garantieren. Auch hier ist das Miteinander und Füreinander von höchster Bedeutung. Es gibt immer schwierige Phasen im Leben, Krankheiten beeinträchtigen die Leistungskraft, Trauer und Verlust fordern Aufmerksamkeit. Deshalb hilft der weiße Strahl dann dabei, die Pflichten so gut es geht zu erfüllen, aber auch zu erkennen, wo Distanz erforderlich ist, um nicht vollends zu versagen. Es mag eine Zeit erforderlich sein, in der man nicht erreichbar ist, um Abstand zu erlangen, oder ein von außen hinzutretender Diplomat muss gefunden werden, nicht zuletzt ist vielleicht der Gang zum Arzt oder Therapeuten angesagt. Das gilt es zu erkennen, damit man auf sich selbst achtet. Nur so wird ein Mensch nach der Zeit seiner Erholung wieder leistungsfähig. Der weiße Strahl sendet hier alle wichtigen Impulse. So macht er auch Menschen in jeglicher Gemeinschaft zu guten Diplomaten, wenn es die Aufgabe und Konstitution zulassen. Aber auch hier muss losgelassen werden, damit das "Sitzen zwischen den Stühlen" nicht zur Qual wird. Auch am Arbeitsplatz leistet der weiße Strahl große Hilfe, wenn es um Ästhetik und Harmonie geht. Nicht nur zu Hause hat der Mensch das Recht, sich wohlzufühlen. Im Gegenteil, wer gerne seinen Arbeitsplatz aufsucht, ist ausgeglichener. Dem Aufgabengebiet entsprechende Farben, die die Konzentration fördern oder auch kreativ oder gelassen sein lassen, spenden eine intensive Kraft. Auch die Ernährung, geordnete Pausen, das Essen in der Gemeinschaft, ausreichend frische Luft und natürlich Wasser sind unabdingbar. Es sollte Ruheräume geben, in die man sich für ein paar Minuten zurückziehen kann, wenn man spürt, die Batterie muss neu aufgeladen werden. Der Atlanter liebte es, nach Bedarf sportlich aktiv zu sein. Oft genügen ein paar Minuten des Ausgleichs, um zur Leistungskraft zurückzufinden. Wenn ihr spürt, ein Konfliktpotenzial hat sich gebildet und die Eskalation steht kurz bevor, geht in klärende Gespräche und schaut euch alle Gegensätzlichkeiten an, bis die Harmonie wiederhergestellt ist. Der weiße Strahl zeigt euch immer wieder den Bedarf, damit es nicht zum offenen oder verborgenen Kampf kommen muss, der dann unter Umständen zu einem vorzeitigen Verlassen eines wichtigen Kollektivs führen kann, ob am Arbeitsplatz oder zu Hause. Die Krise verlagert sich dann lediglich an einen neuen Schauplatz. Beruflicher Erfolg ist niemals dauerhaft zufriedenstellend, wenn man gelernt hat, seine Ellbogen einzusetzen. Die Weisheit und Diplomatie des Alters, die sehr wertvoll ist, muss man sich erarbeiten. Das ist das spirituelle Zeugnis eines Menschen, das aus Werten besteht, die gewachsen sind. Es ist in der Tat so, dass man niemals in einem bestehenden Konflikt oder einer extremen Krise zu Bett gehen sollte. Der weiße Strahl wird hier immer Gewissensbisse erzeugen, damit ihr lernt, euch zu vertragen und diplomatisch zu sein. Eine gute Führungskraft hat unter anderem die Aufgabe, Ungereimtheiten und Krisenpotenzial zu erkennen und zu bearbeiten, intern und extern. Ich bin jederzeit bereit, mich energetisch zu beteiligen. Auch der Atlanter Sankturum, der Disziplin und Standhaftigkeit schult, kann jederzeit angefordert werden. Allerdings ist es dann unsere Aufgabe, den Konflikt bis ins Detail an die Oberfläche zu transportieren, damit er gelöst werden kann. Solche Momente mögen sehr anstrengend sein, aber sie verhindern die Eskalation. Die Dinge im Griff zu behalten, ist das Ergebnis eigener Beherrschung und hoher Konzentrationsfähigkeit, die auch ihre Grenzen hat. Wenn ihr also gerade am Arbeitsplatz an diese Grenzen stoßt, zieht euch zurück, lasst euch nicht stören und arbeitet mit mir. Ein Tier soll immer um euch herum sein, auch am Arbeitsplatz. Es ist sofort zur Stelle, um als Diplomat zu dienen. Es darf nichts übernehmen oder aushalten müssen. Das Tier berührt euer Herz, und das müsst ihr zulassen. Die Liebe zum Tier wohnt in jedem Herzen, aber wenn sie karmisch oder anerzogenerweise blockiert ist, helfe ich euch, sie wieder zu rekonstruieren. Das ist nicht schwer, aber ihr müsst das Tier integrieren, damit es euch dabei helfen kann. Ein Tier ist der geborene Diplomat. Ein gemeinsames Wachstum kann so auch in einem Unternehmen erfolgen. In jedem Unternehmen sollte ein Mensch die Aufgabe des Diplomaten gemeinsam mit einem Tier übernehmen können. Jemand, der gut geschult wird, der in der Lage ist, Konfliktpotenzial und auch besondere Begabungen zu erkennen. So entsteht eine Vertrauensperson, die man aufsucht, wenn die Belastung zu groß wird oder wenn man das Gefühl hat, neue Herausforderungen zu brauchen. Es kann auch sein, dass man mit der aktuellen Aufgabe überfordert ist oder dass das Pensum zu hoch ist. Viele Ursachen kann es geben. Deshalb brauchen Menschen dann jemanden, der sich für sie öffnet und ihnen hilft. Diesen Bedarf habt ihr auch an Schulen, Universitäten, in Krankenhäusern, einfach überall, wo Menschen auch hohe Verantwortung tragen. Ihr dürft den Konflikten nicht den Rücken zudrehen, denn dann schlagen sie massiv zu. Der offene Blick und die Bereitschaft, sie zu erkennen und anzunehmen, das ist der Garant für ein erfolgreiches Miteinander, für wirtschaftlichen und menschlichen Erfolg. Wir wissen, wie anstrengend das sein kann, denn ein solcher Diplomat ist vielleicht in seiner herkömmlichen Leistungskraft etwas eingeschränkt und muss unterstützt werden, aber ihr werdet sehen, es lohnt sich. In den früheren Großfamilien, die auch oft beruflich zusammenarbeiten mussten, konnte man dies gut nachvollziehen und beobachten. Die älteren Familienmitglieder hatten die Position der Weisen inne, zu ihnen flüchtete man sich, wenn es Probleme gab. Sie hatten immer einen guten Rat und waren weitsichtig. Jeder erfüllte seine Position, die sich im Laufe des Lebens natürlich veränderte. In eurem heutigen Leben müsst ihr diese Zustände sich bewusst entwickeln lassen. Das heißt, ihr müsst ständig beobachten, wer sich für welche Aufgabe qualifiziert hat, gerade auf der menschlichen Ebene. Hier hilft euch der weiße Strahl im Sinne der Klarheit.

Viele Werte werden durch den weißen Strahl unterstützt. Die Menschen dürfen niemals die Freude am Leben verlieren, und seien die Zeiten noch so schwierig. Wir sehen sehr oft, dass ihr in der heutigen Zeit von den Geschehnissen, auch den gefährlichen, überrollt werdet. Dennoch dürft ihr euch die Lebensfreude nicht nehmen lassen. Es muss immer die Zeit für Konzerte, Theater, Film und künstlerische Themen geschaffen werden. Das gemeinsame Spielen und Lachen gehört zum Leben auf der Erde. Es sind Momente des Glücks und der Harmonie, die entstehen und in Erinnerung bleiben. Das erzeugt das Gefühl der Zusammengehörigkeit. Vertrauen entsteht, das vielleicht unverhofft dazu führen kann, dass man ein längst fälliges Gespräch führen kann, um ein paar Missverständnisse aus dem Weg zu räumen. Eine gesellige Runde kann neue Ideen aufkeimen lassen, wichtige Impulse können fließen und so auch neue Ziele ins Leben rufen. Der weiße Strahl hilft euch dabei, kreativ zu sein. Nicht zuletzt geht es auch darum, geerdet zu sein, auch zusammen zu feiern und gut zu essen und zu trinken. Alles, was euch die Natur bietet, gehört dazu, auch das eine oder andere Gläschen Wein. Auch wir durften diese Dinge in der Materie genießen. Es hält euch zusammen und wenn auch mal das "Fass zum Überlaufen" kommt, hat das seinen Sinn.

Gebt euren Wohnräumen immer einen einladenden, heimeligen Ausdruck. Ihr könnt spartanisch leben, aber eine gewisse Ästhetik soll vorhanden sein. Die Lehre der Farben, der Energien, der Edelsteine und auch des fließenden Wassers sowie des Einflusses der Pflanzen ist so wichtig. So erzeugt sich Harmonie von selbst und man kommt gerne nach Hause. Jedes Wesen, auch das Tier braucht seinen persönlichen Raum der Harmonie. Dort soll alles zum Ausdruck kommen, was es braucht, um sich wohlzufühlen. Jegliche Störung durch externe Einflüsse soll vermieden werden. Ein Kinderzimmer soll eine selbst eingerichtete Höhle sein, die ein gesundes Wachstum erlaubt, vor allem auch gesunden Schlaf. Gebt jedem Haustier die Möglichkeit, seinen

Schlafplatz in der Nacht dort zu wählen, wo es gerade gebraucht wird. Ein Tier wechselt gerne den "Arbeitsplatz" in der Nacht, ohne dass ihr es bemerkt. Es hat viel zu tun, je mehr Mitbewohner es gibt. Jeder bekommt sein Quäntchen Energie und Liebe. Es sollte zu allen Schlafzimmern Zugang haben. Kein Tier ist unhygienisch oder schmutzig, wenn ihr es korrekt mit euch leben lasst und es gut versorgt. Das Tier sieht sich in der Nacht als Therapeuten und am Tag ist es der "all-tägliche" Begleiter. Es geht auch seinen Zielen und Wünschen nach. Das Tier hat niemals verlernt, dass der Tag aus vierundzwanzig Stunden Präsenz besteht. Es ruht, wenn es die Ruhe braucht, und es arbeitet, wenn es gebraucht wird. Es ist in sich klar und auf seine Art diszipliniert. Lasst euch darauf ein, ihr werdet es erleben. Die Wohnräume sollen ästhetisch und gemütlich sein. Der weiße Strahl ist dabei ein guter Helfer. Ihr könnt mit unserer Hilfe sehr gut erkennen lernen, wie ihr energetisch gesehen die Einrichtung am besten platziert. Logik und Gewohnheit sind nicht immer die besten Ratgeber. Energie ist ein Berater, der euch Ruhezonen und kreative Bereiche zuweist, der auch weiß, wo ihr euch anstrengen und sehr konzentrieren müsst. Dies gilt natürlich auch für jedes interne und externe Büro. Gesundes Sitzen und Liegen ist die Basis für Belastbarkeit. Auch hier muss wieder darauf geachtet werden, dass die Tiere ihre Wunschplätze erhalten. Man weist ihnen nicht ihren Platz zu. Sie wählen aus, wo sie hingehören. Das wird energetisch immer korrekt sein. Ihr werdet sehen, dass sie ihren Platz auch wechseln. Der Bereich der Mahlzeiten soll klar getrennt von jeder Ablenkung sein. Ruhe und harmonische Disziplin sollen dort gelebt werden. Wenn die Mahlzeiten ohne Störung eingenommen wurden, nimmt man sich Zeit für eine kleine Gesprächsrunde, um die Dinge des Tages zu besprechen und zu verarbeiten. So können bereits kleine Disharmonien geklärt werden. Verlasst nie in Hektik euren Essplatz. Auch unvorhergesehene Besucher müssen warten oder werden integriert, je nach Lage der Dinge. So lernen bereits die Kinder, wie wichtig es ist, solche Werte zu pflegen, denn sie verbinden und schaffen eine große Vertrautheit. Die Räume eurer körperlichen Pflege sind sehr wichtig. Sauberkeit und Helligkeit sorgen dafür, dass der physische Körper sein Wohlbehagen erkennt. Viel Wärme soll dafür sorgen, dass man sich Zeit nimmt für den Körper und seine Pflege. Die Klarheit des Wassers, das Bad, auch das gesunde Schwitzen sind unabdingbar. Dafür braucht ihr Ruhe und Zeit. Viele Menschen verzichten auf das richtige Baden, weil sie keine Zeit dafür aufwenden möchten. Wenn ihr zur Welt kommt, erfolgt eure erste Reinigung von allen Strapazen der Geburt durch ein warmes Bad. Das ist in euch gespeichert. Jede Strapaze, jede erfolgte "Geburt", das Ausführen anstrengender Verpflichtungen sollte mit einem angenehmen Bad belohnt werden. Dabei unterstützen gute Musik, Kerzenschein, ätherische Öle und absolute Ruhe sowie Entspannung sämtliche Ebenen des Egos. Der weiße Strahl liefert dafür alle Impulse.

Bei der Zubereitung eurer Nahrung sind wir ebenfalls gute Impulslieferanten. Nehmt euch Zeit dafür, bereitet einiges vor, wenn ihr wisst, es steht am Abend wenig Zeit dafür zur Verfügung. Greift immer wieder zu Produkten der Natur und integriert das Wasser. Die ausgewogene Ernährung von Kind an zu erlernen, ist der Garant für eine gesunde Lebensweise. Die Mutter weist den Weg dahin, sie zeigt ihrem Kind, wie wichtig die Nahrung ist. Sie bringt es zur Welt und ernährt es. Wenn es dann von ihr alles weitere lernen darf, wird es ein guter Selbstversorger sein. Es darf lernen, dass die Tiere Lebensgefährten und keine Teile der Nahrungskette sind. Man bereitet die Mahlzeiten gemeinsam zu und setzt sich dann in Ruhe zum Essen an den Tisch. Das gelassene Gespräch danach, und seien es nur einige Minuten, zeigt dem Kind, dass es wahr- und ernst genommen wird. Dann hilft jeder auf seine Art dabei, wieder Ordnung zu schaffen, damit man allen weiteren Aufgaben dienen kann. Das ist das alte atlantische Lebensprinzip. Auch die Verabschiedung des Tages darf einer gewissen Disziplin folgen. Jeder beobachtet sich selbst und erkennt, ob es noch Dinge zu klären gibt. Steht noch ein Gespräch aus, sind noch wichtige Fragen zu klären oder hat man das Gefühl, ein Mitglied der Familie braucht besondere Zuwendung, um vielleicht am nächsten Tag eine Herausforderung zu meistern? Nicht jeder wird es "schon" schaffen. Mut und Zuspruch können das Selbstvertrauen erheblich steigern. Das mag etwas Zeit kosten, aber es ist eine besondere Art von Harmonie und Achtsamkeit, die man nicht vergisst und gerne zurückgibt. Wenn alles getan ist, wünscht man sich eine gute Nacht. Es ist auch gut, derer zu gedenken, vielleicht im gemeinsamen Gebet, denen es nicht so gut geht. Der Frieden in der Welt ist eine hohe Herausforderung, aber auch Freunde und Verwandte, die vielleicht krank oder in Gefahr sind, sollte man nie vergessen. Alle sind miteinander verbunden, und so kann man sich gegenseitig mental stützen. Dann wird die Nacht ruhig und erholsam sein.

Beim Eintritt in die letzte Phase des Lebens übernimmt der weiße Strahl eine wichtige Arbeit im Sinne der Klarheit und der Harmonie. Die Weisheit des Alters begnügt sich nicht mehr mit Eventualitäten und ungereimten Wahrheiten, die sich jederzeit noch korrigieren lassen. Der Mensch spürt in sich die Notwendigkeit der Klärung vieler Themen, die man vielleicht auf die lange Bank geschoben hat. Dazu gehört eine ganz besondere Disziplin, die dem Menschen Kraft gibt, sich allem zuzuwenden, was im Raum stehen geblieben ist. So könnt ihr auch älteren Menschen mit der Kraft des weißen Strahls zur Seite stehen, wenn ihr spürt, sie haben Angst vor der Klärung alter Streitigkeiten oder Konflikte. Seid gewiss, innerlich wissen sie um die Wichtigkeit dieser Schritte. Wenn der Antrieb nicht von selbst gelingt, steht ihnen dabei zur Seite, denn das Leben ist endlich. Die Diplomatie des weißen Strahls nimmt dann ihren Lauf. Es mag Jahrzehnte dauern, bis Menschen dazu bereit sind, das Kriegsbeil zu begraben. Es lohnt sich immer, denn wer die Erde im Streit und mit Schuldgefühlen oder Schuldzuweisungen verlässt, legt die Details im Karmaspeicher ab. All das werden dann zu lösende Aspekte im Sinne der Reinkarnation. Um die Dinge zu transformieren, muss man sie zuerst betrachten und an die Oberfläche holen. Dafür braucht man Disziplin und den Willen, Klarheit zu schaffen. So kommt es zu klärenden Gesprächen, und gerade die Lebenserfahrung verhilft dann oftmals zu einem bewussten und transformierenden Charakter. Es wird leichter, zu verzeihen oder um Verzeihung zu bitten. Ein durchaus harmonisches Miteinander ohne großartige Ansprüche an die Zukunft wird möglich. Ein älterer Mensch weiß, dass es wenig Sinn macht, auf Dingen zu beharren, die längst vergangen und unmodern geworden sind. Eine Klärung hat sich einfach nicht ergeben, aber jetzt stehen die Zeichen "auf gut". Dann helft den Menschen dabei, diesen Weg zu gehen, wenn sie nicht den Mut dazu haben. Auch hier spielen Tiere eine immens große Rolle, da sie wieder als Diplomaten eingesetzt werden können.

Wenn ein älterer Mensch, aus welchem Grund auch immer, dazu gezwungen ist, in einem betreuten Wohnen oder in einem Pflegeheim seine neue Wohnstatt zu finden, ist das nicht leicht. Alte Gewohnheiten müssen neuen Regeln weichen und das Zuhause muss aufgegeben oder verlassen werden. Liebgewonnene Wesen werden zurückgelassen. All das zwingt einen Menschen, der vielleicht auch noch krank und hilfsbedürftig geworden ist, dazu, seine Lebensweise komplett zu verändern. Nicht nur neue Einschränkungen, sondern auch neue Menschen, die ähnlich fühlen, treten ins Leben. Ein völlig neues Kollektiv erfordert eine Menge Selbstdisziplin. Gerade hier benötigen die älteren Menschen die Hilfe ihrer Kinder, Enkel und Freunde, damit sie sich allem möglichst gelassen anpassen können. Ihr könnt sie nicht einfach "abliefern" und alles ist gut. Sie sind durchaus gut versorgt, aber das Durchhaltevermögen fehlt ihnen vielleicht. Der weiße Strahl hilft dann mit seiner Energie, damit jeder neue Tag eine positive Herausforderung wird - ein Tag, der immer wieder zeigen möchte, dass alles gut und erfolgreich sein kann, wenn man nur will. Es ist gut, wenn sich die Menschen noch gut einbringen dürfen. Tiere dürfen dort auch nicht fehlen, denn sie erleichtern die Eingewöhnung. So kann ein Mensch nach seiner Zeit des Einlebens in Ruhe alt werden, um in seiner Gelassenheit einem Ende entgegenzusehen, das friedlich und umsorgt stattfinden kann. Gerade in dieser Lebensphase ist es so wichtig, immer wieder mit ihm oder ihr Bilanz zu ziehen. Gibt es noch Dinge zu klären, Menschen oder Hinterlassenschaften zu regeln? Sie sollen nichts dem Zufall überlassen, sondern alles soll geklärt und bereinigt sein. Helft ihnen dabei, auch wenn es manchmal schwerfällt, darüber zu sprechen. Sehr schnell kann es vorbei sein mit der Klarheit der Gedanken. Dann sind viele Dinge nicht mehr zu klären.

Die letzte Lebensphase, die den Menschen in den Tod begleitet, wird vom weißen Strahl im Sinne der Harmonie unterstützt. Der Mensch soll das Gefühl haben, dass er in Ruhe loslassen kann. Achtet darauf, dass alle medizinischen Maßnahmen sorgfältig besprochen und geklärt sind. Keine Ungereimtheiten dürfen mehr da sein. Es ist wichtig, dass jeder weiß, was diesem Menschen wichtig ist, wie er behandelt und in den Tod begleitet werden will. Erzengel Gabriel steht am Ende des Weges bereit, den Menschen über die Lichtbrücke zu begleiten. Er nimmt ihn in Empfang und erleichtert ihm den Weg ins Licht. Bittet ihn immer um Hilfe und Kraft. Bleibt immer in der Nähe des Sterbenden und gebt ihm frisches, klares Wasser. Auch hier hat das Wasser eine starke Symbolkraft. Es reinigt und führt das Wesen wieder an seine Urquelle zurück. Das gilt auch für sterbende Tiere. Das Wasser ist und bleibt das Lebenselixier bis zur letzten Minute. Frische Luft ist wichtig, damit das Wesen klar atmen kann. Leichtigkeit soll da sein, auch in der Kleidung und der Ausstattung des Sterbelagers. Und wenn ihr spürt, erst jetzt zeigt der Mensch Ängste oder Trauer, dann arbeitet mit ihm. Es kann sein, dass erst jetzt, in der Sterbestunde, alte Verbindungen ins Bewusstsein treten, die nicht sinnvoll gelöst wurden. Dann geht in die Stellvertretung. Keine Sorge, das ist keine Manipulation. Ihr werdet spüren, dass ihr geführt werdet, damit ihr einen nicht anwesenden oder längst verstorbenen Menschen, oder auch ein Tier, würdig vertreten könnt. Alles wird fließen und lösend wirken. Ihr tut damit ein gutes Werk, und vor allem wisst ihr nie, inwieweit ihr vielleicht selbst karmisch damit verbunden seid. Wenn ihr dann spürt, der sterbende Mensch wird ruhig und kann sich entspannen, ist alles gut. Bleibt bei ihm, bis sich die Augen schließen und der letzte Atemzug getan ist. Nehmt in Ruhe Abschied, bis ihr in euch spürt, es kehrt absolute Ruhe ein.

Wenn ihr selbst Angst vor all diesen Dingen habt oder wenn ihr euch nicht dazu berufen fühlt, anwesend zu sein, denn dafür gibt es vielerlei Gründe, bittet eine Person eures Vertrauens um eine würdevolle Sterbebegleitung. Das schafft auch in euch Klarheit und Ausgeglichenheit. Es ist keine Feigheit und niemand hat das Recht, euch etwas vorzuwerfen. Sorgt für euch, sorgt im Inneren für eure Disziplin, die viele Gesichter haben kann. Denkt immer daran: Jedes Wesen hat für sich selbst einen ganz persönlichen Eindruck von allem, was "vollbracht" ist. Versucht es, ich bin da.

Hilarion

Lenker des fünften, des smaragdgrünen Strahles

Der Brennpunkt des smaragdgrünen Strahls der Konzentration, Wahrheit und Heilung ist das Dritte Auge. Nur die Kraft der Konzentration kann alle Aspekte der Wahrheit zu Tage treten lassen, die dann Wege der Heilung, der Korrektur und der Gerechtigkeit aufzeigen kann. Deshalb ist es so wichtig, die eigene Art der Konzentration zu finden. In der heutigen Zeit ist es für viele Wesen der Erde nicht mehr leicht, die Konzentration zu üben, denn zu viele Themen des Alltags und der Ablenkung führen den Menschen in einen energetischen Mangel an Konzentration. Wir sprechen von der Konzentration nach innen, von dem Blick des Eremiten in seine tiefen Ebenen des Seins. Es geht dabei um eine bestimmte Form der Achtsamkeit, die durch jede materielle Ablenkung verloren geht. Das Dritte Auge lässt das Wesen Impulse wahrnehmen, die über das Herz gesteuert werden. Es ist eine Sicht des Wesentlichen, das dann den Weg in eine Wahrheit öffnet, die manches scheinbar komplizierter macht. Die Wahrheit zu erkennen kann schmerzhaft, aber auch erleichternd sein. Nicht immer zeigt sie den einfachsten Weg auf, gerade wenn es darum geht loszulassen, sein Leben grundlegend zu verändern oder auch die Wahrheit auszusprechen, ganz gleich, wie sie aufgenommen und verwertet wird. Nur so kann es dann zur Bereinigung von Missverständnissen, zum Beilegen eines Streits oder auch zu einer echten Heilung mentaler, emotionaler und physischer Natur kommen. Es geht nicht um Rechthaberei oder um das Verteidigen einer eigenen Meinung, die andere nicht mit euch teilen möchten oder können, sondern um Erkenntnis. Jedes Wesen muss seine eigene Wahrheit erkennen und leben, ohne das Kollektiv damit zu belasten oder zu verletzen. Darin liegt die Kunst der echten Konzentration in der Verbindung mit dem smaragdgrünen Strahl. Wenn die Konzentration nicht geübt und zugelassen wird, stellt sich durchaus eine für den Menschen sinnvolle Wahrheit ein, doch diese stößt immer wieder an ihre natürlichen Grenzen - mit allen Folgen. Wie kann die echte Konzentration geübt werden? Wisst, sie ist vorhanden, sie muss nicht erfunden oder begonnen werden, denn sie ist euch angeboren. Wenn ihr ein Tier beobachtet, das sich konzentriert, werdet ihr erkennen, dass es sich ungern ablenken lässt. Es verharrt in einer ganz bestimmten Position und will nicht gestört werden. Auch ein kleines Kind, das unbelastet aufwächst, ist zu einer hohen Konzentration fähig. Während des Spiels und in der Natur gelingt es ihm, alles andere um sich herum zu vergessen, nicht zuletzt die Zeit. Gerade dann spricht ein Kind oft eine Wahrheit aus, die den Erwachsenen zum Nachdenken anregt. Es stellt sehr gezielte Fragen und will Dingen auf den Grund gehen. Seine Forschung nach der Wahrheit möchte eine Form der Heilung erlangen, um für sich ein bestimmtes Thema befriedigend zu erledigen. Je älter ein Mensch wird und je mehr er die Wahrheit anderer, die nicht seine eigene sein muss, akzeptieren, übernehmen und auch leben muss, umso mehr beginnt er zu zweifeln, sich zu wehren und in Konflikte zu verstricken. Das liegt daran, dass andere Wesen, die glauben, ihm voraus oder überlegen zu sein, seine eigene Wahrheit nicht mehr dulden oder respektieren. Es wird eine unendliche Überzeugungskraft aktiviert, um andere von der eigenen Wahrheit zu überzeugen und sie ihnen gelegentlich aufzuzwingen, um an Stärke und Macht zu gewinnen. Ein Kind lernt sehr schnell, dass Wissen Macht zu sein scheint und man sich so das "letzte Wort" verschafft. Wer jedoch konzentrationsfähig ist und seine eigene Wahrheit, die heilsam ist, in sich trägt, versteht solche Menschen, denn er weiß, irgendwann wird jeder Irrtum, jede Unwahrheit den Weg in die Heilung weisen. Spätestens dann steht auf dem Straßenschild: "Konzentration!" Dann ist es wichtig, innezuhalten und sich durchaus abzuwenden, um in eine sinnvolle innere Einsamkeit zu gehen, die nicht mehr den Verstand fragt, sondern das Herz. Bedenkt, wie viele Justizirrtümer Menschen in den Abgrund getrieben haben. Wie oft werden Wesen falsch eingeschätzt und beurteilt, weil der Blick für das Wesentliche fehlt. Äußerlichkeiten, Lebensformen, Bildung, die Stellung in der Gesellschaft, all das verschafft den Menschen zunächst eine Konzentration, die unter anderem über eine gewisse Oberflächlichkeit, Vorurteile und vorgefertigte Denkmuster verfügt. Es ist dann nicht interessant, was dieses Wesen wirklich in sich trägt, wie es in seinem Herzen aussieht und ob es die Lebensstruktur, in der es sich zurechtfinden muss, tatsächlich akzeptieren kann. In eurer Gesellschaft findet ihr dieses Muster ständig vor. Vieles liegt im Fortschritt begründet, in der Schnelllebigkeit und im Zwang, sich all dem anzupassen. Doch wenn ihr es schafft, zu einer Konzentrationsform zu gelangen, die euch auf euch selbst zurückwirft, kann sich eine Lebensstruktur der Achtsamkeit, des gesunden Miteinanders und gleichzeitig des Erfolgs bilden. So kreiert sich dann eine Wahrheit, die jedes Wesen in seiner Art respektiert und Vorurteilen keinen Raum mehr gibt. Dann entstehen neue Wege des Heils auf vielen Ebenen. Gerade die Lehre der Reinkarnation spielt hier eine sehr große Rolle. Wenn ein Richter gelernt hat, dass alles dem Prinzip von Ursache und Wirkung folgt, wird er in der Lage sein, eine andere Konzentration in seiner Verhandlung zuzulassen, um die korrekte Wahrheit herauszufinden, die eine gesunde Betrachtungsweise des vorliegenden Falles gestattet, um dann kein "Urteil", sondern eine gesunde Maßnahme der Heilung zu beschließen. Es geht niemals darum, durch eine herausgefundene Wahrheit, die der eigenen Wahrnehmung entspringt, jemanden zu verurteilen und zu bestrafen. Das Ziel soll sein, die korrekte Wahrheit durch die gesunde Konzentration zuzulassen, um den für alle sinnvollen Weg der Heilung zu gehen. Nur so können Rückfälle, Vergeltung, Rache und Selbstmitleid verhindert und die Übertragung in spätere Leben vermieden werden.

Die Basis für alles ist die korrekte Konzentration, wie immer ihr sie erreicht. Ihr müsst sie zulassen, ihr Raum geben und sie achten. Die Meditation ist die intensive Form der Konzentration. Es gibt viele Formen der Meditation, in Bewegung, in der Natur, im Spiel, in der absoluten Ruhe, mit Musik und in vielerlei Möglichkeiten der Entspannung sämtlicher feinstofflicher Ebenen. Jedes Wesen hat dafür seine Zeit, seine Stimmung und auch seine Möglichkeiten. Bittet den smaragdgrünen Strahl hier um Impulse. Wir sind sofort da, um euch den Weg zu weisen. Das Wasser, seine Klarheit, ist immer ein guter Ort, um sich zu sammeln und zu konzentrieren. Die Energie des grünen Strahls hilft euch, die Konzentration auf allen feinstofflichen Ebenen zu üben, ob mental, emotional oder auch physisch. Dann gelangt ihr zur Wahrheit, auch zur karmischen Wahrheit, um den Weg in die Heilung zu finden. Mit Heilung ist im Sinne des grünen Strahls alles verbunden, was korrigiert, befreit und grundsätzlich gesunden lässt, ob nun physischer Natur oder bezogen auf sämtliche Situationen und Projekte der Materie. Die Ebenen der Medizin, Wissenschaft, Justiz, Forschung, Psychologie, Bildung, kurzum alles, was sich gewinnbringend und gesundend verändern muss, folgt diesem Prinzip der Heilung. Ein Medikament kann heilsam sein, aber auch ein Wort, eine Geste, eine Begegnung, eine Therapie und vieles mehr, nicht zuletzt der Tod.

Diese wichtigen energetischen Aspekte erkennt ein Seelenanteil, der zur Inkarnation bereitsteht, bereits vor dem Zeugungsmoment. Dieser Anteil kennt seine karmische Vergangenheit, all sein Potenzial, das er erneut in die Materie tragen möchte, und er erkennt die Notwendigkeit des erneuten Abtauchens ins Leben. Das ist eine hohe Konzentrationsfähigkeit, die wir ständig schulen. Gäbe es diese Fähigkeit nicht, wäre die Reinkarnation ein äußerst schwieriges Thema. Doch in der Losgelöstheit von der Materie ist eine neutrale Betrachtungsweise möglich, getragen von der smaragdgrünen Energie der Konzentration. Sie erzeugt das Gefühl der unbedingten Notwendigkeit, sich der Materie erneut zuzuwenden, getragen von Vertrauen und Zuversicht ins Leben. Ich versorge jeden Anteil, der erkennt, dass es Zeit ist zu gehen, mit diesem Aspekt, der letztlich keinen Zweifel an diesem erforderlichen Weg zulässt. Losgelöst von der Materie, in einem perfekt geschulten Bewusstsein, dass alles einem logischen Kreislauf unterliegt, erreichen wir so den selbst gefassten Entschluss, wieder geboren werden zu wollen. Ihr könnt es vergleichen mit dem Ausbruch des Frühlings in der Natur. Auch hier liefert der smaragdgrüne Strahl der Konzentration jeder Pflanze, jedem Tier und jedem Menschen die Motivation, den Planeten Erde mit allen Lebewesen in eine neue kraftvolle Phase des Lebens zu begleiten. Alles erneuert sich und blickt einer neuen Blüte entgegen. So steht auch ein Seelenanteil an der Schwelle zu einem neuen Leben. Dann wird die Phase der Konzentration auf die Kultur, die Epoche und die Familie eingeleitet. Spätestens jetzt erkennt der Anteil wichtige Elemente der Wahrheit, damit das gesamte vor ihm liegende

Leben eine Heilung bringen kann. Karmische Grundlagen zeigen sich in der vorhandenen Familie und im späteren gesamten Umfeld. Die Auswahl der Familie, die zur Aufnahme bereit ist, erfolgt. Dann erfolgt die Zeugung, die zu einer unumstößlichen Wahrheit führt. Der Mensch entsteht und es gibt kein Zurück, es sei denn, der Plan zeigt andere Strukturen auf. Aber gehen wir von einer ganz normalen Schwangerschaft und einem exakt geplanten Eintritt ins Leben aus. Dann erfolgt über die ganze Zeit der Schwangerschaft eine extrem anspruchsvolle Konzentrationsphase. Viele Elemente haben wir zu schulen. Zunächst muss die geistige Führung mit dem Anwärter den korrekten Plan für das kommende Leben aufstellen. Der Plan enthält jeden Moment von der Zeugung bis zum Tod. Schließlich geht es darum, möglichst viel zu erreichen, um Karma abzubauen, aber auch Ziele zu erreichen, die alles und alle mit einbeziehen möchten. Die geistige Schulung durch alle Strahlen und Meister muss höchst konzentriert geschehen. Zugleich steht der Anteil in direkter Verbindung mit der Mutter, von der er ein Teil ist. Auch ich muss betonen, dass sie der wichtigste Partner im Leben eines Menschen ist, und dies weiß dieser Mensch von der Zeugung an. Er ist im höchsten Maße auf die Mutter konzentriert. Auch die weiteren Familienmitglieder spielen ihre Rollen, aber der Mensch weiß, ohne die Mutter, ihre Gesundheit und Liebe, ohne ihre Vorsicht und Ausdauer wird er nicht lebensfähig sein, bis die Geburt vollzogen ist. Gleichzeitig bearbeiten alle Beteiligten bereits intensive Karmastrukturen. Hier hilft der grüne Strahl immer wieder im Sinne der Konzentration, damit sich die Wahrheit von selbst erzeugen kann. Im ungeborenen Zustand ist alles sofort zu verstehen, und nicht zuletzt akzeptiert das Wesen im Vorfeld sämtliche Ereignisse und Begebenheiten, die sich später im Leben einstellen müssen. Durch diese Form der Konzentration erreichen wir später das Durchhaltevermögen und die Fähigkeit, große Hürden zu nehmen und schmerzhafte Zeiten zu überstehen. Deshalb ist es so wichtig, bereits die Kleinsten in der Meditation zu üben, damit sich die Konzentrationsfähigkeit weiterhin ausbilden und schulen lässt. Das Leben wird dadurch nicht leichter, aber eine andere Bewusstheit, die Akzeptanz, Toleranz und Durchsetzungsvermögen begründet, kann sich manifestieren. Jeder Seelenanteil, der sich auf die Inkarnation vorbereitet, weiß, was auf ihn zukommt. Aber nochmals: Die Mutter spielt dabei die große Rolle der Vertrauten, die dem Anteil die Sicherheit geben muss, willkommen, geliebt und auch gefordert zu sein. In der Schwangerschaft ist deshalb eine Kommunikation zwischen Mutter und Kind oder Kindern möglich, die leichter und einprägsamer nicht sein kann. Wenn die werdende Mutter dies übt, sich absolut konzentriert, wird diese Verbindung später mental genauso stark sein. Das bedeutet, es wird zwischen Mutter und Kind immer eine Ebene der Wahrheit geben, die reiner und heilender nicht sein kann. Die Zeit der Schwangerschaft ist unwiederbringlich. Sie ist die edelste Form der Zweisamkeit, die klarer und konzentrierter niemals sein kann. Wer dies übt und aufrechterhält, erlebt später die höchste Ebene des Vertrauens und nicht zuletzt die einer unbewussten Telepathie, die natürlich gewachsen und kultiviert ist. Der inkarnierende Anteil beobachtet das gesamte Umfeld höchst konzentriert. So kann er den Plan bis zur Geburt immer wieder anpassen und mit wichtigen Elementen versorgen. Es ist eine Art wissenschaftliches Vorgehen oder die Erforschung des künftigen Lebensraumes und aller Lebensbedingungen, damit sich ein erfolgreicher Plan gestalten lässt. Dieser Plan enthält aber auch Momente des Loslassens und des Wissens, es kommen schwierige Zeiten, aber alles wird sich wieder lichten. Es ist für mich und alle meine Helfer nicht leicht, diese hohe Konzentration zu stabilisieren, aber im Geistigen gibt es keine Müdigkeit.

Deshalb ist es so wichtig, dass ihr versteht, dass die Konzentration geistig gesehen niemals nachlassen kann. Wenn ihr jedoch Störfaktoren zulasst und auch selbst erzeugt, fühlt ihr euch unkonzentriert und vom reinen Verstand gesteuert. Je mehr diese Verdichtungen, explizit hervorgerufen durch eure Technik und viele negativen Einflüsse, auch außerirdischer Natur, zunehmen, umso mehr entfernt ihr euch von der geistig geschulten Konzentration, die als Basis der heilsamen Wahrheit dient. Deshalb braucht eine werdende Mutter, wie von allen anderen Meistern und Meisterinnen betont, absolute Ruhe, Abstand, korrekte Ernährung, Reinigung, Betreuung, Abstinenz von jeglichem technischen Einfluss und vor allem bedingungslose Liebe. Sie muss toleriert und verstanden werden, damit sie der Wahrheit des neuen Lebens vertrauen kann. Sie kann so eine völlig andere Verantwortung fühlen, letztlich eine große Freude, einem Menschen das Leben schenken zu dürfen. Gebt ihr und dem Kind/den Kindern eine Zeit der Wertschätzung, der größtmöglichen Freiheit und des Schutzes. Hier appelliere ich an die Konzentrationsfähigkeit der Väter, der Geschwister und des sonstigen Umfelds, auch im Arbeitsbereich. Tragt werdende Mütter auf Händen, schaut in ihre Augen, die eine Wahrheit zeigen, die Heil für alle verspricht. Tiere sollen sie begleiten, denn sie stellen ebenfalls die mentale und kommunikative Verbindung zum ungeborenen Leben her. Tiere sehen und hören das Kind, sie nehmen Wellen wahr, die kein Mensch verspürt. Ein Tier spürt sofort, wenn die Zeugung stattgefunden hat. Es sieht die Energie des Kindes und kommuniziert. Lasst das Tier in der Meditation immer dabei sein. Auch bei Hausgeburten soll es anwesend sein dürfen. Die gesamte geistige Schulung des smaragdgrünen Strahls steht auf der Basis der Konzentration im Sinne der Wahrnehmung durch das Dritte Auge. Im ungeborenen Zustand ist diese Schulung leicht und von Aufmerksamkeit geprägt. Der entstehende Mensch weiß, dass das Dritte Auge die Quelle der Wahrheit ist, dass das innere Sehen das äußere Sehen überwinden muss, um in sich selbst wahrhaftig zu sein. Jedes Wesen erhält diese Schulung. Dennoch könnt ihr in der gesamten Materie immer wieder erkennen, auf welches Maß der Begriff der Wahrheit reduziert wird. Wie viele Wesen spüren, dass in bestimmten Aussagen anderer die Unwahrheit mitschwingt oder dass sie sich selbst der Unwahrheit bedienen, um ein bestimmtes Ziel zu erreichen, das jedoch nie von Dauer und Wert sein kann. Die geistige Schulung vermittelt diesen Wert der korrekten Wahrheit, die Wahrhaftigkeit bedeutet, nicht Rechthaberei und Schläue, und die eine erfolgversprechende Wahrheit kreiert. Wahrhaftigkeit zeigt, dass ein Wesen bereit ist, alle Konsequenzen seiner Gedanken, Emotionen und Handlungen zu tragen. Es wirkt in sich stabil und korrekt, und so wird es in der Lage sein, bedingungslos zu lieben. Wir schulen dies in der Zeit des Ungeborenseins, um dieses Wesen auf unsere Art zu stabilisieren. So manche werdende Mutter wird in dieser Zeit bewusst oder unbewusst mit der Wahrheit konfrontiert, denn die Energien übertragen und mischen sich. Deshalb sind schwangere Frauen viel sensibler und verletzbarer, wenn die Wahrheit zu wünschen übrig lässt. Sie werden also gleichzeitig von uns geschult, um dem Kind wahrhaftig zur Seite zu stehen. Mir erscheint es wichtig, all das zu erklären, denn so versteht so mancher Mensch besser, wo und wie ein Weg der Heilung erst beginnen kann. Es gibt viele technische Möglichkeiten in eurer modernen Medizin, viele Medikamente und auch Behandlungsformen. All das haben Menschen erforscht und wissenschaftlich, unterstützt durch den grünen Strahl, auf den Weg gebracht. Die wahre Heilung des Körpers, aber auch der Lebensstrukturen oder der Projekte setzt Konzentration und Wahrheit voraus. Nur so können auch karmische Muster gewinnbringend transformiert werden, um sich in Potenzial zu verwandeln. Der entstehende Mensch lernt, dass sich hinter der Wahrheit, die in die Heilung führen soll und muss, viele Elemente verbergen, die wie ein Lebenspuzzle zusammenzusetzen sind. Durch diese Schulung des Dritten Auges, auch gezielt durch Laris, die atlantische Priesterin der spirituellen Medizin, kommt es zu einer umfassenden Sicht der Muster einer zu heilenden Ebene. Die Vorgehensweise ist dabei immer die gleiche. Konzentration - Wahrheit - Heilung.

Wenn die Geburtsphase beginnt, nehmen wir Abschied. Die geistige Führung hat den Plan mit dem neuen Menschen in Ruhe beschlossen, alles ist getan und das Wesen hat sich in vollster Konzentration die astrologischen und numerologischen Aspekte seiner Geburt ausgewählt. Es weiß auf den Punkt genau, wann und in welcher Konstellation es geboren werden möchte, letztlich muss, um den Plan auf allen Ebenen unverzüglich in die Umsetzung zu bringen. Es ist seine Wahrheit, die den Weg der zeitalterlangen Heilung inszeniert. Nun kann sich so mancher Mensch darüber Gedanken machen, welchen Einfluss eine manipulierte Geburt auf die Wahrheit des Kindes haben kann. Solange eine vernünftige Kommunikation, getragen durch die Konzentration stattfindet, gibt es immer noch die Möglichkeit, die Wünsche und Bedürfnisse aller im Plan zu berücksichtigen, sofern es machbar ist und von dem neuen Erdenbürger zugelassen wird. Hier ist einzig und alleine die Mutter gefragt, es sei denn, Gefahr für Leib und Leben stellt sich ein. Wenn jedoch alles gut verlaufen ist, wenn es keinen Anlass zu plötzlichen Änderungen gibt, ist es die Aufgabe der Mutter, dafür zu sorgen, dass die Rechte und der Plan des Kindes gewahrt werden. Sie ist die Stellvertreterin des Kindes im Sinne seiner Wahrheit. Der Dank dafür wird nicht ausbleiben, und sei die Geburt noch so anstrengend. Dieses Band der Wahrhaftigkeit zwischen Mutter und Kind ist die smaragdgrüne Energie des Vertrauens und des Respekts der Wahrheit beider. Eine Mutter kann immer versichert sein, dass ihr Kind ihr in Wahrhaftigkeit begegnen wird, denn sie ließ ihm den freien Willen im Moment des Eintritts in sein Leben. Das ist der höchste Respekt, den man ihm zollen kann. Erzengel Raphael, der Arzt Gottes, wacht über diese Momente, seid versichert. Während der Geburtsphase ist die Konzentration des Kindes aufs Höchste angespannt. Wir sind dabei und halten die Energie, denn es darf nicht aufgeben. Sein Durchhaltevermögen muss ihm immer wieder seine Wahrheit spiegeln, und der Moment des Verlassens der Mutter durch den "Kanal der Materie" ist die Heilung. Es ist vollbracht, denn der lange Weg des Werdens und Geborenwerdens ist vollendet. Der erste Atemzug, die Begrüßung der Mutter ist der Dank des Kindes und seine Form der Wahrheit, denn es ist sichtbar und greifbar. Es erwartet Akzeptanz und das Angenommensein in seiner erschaffenen Form.

Ich möchte an dieser Stelle im Sinne des grünen Strahls ein paar Worte zum Geburtszeitpunkt sagen. Wir sprechen von der geistigen und der materiellen Geburt. Hier kann ein großer Unterschied bestehen, durchaus hervorgerufen durch das Befinden der Mutter oder viele äußere Umstände. Für den sich gebärenden Menschen kann diese Differenz weitreichende und ernst zu nehmende Folgen habe. Diese sind zu meistern, aber der Mensch muss sich des Umstandes im Laufe seines Lebens unbedingt bewusst werden. Der geistige Geburtsmoment ist der Moment des Abschieds im Geistigen. Die Lebensplanung ist abgeschlossen, alles ist besprochen, der Schritt in die materielle Geburt wird dann durch die erste Wehe, die die Mutter spürt, eingeleitet. Diese Konstellation, astrologisch wie numerologisch, zeigt die geistige Gesinnung des Wesens, seine Form der Anbindung und des geplanten Vollzugs in der Materie. Dann beginnt die Geburtsphase, bis das Kind selbst die Mutter verlässt. Dieser Moment ist die materielle Konstellation, die klar zeigt, wie der

Mensch - auch das Tier - seinen geistigen Auftrag in der Materie nach außen trägt und als existierendes Wesen vollziehen möchte. Die so gewählten astrologischen und numerologischen Konstellationen zeigen lediglich die Erscheinungsform des Wesens mit allen Aspekten auf, um den Plan zu erfüllen. Ein numerologisches Beispiel:

Die Mutter spürt die erste Wehe am 18.02.1963.

```
   1963
+    18
+     2
-------
   1983 = Quersumme 21 = Quersumme 3 = darin enthalten 12
```

Geistiger Plan und Auftrag: 21 = die Welt

Dieser Mensch nimmt in seinem Plan den Auftrag mit, die Welt zu verändern. Er möchte teilhaben an Neuerungen, aber auch an der Manifestation uralten Wissens, um allen Wesen und der Erde selbst im Sinne einer wichtigen Veränderung zu helfen.

3 = die Herrscherin

Durch diesen Aspekt seiner Wesensart geht er in das weibliche Führungsmodell, auch das Bemuttern aller spielt in seinem Wesen eine große Rolle. Er denkt und handelt für andere positiv mit, muss allerdings darauf achten, dass er trotzdem allen ihre Freiheit lässt.

12 = der Gehängte

Das ist die verborgene und auch Schattenseite, die ihn immer dann an den Rand der Verzweiflung bringt, wenn nicht alles in seinem Sinne verläuft, wenn sich andere gegen seine so wichtigen Maßnahmen und Ideen stellen. Er steht dann schnell mit dem Rücken an der Wand. Diese Aspekte sind durchaus karmisch bedingt und müssen im Sinne des Plans bearbeitet werden.

Nehmen wir nun an, die Geburt zieht sich über zwei Tage hin. Die materielle Geburt findet in unserem Beispiel am 20.02.1963 statt.

```
  1963
+   20
+    2
------
  1985 = Quersumme 5 (bestehend aus 23, da nur großes
         Arkanum möglich), darin enthalten 14
```

Die materielle Erscheinung zeigt den Hierophanten, den Hohepriester oder Lehrer auf. Das bedeutet, unser fiktiver Mensch muss seinen geistigen Plan als Weltenmensch lehrend und ratgebend nach außen erfüllen. Dabei spielt die Mäßigkeit sein ganzes Leben lang eine große Rolle. Er muss lernen, sich oft hintanzustellen, zu verzichten, anderen den Vortritt zu lassen und genügsam zu sein. Es kann ein durchaus bescheidenes Leben bedeuten, das trotzdem erfüllend sein sollte. Daran muss ein Mensch durchaus hart arbeiten. Wir müssen immer bedenken, dass die materielle Geburt, ob natürlich oder durch eine bewusste Operation oder andere Hilfsmittel erfolgt, nicht mehr in seinem eigenen Ermessen lag. Wenn der Weg aus der Mutter hinaus nicht komplett selbst gegangen wird, ist er durch die Materie fremdbestimmt. Das können durchaus lebensrettende Maßnahmen für alle Beteiligten sein, dennoch wird das Kind dadurch materiell anders geprägt. Auch jede künstliche Einleitung der Geburt ist bereits ein weitreichender Eingriff, der zwar den Plan nicht durcheinanderbringen kann, aber das Kind hat nicht selbst entschieden, dass es jetzt den Weg antreten möchte. Es wurde bereits dort fremdbestimmt. Deshalb ist es so wichtig, gerade in dieser Zeitphase höchste Konzentration walten zu lassen, um diesem Menschen später helfen zu können, alles zu rekonstruieren. So können sich also bei vielen Menschen unterschiedliche

Konstellationen zeigen, die ihre Auswirkungen haben. Die Mutter ist auch hier der natürliche Verstärker der Konzentration. Falls sie sich nicht korrekt erinnern kann oder sie nicht mehr befragt werden kann, raten wir immer zur Rückführung in die Geburt, um die genauen Zeiten und Details abzufragen. So können sich im Erwachsenenalter oftmals Differenzen erklären lassen, die einen hohen Wahrheitsgehalt mit sich bringen. Die unterschiedlichen Konstellationen - auch astrologisch gesehen - zeigen ein Wesen als sehr unterschiedlich in sich selbst. Nicht zuletzt ist es auch interessant, auf diese Art und Weise den Zeugungsmoment zu erkennen, denn auch dieser zeigt viele Aspekte. Man erkennt zum Beispiel, in welcher Situation sich die Familie damals befand, auch wie die Zeugung verlaufen ist, unter welchen mentalen, emotionalen und physischen Gesichtspunkten. Der Mensch kann sich im Rahmen seiner Beteiligung an diesem Prozess viel besser verstehen und einordnen. All diese Werte erfordern eine hohe Konzentration, die eine viel versprechende Wahrheit mit sich bringt und so auch in eine Heilung führen kann.

Der geborene Mensch hat gelernt, sich auf jeden neuen Eindruck und jede Gegebenheit zu konzentrieren, damit jedes Detail gespeichert und verwertet werden kann. Das Dritte Auge wird vom Moment der geistigen Geburt an intensiv energetisch durch den smaragdgrünen Strahl gespeist, denn er muss die Distanz zwischen Geist und Materie überbrücken, damit der Mensch, auch das Tier, in der ständigen Verbindung bleiben kann. Durch die frühkindlichen langen Schlafphasen ist es leicht, den Kontakt zu halten. So übt der Mensch, um mit dem späteren Wachstum immer länger im Wachzustand und dennoch angebunden zu bleiben. Deshalb ist die Meditation der Mutter in der Schwangerschaft so wichtig, wie auch das frühzeitige Heranführen des Kindes an die Meditation im Kreise der vertrauten Menschen und Tiere. Die smaragdgrüne Farbe im Bereich des Meditationsplatzes ist dabei von Vorteil. Ähnlich wichtig ist auch das Visualisieren des Strahls im Bereich des Dritten Auges. Gebt dem Kind einen kleinen Smaragd als Glücksstein oder legt einen kleinen Splitter unter sein Kopfkissen. Das Angebundensein an die geistige Schulung ist das eine, aber auch die Konzentration wird so in der Materie geschult, um all das zu vollziehen im Sinne der Wahrheit und der Heilung, was ich bereits beschrieben habe. So lernt das Kind schon früh, eine gesunde Distanz zu üben, um sich Zeit für die innere Einkehr und Reflexion zu nehmen. Kleine Kinder sagen die Wahrheit, das ist unbestritten. Sie erkennen ihre Welt und ihr Umfeld aufgrund ihrer ungestörten Konzentration. Zugleich kann man sagen, dass ihr Abstand zur letzten Inkarnation, auch zum feinstofflichen Speicher des Karmas, noch sehr gering ist. Die Erinnerungen sind noch nicht verblasst. Demzufolge entsteht infolge bestimmter Impulse durch die Umwelt eine deutlich wahrnehmbare Spiegelung der alten Welten in der neuen Welt. Ein kleines Kind, das sich vor einem dunklen Keller fürchtet, ist noch nicht bereit, sich "zusammenzureißen" und zu überwinden. Es hat vielleicht berechtigte karmische Erinnerungen gespeichert, die es zur Vorsicht mahnen. In solchen Momenten ist es wichtig, das Kind aufzufangen und mit ihm über seine Empfindungen zu sprechen. Bis zum Alter von sieben Jahren sind alle karmischen Erinnerungen sehr gut abrufbar. Dazu gehört auch ein gesunder Respekt vor dem Kind. Vor allen Dingen dürfen Erwachsene diese Form der Zuwendung nicht einfach wieder einstellen, denn das Kind hat verstanden, dass man es in seinen uralten gespeicherten Aspekten ernst und wahrnimmt. Wer seine Kinder so aufwachsen lässt und begleitet, begibt sich wie selbstverständlich auf der eigenen Ebene in die Bearbeitung karmischer Strukturen. Dadurch entsteht immer eine Wahrheit, die heilend transformiert. Auch die Aussagen der Kinder sind die konzentrierte Wahrheit, wenn sie impulsiv und liebevoll auf Mensch und Tier bezogen erfolgen. Sie können aber auch Aggressionen und Ängste deutlich machen. Ihr werdet immer den Unterschied zwischen ernsthaft fundierten Aspekten und im Heute durch das Umfeld produzierten und manipulierten Themen erkennen. Jede Wahrhaftigkeit, und sei sie noch so anstrengend, lässt die Energie des Herzens mitwirken. Das ist gelebte Achtsamkeit einem Wesen gegenüber, das sein Leben erst begonnen hat. All das betrifft natürlich sehr stark das Familienleben. Der junge Mensch weiß, dass er allen Wesen karmisch begegnen muss, auch im Kindergarten, in der Schule und im gesamten späteren Leben. Er sucht die Wahrheit, wenn auch unbewusst, und muss lernen, damit umzugehen und konstruktiv zu leben. Es ist die Aufgabe der Eltern und älteren Geschwister, einem kleinen Kind auf diesem Weg immer die Hand zu reichen. Deshalb raten wir zum regelmäßigen Familienrat, der sich zusammensetzt und die Wahrheit betrachtet. Nur so kann eine Heilung vollzogen werden. Wenn ein Kind so aufwächst, wird es immer bestrebt sein, der Wahrheit Raum zu geben. Bildet an einem bestimmten Tag in der Woche immer zur gleichen Zeit den Familienrat. Setzt euch gemeinsam für ein paar Minuten in der ruhigen Meditation zusammen. Jeder konzentriert sich auf seine Themen. Dann hat jeder das Recht, seine Belange vorzutragen. Alle hören sich die Wahrheit der anderen an. Niemand bezieht Stellung, verteidigt sich oder erteilt Schuldzuweisungen, geschweige denn Ratschläge. Man nimmt alles ernst und denkt bis zum nächsten Treffen darüber nach. So entsteht ein tiefer Respekt vor allen Familiemitgliedern. Auch die Tiere nehmen ihren Platz ein und werden korrekt wahrgenommen. Sie zeigen ihre Themen auf ihre eigene Art und Weise. So entsteht ein langer, aber intensiver Kreislauf der konzentrierten Wahrheit eines Kollektivs, der jedem Wesen die Chance der Heilung bietet. Diese Übung verhilft jedem Menschen zu einer distanzierten Betrachtungsweise seiner

Mitmenschen und aller Tiere. Vorurteile und vorschnelle Distanz lassen sich so vermeiden. Wenn ein junger Mensch das zu Hause gelernt hat, wird er sich in jedem externen Kollektiv als wahrhaftig und aufmerksam beweisen. Das schafft Vertrauen und Achtung.

Wenn es dann zum Schuleintritt kommt und eine neue Form der Konzentration gefordert ist, hat der smaragdgrüne Strahl wieder eine zusätzliche Aufgabe zu erfüllen. Das Kind muss lernen, in einem neuen Kollektiv sehr aufmerksam zu sein, um Wissen aufzunehmen, sich an uraltes Wissen zu erinnern, es abzurufen und zu integrieren. Es findet neue Wegbegleiter, die es einordnen muss. Je besser die Konzentration bereits geschult ist, umso leichter fällt ihm dieser Schritt. Aber auch Differenzen und Konflikte kann es konzentrierter angehen und einer regulierenden Wahrheit zuführen. Sicherlich hängt dieser Faktor auch von der eigenen Struktur der gewählten Energiestrahlen ab, aber die Integration des grünen Strahls ist immer ein Weg in die Wahrheit. Der Aspekt der Gerechtigkeit ist ebenfalls die Aufgabe des grünen Strahls. Gerecht mit allen anderen zu teilen, ist ein wichtiger Wert im Leben eines Wesens. Das Gefühl, gerecht gewesen zu sein und gehandelt zu haben, erzeugt bereits in einem Kind das Gefühl, anderen Gutes getan zu haben, selbst wenn man auf etwas verzichten musste.

Der grüne Strahl fordert jedes Wesen zum Forschen und zum Experimentieren auf, aber er erzeugt auch den Wunsch, sich auf etwas zu spezialisieren. So gelangt ein junger Mensch durchaus sehr früh an den Punkt, der ihm den Weg der Wahrheit in ein bestimmtes Wissensgebiet oder ein Studium weist. Uraltes Wissen kann sich neu entfalten und wieder stabilisieren. Der historische Speicher des Menschen wird über das Dritte Auge durch den grünen Strahl geöffnet und zugänglich gemacht. Hier kann man sehr schön die ursprüngliche Konzentrationsfähigkeit nachvollziehen. Wie oft könnt ihr beobachten, dass sich ein junger Mensch von diesen Impulsen abbringen ließ. Er entschied sich dann doch für ein anderes Studium, aus welchem Grund auch immer, oder man hat ihn intensiv beraten und von einem Beruf überzeugt. Er ließ sich überzeugen, indem man eine neue Wahrheit erzeugte, die nicht die schlechteste gewesen sein muss, aber führt sie diesen Menschen wirklich ans Ziel, an seine "Heilung"? Wenn ein Mensch zu zweifeln beginnt und spürt, er hat sich geirrt oder folgte gut gemeinten Ratschlägen, die ihn aber auf Dauer nicht zufriedenstellen, ist es Zeit, das Steuer herumzureißen. Das ist ein Moment der Wahrheit, erzeugt durch den grünen Strahl. Die Konsequenzen trägt der Mensch, doch nur so wird er lernen, aufmerksam zu sein und seine Konzentration zu befragen und ernst zu nehmen. Es ist niemals zu spät, der richtigen Wahrheit zu folgen. Wird die vermeintliche Wahrheit kultiviert und ausgebaut, kann sie auf Dauer sehr schmerzhaft sein. Ein beachtlicher Leidensdruck kann sich aufbauen, der immer wieder die Konzentration erfordert, um die Wahrheit zu erkennen. Euer Leben ist ein hochwertiges Projekt, das über einen zeitlichen Rahmen verfügt. Es ist ein temporäres Zeitfenster im ewigen Kreislauf des universellen Geschehens, in dem ihr hocheffizient zur Neugestaltung beitragen könnt. Lasst keine wertvolle Zeit ohne Konzentration vergehen und ohne den Blick in euch selbst. Die Zerstreuung im Außen, in der Wahrnehmung des Kollektivs und all seiner zwiespältigen Anstrengungen sollte euch als Zeitvertreib genügen, wenn ihr nichts Besseres zu tun habt. Und im Sinne der Wahrheit kann ich nur betonen: Ihr habt immer etwas Besseres zu tun.

»Hüte dich vor der Wahrheit anderer.
Wahrheit ist immer das Ergebnis zeitalterlangen Bemühens
um Wahrhaftigkeit und Gerechtigkeit.«

Kommt ein Wesen in seiner wahren Lebensaufgabe an, wird der grüne Strahl immer bemüht sein, die hohe Konzentration zu schenken, damit auch hier die Wahrhaftigkeit bewahrt wird. Auch die vorläufig gewählte Aufgabe, die sehr oft eine lange Vorbereitungsphase auf die wahrhafte Lebensaufgabe darstellt, wird immer wieder durch die hohe Konzentration geschützt, denn wenn der Zeitpunkt der Wahrheit gekommen ist, soll ein Mensch wahrhaftig loslassen und sich der wahren Aufgabe zuwenden können. Der grüne Strahl begleitet jeden Menschen auf dem Weg der Wahrheit zu sich selbst, denn nur so kann die einst gewünschte Aufgabe erspürt und erlebt werden. Wir stehen immer bereit, um alle Impulse zu übertragen. Ist die wahre Aufgabe gefunden, beginnt eine lange Phase der Prüfungen. Immer wieder muss der Mensch sich prüfen, ob sein Herz mit dem Mentalkörper und dem Ätherkörper eine optimale Verbindung hat. Es ist nicht immer leicht, in der Materie zu bestehen und gleichzeitig allen Impulsen zu folgen, gerade wenn es um die Lebensaufgabe geht. Die Wahrheit, die auch hier in die Heilung führt, lässt den Menschen sehr oft alleine dastehen. Nicht jeder Mensch, der ihm begegnet, hat Verständnis für seine Ansichten und Lebensweise. Viele Details sind zu beachten, damit man ständig in der korrekten Verbindung bleiben kann. Wir haben all diese Aspekte selbst in unseren Erdenleben erfahren. Deshalb üben alle Meister und Meisterinnen sehr viel Nachsicht und Geduld. Immer dann, wenn ein Mensch das Gefühl hat, es geht nicht mehr weiter, wenn alles zu anstrengend wird, steht der grüne Strahl bereit, um ihn wieder in die optimale Konzentration zu begleiten. Ich bitte gerade meine Schüler sehr oft, in solchen Phasen ruhige Orte in der Natur aufzusuchen. Aufenthalte in Klöstern, die Gelassenheit und innere Einkehr bieten, sind Balsam für das Herz und die Impulsfähigkeit. Gerade dort können gute und wichtige Begegnungen von uns in die Wege geleitet werden, ob vor Ort oder später, wenn der Mensch sensibel für Begegnungen geworden ist. Sucht regelmäßig solche Orte der Stille und Einkehr auf, um euch zu sammeln. Ihr solltet nicht viele Kontakte oder Mitstreiter suchen. Geht alleine oder mit einem Menschen eures Vertrauens an diese Orte, damit wir den optimalen Zugang finden. Wie ihr den Aufenthalt gestaltet, zeigen wir euch, wenn ihr dort angekommen seid. Es gibt dafür keine einheitliche Regel. Solche Tage können euch durch das weitere Leben begleiten, damit ihr ruhiger und gelassener werdet. Jede Aufgabe, die ein Wesen zu erfüllen hat, ist anstrengend und eine Herausforderung. So ist es auch im Zusammenleben mit anderen, ob in der Ursprungsfamilie, in der selbst gegründeten oder in der Familie, die euch durch Heirat und Zusammenleben begegnet. Es sind immer von langer Hand vorbereitete karmische Beziehungen. Sie bringen ständige Herausforderungen, aber auch Belohnungen im Miteinander und Füreinander. Auch hier ist der grüne Strahl anwesend, damit ihr immer wieder zur Realität und der Aufgabe zurückkehren könnt. Er begleitet euch in die wohlwollende Stille der Konzentration, auch wenn es einmal schwer wird, sei es durch Krankheit, starke emotionale Einflüsse oder auch den Tod. Er zeigt euch immer den Weg in die Wahrheit und die Heilung. Eine wichtige Aufgabe des Strahls ist jedoch auch die Prüfung der Wahrheit, denn es kann natürlich sein, dass eine Form der Wahrheit, gerade karmischer Natur, auftaucht, die durchaus der hohen Konzentration entspringt, aber auch sehr destruktiv sein kann. Das ist normal, denn wenn Karma auf Erkenntnis trifft, wo und wie auch immer, bleiben uralte Gedanken, Emotionen und Verhaltensmuster nicht verborgen. Wichtig ist, dass man solche Momente und daraus entstehende Umstände nicht verurteilt, sondern sie immer wieder der konzentrierten Beobachtung unterzieht. Ihr werdet sehen, dass sich eure gestern gültige Wahrheit positiv verändert, vor allem unterstützt durch die Karmabearbeitung. Deshalb denkt immer an meinen Rat:

Prüft jeden Tag eure eigene Wahrheit, beleuchtet sie im Licht des Karmas und gebt ihr die Möglichkeit, sich heilsam zu verändern, bevor ihr versucht, sie anderen aufzuzwingen oder sie bis zur bitteren Neige zu verteidigen. Ihr werdet sie revidieren müssen, wenn die Stunde der Transformation gekommen ist. Gerade hier beleuchten wir dann die Schwelle der Zugeständnisse. Für viele Menschen gibt es nichts Schlimmeres, als gestern gültige Verhaltensweisen und Dogmen zu relativieren oder zu widerrufen. Was man mit Vehemenz verteidigt hat, muss man sehr schnell in den Schatten stellen. Ich habe dies selbst erlebt in meiner Inkarnation als Saulus, der zu Paulus wurde. Dennoch durfte ich erleben, dass es mich menschlich machte, wenn ich mich entschuldigte und bewies, dass es auch anders geht. Ich verlor niemals mein Gesicht, und darum bitte ich euch alle. Wenn ihr spürt, dass eure vermeintliche Wahrheit an Gültigkeit verloren hat, beweist euch selbst die Größe, euer Auftreten zu verändern. Ihr übernehmt lediglich Verantwortung für euch selbst, für euer gediegenes Wachstum und für die Reise in die Weisheit des Alters. Starrsinn ist ein harter karmischer Stein, den es zu bearbeiten gilt, welches Aussehen auch immer er hat. Wenn er geschliffen ist und harmonisch auf der Erde wandelt, kann er ein Heilstein für alle werden. Auf diesem Weg zu euch selbst sind die Tiere wiederum die besten Freunde. Sie sind nicht nachtragend, sondern sie nehmen euch immer so an, wie ihr seid, und heißen euch im Herzen willkommen. Jedes Tier wird euch in der geläuterten Form wohlwollend begegnen und begleiten. Aber auch andere Menschen erkennen eure Veränderungen und öffnen ihr Herz, wenn sie spüren, dass ihr vielleicht diplomatischer und gelassener geworden seid. Aber auch ihr selbst habt die Aufgabe, diese Veränderung bei Mensch und Tier zu beobachten und integrativ zu arbeiten. Die Akzeptanz der Andersartigkeit ist immer eine gewisse Gratwanderung im Sinne der Wahrheit. Sie darf niemals verletzen oder zur Demütigung führen. Der grüne Strahl hilft euch dabei, gefühlvoll vorzugehen und auf Entgleisungen hinzuweisen und zu reagieren – auch hier wieder durch die Konzentration, so dass ihr wisst, wie ihr mit Mensch und Tier umgehen könnt, ohne das andere Wesen zu verletzen oder bloßzustellen. Die Heilkraft des grünen Strahls wird euch helfen, die geeigneten Worte und Handlungen zu entfalten. Ein Beispiel: Ein Jugendlicher ist in den Augen seiner Eltern auf die "schiefe Bahn" geraten. Sie empfinden ihn als faul, lernunwillig, frech und widerspenstig. Es gibt viel Ärger in der Familie, die schulischen Leistungen werden immer schlechter und der Freundeskreis des Sohnes lässt auch zu wünschen übrig. Die Basis für Konflikte und Maßnahmen ist gelegt, und dies auf allen Ebenen. Gehen die Eltern dann in die Konzentration, in die innere Einkehr, um die Ursachen zu erkennen, wird sich diese Gelassenheit auf den Sohn übertragen. Karmische Muster werden sichtbar, Emotionen und Ängste dürfen transformiert werden. Der grüne Strahl hilft dabei, die eigenen Anteile an der Situation konzentriert zu erkennen und zu transformieren. Das ist gelebte Wahrheit. Strafen und Sanktionen haben noch nie eine Wirkung gezeigt. Alle sind so in der Lage, im Herzen einen Bereich der Liebe für den Sohn zu öffnen. Die Zeit seiner Entwicklung bis zum jetzigen Zeitpunkt wird den Eltern gezeigt. Sie dürfen erkennen, was sie gut gemacht haben oder wo sie vielleicht versagt haben. Das ist Erkenntnis, die ihn trotzdem ihr Kind sein lässt. Diese Form der familiären Wahrheit hilft ihm, sich selbst langsam zu erkennen und zu heilen. Das ist loslassen und bedingungslose Liebe, wie sie durch den grünen Strahl gefördert wird. Wenn der junge Mann dann eines Tages positive Veränderungen zeigt und beginnt, in seiner Spur zu gehen, dürfen die Eltern ihn nie darauf hinweisen oder gar betonen, was sie selbst dafür getan haben. Er wird einfach akzeptiert und geliebt. Alles andere würde ihn beschämen und zu Dank verpflichten. Ein Mensch, der sich veränderte, ist dankbar für Akzeptanz, er braucht kein Lob oder überschwängliche Kommentare. Die echte, gelebte Wahrheit ist Heilung auf allen Ebenen. Es mag sein, dass viele von euch nun sagen, das ist ein Ausdruck von Kühle und Distanz, aber glaubt mir, es ist der menschliche Weg aus einem Dilemma, das Spalten öffnete. Wir schaffen die Brücken, die immer noch den Blick in die Tiefe gestatten mit dem Gefühl, es doch hinübergeschafft zu haben. So wächst ein Mensch über sich hinaus.

Lasst mich nun das Thema "Freunde" beleuchten. Ob kleine oder große Menschen, alle wünschen sich gute Freunde. Beginnen wir zunächst mit dem Tier. Das Tier sieht sich als Begleiter der Menschen, durchaus als Therapeut und Vertrauter. Es will niemals sein Freund im Sinne der Wahrnehmung des Menschen sein. Das Tier hat verstanden, dass immer ein Moment des Loslassens kommt und dass dieser Moment sehr schmerzhaft sein kann, wenn man ein Tier vermenschlicht hat. Deshalb geht es in seiner Mentalität ständig auf Distanz und folgt seinen Impulsen, die nicht immer vom Menschen verstanden werden müssen. Es legt darauf keinen Wert, denn es folgt seinem Plan und seinen Aufgaben - ohne Rücksicht auf die Wünsche seiner scheinbaren "Besitzer". Aus diesem Grund hat ein Tier auch keine Probleme, loszulassen und auf seine Art in den Tod zu gehen. Es legt keinen Wert auf Trauer durch die Menschen, denn seine Zeit ist gekommen. Wer in der Lage ist, dann korrekt im Sinne der Konzentration und Wahrheit zu kommunizieren, hat immer die Chance, eine Einladung auszusprechen wiederzukommen, wenn es der Tierseele genehm ist. So wird sich alles planmäßig vollziehen. Ein Tier nimmt Abschied und seine neuen Aufgaben an, es sei denn, durch den Menschen erzeugte karmische Muster legen den Grundstein für spätere Begegnungen, die durchaus problembeladen sein können. Ein Tier, das mit seinen Menschen in Harmonie und Gleichberechtigung lebte, darf einer neuen Einladung folgen oder sich anders entscheiden.

Kommen wir nun aber zu den menschlichen Freunden. Lasst mich sagen, es gibt sie nicht. Wahre Freundschaft leitet sich für uns von Freundlichkeit ab. Auch wir sind euch freundlich zugewandt, aber wir stellen keine Forderungen und Bedingungen an unsere Gemeinsamkeit. Wir setzen keinen Ausgleich voraus, im Gegenteil, wir verschenken unsere Liebe und unser Vertrauen, aber wir wissen auch, dass man uns vergessen kann. Die Energie des Herzens, die wahre Liebe vergibt jeden Fehltritt. Wenn ihr "ent-täuscht" seid, weil sich ein/e Freund/in nicht so verhielt, wie ihr es erwartet habt, dann liegt der Fehler bei euch. Erwartungen entstehen im Verstand, nicht im Herzen. Erzeugt durch die menschliche Vorstellungskraft und Phantasie, können sie im Falle der Nichterfüllung extreme Emotionen und Handlungen hervorrufen. Diese erzeugen dann ihre eigene Wahrheit, da dieser keine korrekte Konzentration vorausging. Eine solche Wahrheit kreiert in der Folge Vorurteile, Schuldzuweisungen und eine ungesunde Distanz bis hin zur Auseinandersetzung und Trennung. Eine Heilung ist nicht mehr in Sicht. Die freundliche Verbindung ist erwartungsfrei. Durch sie gebt ihr das in das Zusammenleben mit Menschen, was euch vom Herzen her selbst erfüllt und zufrieden macht. Ihr verschenkt Zuwendung und durchaus viel Kraft in schweren Momenten und Krisen, aber ihr erwartet nichts zurück. Ein Geschenk ist ein Geschenk und eine herzliche Zuwendung, aber kein Schuldschein. So wird sich immer eine natürliche Gegenleistung erzeugen, denn das ist wichtig. Geben und Nehmen bilden das Gleichgewicht auf der Waage des Ausgleichs. Wer euch hilft, eure Sorgen zu tragen, erwartet unbewusst die frohen und leichten Stunden zurück. Diese erzeugen sich von selbst durch das Leben, wenn ihr loslasst und achtsam seid. Erwartet niemals eine Gegenleistung für eure Liebe, Zuwendung und Achtsamkeit. Dann seid ihr gute "Freunde".

»Nur der, der nichts erwartet,
kann positiv überrascht werden.
Umso größer ist die Freude des Herzens,
nicht des Verstandes.«

In allen Aufgabenbereichen des Lebens steht der smaragdgrüne Strahl den Menschen in der Wahrhaftigkeit des Plans zur Seite. Wir sprechen immer vom vorläufigen weltlichen Beruf, der in seiner Länge zwar vom Plan und letztlich doch sehr oft vom Menschen selbst bestimmt wird. Dieser vorläufige weltliche Beruf hat einen Ursprung. Zu atlantischer Zeit gab es ihn nicht, da jedes Wesen von Anfang an in seine wahre Lebensaufgabe hineinwuchs. Deshalb kann er im Heute für viele Menschen eine jahrelange Hürde bedeuten. Dieser Beruf, auch durchaus mehrere Berufe, entsteht aus rein karmischer Natur. Es gibt vieles zu durchlaufen und neu zu erfahren. Karmische Begegnungen können nur so stattfinden. Aus diesem Grund sind auch oftmals Auswanderungen und viele Reisen auf Jahre verteilt zu absolvieren. Keine Reise, die ihr unternehmt, geschieht ohne karmische Fundamente, ob privater oder beruflicher Natur. Auch der Wechsel vieler Berufe, mehrere Ausbildungen oder Studiengänge sind erforderlich, um möglichst viel abzuarbeiten. Oft wird ein solcher Mensch als unstet und instabil oder nicht verwurzelt betrachtet. Doch ein Mensch, der sich lange Zeit nicht begrenzen lässt und auch Risiken eingeht, erfährt unsere höchste Achtung, da wir sehen, er folgt allen Impulsen und scheut keine Wege. Das ist gelebte Wahrheit, die eine zügige Reise durch viele karmische Muster garantiert. Es kommen schwierige Zeiten, aber auch große Erfahrungen auf diesen Menschen zu. Deshalb sollten sich auch Partner/Partnerinnen, die an der Seite eines solchen Menschen wandeln, auf interessante Zeiten einstellen. Es kann nur erfahrungsreich werden, wenn man mit auf die Reise geht. Denkt immer daran, was ich über die Erwartungen sagte. Wer erwartet, dass der andere sich ihm beugt und den eigenen Lebenserwartungen dient, wird auf Dauer keine Freundlichkeit erfahren. Unterordnung und Erwartungshaltungen erzeugen neues Karma, vergesst dies niemals. Wer mitgeht, neugierig auf das Leben bleibt und immer darauf vertraut, dass die geistige Führung schon weiß, wie die Route auszusehen hat, wird von einer Wahrheit beseelt sein, die nur heilen kann. Jeder hat das Recht, sich zu entfalten. Niemand hat die Pflicht zu gehorchen, weder Mensch noch Tier. Der vorläufige weltliche Beruf ist keine Berufung, sondern das Produkt des eigenen Plans, um Karma abzubauen und uraltes Wissen nutzbar zu machen, damit der Kampf des Überlebens und Durchhaltens geübt wird. Er trägt immer den Beigeschmack des Nochnichtangekommenseins mit sich. Wer in seiner wahren Lebensaufgabe angekommen ist, wird sie oft als anstrengend empfinden, aber er weiß, es gibt nichts anderes, was ihn absolut erfüllen kann. Das ist gelebte Wahrheit. Sie macht euch authentisch und unbeirrbar in all eurem Tun. Ihr werdet mit ihr nicht reich, aber es wird für euch immer reichen, seid gewiss. Sie zeigt euch, dass ihr gebraucht, geachtet und gerecht entlohnt werdet. Sie zeigt euch aber auch, dass ein Moment des Loslassens kommen wird, in dem ihr sagen könnt: "Es ist vollbracht." Das meine Lieben ist der gelebte Plan, der sich nur durch Konzentration entfalten kann. Dann folgt die unerschütterliche Wahrheit, die auch ihre Schmerzen mit sich trägt, aber ihr heilt auf allen Ebenen. Ihr lernt, loszulassen und bedingungslos zu lieben, auch euch selbst, denn dann erkennt ihr, wann es genug ist. Durch diese wahre Aufgabe werdet ihr sesshaft, selbstzufrieden und auf eine gewisse Art asketisch. Ihr genügt euch selbst im Kreise derer, die euch verstehen und respektieren, denn so heilt ihr auch sie. Die Tiere gehen mit euch einher, indem man sich gegenseitig respektiert und wahrnimmt. Ihr könnt Orte und Besitz loslassen, weil ihr wisst, ihr werdet getragen. Es gibt überall ein Zuhause für euch. Die Grenzen lösen sich auf.

So gehen Menschen auf gelassene Art in ihren Lebensabend. Es wird in der Tat Abend. Man weiß, die Sonne geht unter und erschafft die arbeitsreiche Nacht im Geistigen. Aber sie geht auch wieder auf, um Wärme und Gelassenheit zu erzeugen, wohl wissend, irgendwann erblickt man sie auf diese Art und Weise nicht mehr, da man den Weg in die geistige Sonne anzutreten hat. Meine Lieben, dann ist es wichtig zurückzublicken im Sinne der Konzentration, um der eigenen Wahrheit ins Auge zu blicken. Da geht es um viele Aspekte. Man fragt sich, wie man die Familienstrukturen gelebt hat, welche Aufgaben man erfüllt hat und wo noch wichtige Interessen zu verfolgen sind. Gibt es noch unerfüllte Träume, die man angehen sollte? Wie geht man jetzt mit dem Körper um, damit ein würdevolles Altern möglich ist? Wo liegt die wahre Umgangsform mit sich selbst? Braucht man gute Pflege, oder ist man sich selbst noch genug? Wenn ein geliebtes Wesen, ob Mensch oder Tier, noch an der Seite wandelt, lohnt es sich jeden Tag, dafür zu danken. Dafür genügt ein Händedruck, ein Streicheln oder ein Kuss. Jedes Missverständnis sollte im Sinne der Wahrheit beseitigt werden, bevor ihr in den Schlaf geht.

»Wer sein Herz der Wahrheit dienlich macht und es mit Liebe auf der Zunge trägt, kann jederzeit geruhsam einschlafen, wo immer er dann aufwacht.«

Die Weisheit des Alters hat ihren Preis meine Lieben. Wer ein gewisses Alter im Sinne seines Planes erreicht, hat viel dafür getan. Dieser Mensch hat aber auch die Pflicht, sich zu prüfen, indem er sich immer wieder konzentriert und innehält. So zeigen sich immer wieder kleine Aufgaben, die aber nicht mehr über die Maßen fordernd sein sollen. Eltern und Großeltern erfüllen ihre Pflichten, auch die Großeltern. Aber Großeltern sind keine Eltern, sie sind "groß". Es gibt keine Großgeschwister. Zu den Großeltern soll man aufblicken und ihnen helfen, das Alter frei und gelassen zu gestalten. Alles soll freiwillig geschehen im Dank dafür, dass sie die Eltern schufen, die in ihrer Verantwortung stehen. Großeltern sollen niemals die Eltern ersetzen oder Verpflichtungen fühlen. Dafür sind sie nicht auserkoren. Wenn dieser Fall eintritt, muss karmisch daran gearbeitet werden. Die Großeltern sind zu ehren und auf Händen zu tragen, bis der Moment des Todes sie in die Heilung begleitet. Das Gehen im Kreise der Familien, nicht der "Freunde", gibt Vertrauen und die Möglichkeit, letzte Missverständnisse aus dem Weg zu räumen, ob mental oder verbal. Gesten und Berührungen, der warme Druck einer Hand, im Arm gehalten zu werden, bevor der letzte Atemzug vollzogen wird, schaffen einen inneren Frieden, der das Loslassen unterstützt. In solchen Momenten gibt es nur die Wahrheit, und wer gelernt hat, sich zu konzentrieren, wird es schaffen, ihr zu folgen und heilsam durch den Todesmoment zu wandeln. Menschen, die im Todesmoment nicht anwesend sein können, haben immer die Möglichkeit, sieben Tage und sieben Stunden nach Eintritt des Todes alles zu vollziehen, was sie versäumten. Dafür braucht ihr keine fremde Hilfe. Wir sind da, der smaragdgrüne Strahl unter meiner Führung und in der Zusammenarbeit mit Erzengel Raphael hilft euch, die Wahrheit zu erkennen und heil zu werden. Das ist gelebte Wahrheit und Vertrauen in den Plan. Wir sind da, fordert unsere Hilfe an.

Nada

Lenkerin des sechsten, des rubinroten Strahles

Der Brennpunkt des rubinroten Strahles des Friedens, der bedingungslosen Liebe, der geistigen Heilung, der Manifestation und des Loslassens ist der Solarplexus eines jeden Wesens. Der Solarplexus ist in vielerlei Hinsicht eine wichtige Ebene des Lebewesens. Dieser Bereich steuert wichtige Organe und ihre Energie, damit auch der physische Loslassprozess erhalten bleibt. Als Zentrum der positiven Macht verleiht er euch den Zugang zu einer Liebe, die wohlwollend und dennoch fordernd sein darf. Alles besteht aus Geben und Nehmen, und so muss auch hier der Energieausgleich gewährleistet sein. Diese positive Macht des Solarplexus verleiht dem Wesen auch die mütterliche Kraft, alle zu tragen und zu nähren, zu schützen und in grenzenloser Liebe anzunehmen. So möchte aber auch jedes Wesen in gleicher Art und Weise angenommen sein. Es legt großen Wert auf Neutralität und Bedingungslosigkeit. Der Strahl hilft euch beim Loslassen, denn nur was ihr loslasst, kehrt freiwillig zurück. Es geht nichts verloren, aber jedes Wesen muss seinen Weg in der Materie finden und so gehen können, dass es sich niemals eingeschränkt fühlt. Loslassen ist nicht leicht, das wissen wir aus unseren eigenen Inkarnationen, aber es zahlt sich aus. Wenn ein Wesen, ob Mensch oder Tier, weiß, dass man es in seiner Darstellungsform und selbst gewählten Lebensstruktur würdigt, wird es immer wieder zu euch zurückfinden, und es wird euch ebenso würdigen und schätzen. Loslassen heißt aber auch, ein perfekt erreichtes Ziel in seinem Ergebnis dankbar anzunehmen und dann loszulassen. Viele Menschen haben damit große Probleme, da sie unter Verlustängsten leiden. Sie möchten einen erreichten Zustand sichtbar festhalten und ständig weiter kultivieren. Perfektion, die wir speziell bei der Präzipitation am Ziel voraussetzen, ist nicht mehr steigerbar. Es geht darum, das perfekte Ergebnis anzunehmen, sich zu bedanken und dann loszulassen. Dann ist man bereit, sich neue Ziele, die Teile des Lebensplans sind, zu setzen und anzusteuern. Nur dann fällt es euch leichter, weiter auf dem Weg des Erfolgs zu wandeln. Aber loszulassen ist auch ein Thema des Todes. Wenn alles getan ist und die letzte Stunde naht, hilft euch der rubinrote Strahl, die Ebene der Materie loszulassen. Er befördert alles zu Tage, was noch zu besprechen und an Emotionen zu klären ist, und er beruhigt den Körper, der langsam spürt, dass er nicht mehr gebraucht wird. Der Strahl unterstützt alle Menschen, die andere beim Sterben begleiten möchten, um ihnen den letzten Weg ins Licht zu erleichtern. Jeder Tod hat seine Energie und seine individuelle Form des Erlebens. Je freier ein Wesen den Körper verlassen kann, umso einfacher ist der Weg zu uns. Nicht immer ist das alles gewährleistet. Deshalb stehe ich an der Schwelle des Todes auf dem Weg ins Geistige. Viele meiner Schüler und Schülerinnen bieten mir dabei ihre Hilfe an, wenn sie im Schlaf geschult werden oder wenn sie bereits auf der geistigen Ebene weilen. Es ist für sie eine großartige Schulung, und sie dürfen alle Liebe des Universums einsetzen. An dieser Schwelle des Todes habe ich die Aufgabe, absolut neutral zu sein und den ankommenden Seelenanteil zu begrüßen. Der Frieden ist dabei mein wichtigster Helfer, getragen von Erzengel Uriel, der immer an meiner Seite ist. Wir haben den Seelenanteil zu fragen, wohin er sich zu bewegen gedenkt. Es gibt zwei Wege, einmal den Weg in den Frieden und die Vergebung und einmal den Weg in den Frieden und die Vergeltung. Diese letztere Form des Friedens bietet die Gelegenheit des Ausruhens, der Gesundung und der erneuten Schulung, immer mit dem Ziel, eine Verbesserung der mentalen, emotionalen und physischen Karmaanteile zu erreichen. Nur so haben wir die Chance, doch noch Vergebung statt Vergeltung im nächsten Lebensplan anzutreffen. Der Weg des Friedens und der Vergebung sichert eine neue Schulung auf einem hohen Niveau mit späteren sehr sozialen und förderlichen Zielen und Plänen. So habe ich auf diese Art meine erste Aufgabe zu erfüllen, wenn der Körper verlassen wurde.

Das Thema der bedingungslosen Liebe liegt mir sehr am Herzen. Wir stellen immer wieder fest, dass dieser Begriff für viele Menschen zu einer Art Prädikat geworden ist. Jedes Wesen wünscht sich die bedingungslose Liebe, das steht außer Frage. Sie im realen Leben zu verkörpern, zu leben und zu fördern, ist eine große Aufgabe. Sie stellt den Menschen immer wieder auf den Prüfstand des Egos. Da das Ego auf unterschiedlichen Ebenen aufgebaut ist, die alle mit entsprechenden Energiestrahlen bestückt sind, hat es dementsprechend auch seine eigene Vorstellung von der bedingungslosen Liebe. Diese müssen andere nicht mit ihm teilen, und dennoch scheint sie für alle auf dem gleichen Fundament aufgebaut zu sein. Jedes Individuum empfindet sie anders und bringt sie anders zum Ausdruck. Diese Form der Liebe ist keine Emotion und kein Gefühl, denn sie ist ein Schöpfungsanteil am universellen Frieden. Jedes Wesen wird mit diesem energetischen Ansatz ausgestattet, wenn es sich zur Inkarnation entscheidet. Die emotionale und die gefühlsbetonte

Liebe entspringen dem Lebensplan, karmischen Strukturen und persönlichen Zielen, gesteuert durch die Herzensebene. Auch diese Aspekte sind lebenswichtig und wiederum von der Struktur des Egos abhängig. Es ist wichtig, dass ihr den Unterschied erkennt. Viele Menschen werden früher oder später mit dem Begriff der bedingungslosen Liebe konfrontiert und entwickeln ihre Vorstellung von dieser alles heilenden Liebe. In der Regel wird sie jedoch mit der emotionalen und der gefühlsbetonten Liebe verwechselt. Die bedingungslose Liebe ist in der Lage, sich über die egoischen Liebesformen hinwegzusetzen. Es ist die Liebe, die wir im Geistigen nur noch kennen. Wir geben sie euch mit, denn nur sie ist in der Lage, ein gekränktes Herz zu beruhigen oder eine transformierte Emotion in einem guten Gefühl zu halten. Sie baut die Brücke in die Energie des rosafarbenen Strahls der aktiven Intelligenz, damit die Liebe eine neue Ebene des Seins erschaffen kann. Diese Liebe übersteht alles. Sie gewährt dem Wesen emotionale Zusammenbrüche, wenn sie karmisch geschehen müssen, aber sie hilft ihm auch, diese Emotionen zu transformieren in liebevolle und neutrale Gefühle. Die bedingungslose Liebe ist wie ein Katalysator. Sie ist einfach da und bietet ihre Energie an. Wer sich ihrer bedienen will, muss vieles leisten, denn er muss bereit sein, zu vergeben, zu verzeihen und jedes Wesen so anzunehmen, wie es ist. Sie ist die Eintrittskarte in einen kollektiven Frieden zwischen Menschen und Tieren. Wer sie bittet, sein Leben zu bereichern, wird von ihr geprüft. Emotionen und daraus entstehende Gefühle sind ganz normal, sonst wäre kein Wesen mehr inkarniert. Die bedingungslose Liebe prüft, ob der Anwärter willens ist, sich über all das hinwegzusetzen, wenn die Stolpersteine auftauchen, alles konstruktiv zu bearbeiten und dennoch das Ziel im Sinne des kollektiven Friedens im Auge zu behalten. Das ist eine gewaltige Gratwanderung. Sie erwartet nicht, dass ein Mensch sich unterordnet und seine Gefühle versteckt. Sie trennt zwischen Geist und Materie, und so stellt sie Menschen, Tiere und die gesamte Natur auf die gleiche Stufe.

Mit dieser Liebe statten wir jeden Seelenanteil aus, der sich an einer Zeugung beteiligt. Dieser Anteil erkennt seine Eltern mit sämtlichen Emotionen und Gefühlen an, denn er weiß, was ihn erwartet. Während der Zeugung können sehr negative Emotionen ihren Lauf nehmen. Diese könnten in der Lage sein, den Anteil zurückschrecken zu lassen. Die bedingungslose Liebe jedoch zeigt dem Anteil, dass dies durchaus eine karmische Struktur und Aufgabe ist. Sie gleicht sofort die Bedenken aus und erzeugt den Mut und die Herzenswärme, sich trotzdem an dieser Zeugung zu beteiligen. Dadurch tritt ein Frieden ein, der diesem jetzt entstehenden Menschen die Kraft gibt, seine eigene Präzipitation des Lebens zu beginnen. Man kann auch sagen, die bedingungslose Liebe erzeugt immer wieder das Urvertrauen in die göttliche Liebe, die alles versteht und verzeiht. Jedes Wesen trägt sie als Teil der eigenen Schöpfungsenergie in sich. Deshalb sollte sie niemals mit der Liebe des Herzens, die den emotionalen Lebensprozess steuert, verwechselt werden. Sie ist auch nicht erlernbar und man kann sie nicht übertragen, denn sie ist vorhanden wie die Luft zum Atmen. Ich bin die Botschafterin dieser Liebe, und deshalb respektiere ich auch einen zu uns zurückkommenden Seelenanteil, der den Wunsch der Vergeltung in sich trägt. Die bedingungslose Liebe wird alles daransetzen, ihn in der geistigen Schulung in eine positive Erkenntnis zu begleiten. Sie wird niemals versuchen zu überzeugen, denn das wäre Manipulation. Meine Schüler und Schülerinnen werden auch in der geistigen Schulung während ihrer Inkarnation damit konfrontiert. Sie verstehen, dass die bedingungslose Liebe ein Aspekt der geistigen Heilung ist. Jesus hat sie verkörpert, indem er jedes Wesen so annahm, wie es war, auch mit allen emotionalen und gefühlsmäßigen Anteilen. Deshalb sagte er immer wieder: "Heilen kannst du dich nur selbst." Durch die bedingungslose Liebe kann sich ein Wesen selbst annehmen, wie es ist, denn es weiß, dass es seine irdischen Emotionen braucht, um vieles aufzuarbeiten und loszulassen, damit daraus eine neue Gefühlswelt entstehen kann. Etwas in ihm weiß, dass es eine Ebene gibt, nämlich die der geistigen Führung, die es immer versteht und bedingungslos liebt.

Dieses Band der bedingungslosen Liebe verfestigt sich auch im Moment der Zeugung zwischen Mutter und Kind. Die Mutter ist der erste Mensch, dem das Kind vertrauen muss, denn sie hält sein Leben in der Hand. Gleich, wie sich die Zeugung vollzog, ob in harmonischer Liebe oder durch extreme Gewalt, das Kind, das entsteht, weiß, dass seine Mutter durchaus in der Lage sein kann, es bedingungslos zu lieben, wenn alle Hindernisse aus dem Weg geräumt sind. Diese Liebe beruht allerdings auf Gegenseitigkeit, und sie verlangt von allen sehr viel. Der Vater legt das gleiche Band der Liebe zu dem Kind, indem er ihm den Mut, die Kraft und das Selbstvertrauen vermittelt. So entsteht ein energetisches Dreieck im Sinne der Schöpfungsenergie, das alle dazu berechtigt, weise und unter Einsatz uralten Wissens gemeinsam durch dieses Leben zu gehen. So ist alles getan, um Karma zu bearbeiten, eine harmonische Familie zu werden und füreinander da zu sein, bis die Zeit das Abschiednehmen im Sinne des Plans unumgänglich macht.

So kann man sich vorstellen, mit welcher Liebe ein Seelenanteil seine Zeugung miterlebt. Er überblickt Geist und Materie und steht über den Dingen. Während der Schwangerschaft bin ich jederzeit bereit, den Anteil zu schulen, damit der Frieden sein größter Herzenswunsch werden darf, aber nicht werden muss. Alles baut auf den Erfahrungen aus früheren Leben auf, und so kann es sein, dass sich der Frieden erst im fortschreitenden Alter entfalten und manifestieren kann. Deshalb stehe ich immer zur Verfügung, wenn dieses Thema im Leben in den Vordergrund rückt.

Während der Schwangerschaft ist es die Aufgabe der werdenden Mutter, für Frieden und Wärme zu sorgen. Der gesunde und ausreichende Schlaf ist unabdingbar, damit das Kind die ausgedehnte geistige Schulung weiterhin durchlaufen kann. Jede Hektik und ungesunde Lebensweise baut Hürden auf, die wir nehmen müssen. Nervosität und schmerzhafte Momente setzen dem Kind zu, obwohl es durchaus weiß, dass es sich hier um karmische Strukturen handelt. Ich muss mich oft bemühen, einen ausgleichenden Frieden aufzubauen, damit das Kind im Gleichgewicht bleibt. Der gelebte Frieden ist die Basis für eine gelassene und umfangreiche geistige Schulung. Das Kind existiert auf zwei Ebenen. Die geistige Ebene ist noch sein Zuhause. Erst vier bis sechs Wochen vor der Geburt löst es sich intensiver, um am täglichen Alltagsleben der Familie teilzunehmen. Dann sind die wichtigen Schulungen abgeschlossen, der Plan ist zu einem beträchtlichen Teil aufgestellt. Er lässt immer noch kleine Änderungen zu, aber der vor der Geburt stehende Mensch ist selbstbewusst und im vollen Bewusstsein der bevorstehenden Zeit des Lebens. Alle wissen, bald kommt die Zeit des Loslassens. Das Kind geht in eine andere Form der Kommunikation mit der Mutter. Es zeigt ihr durchaus Grenzen auf, wenn es spürt, dass sie es zwar noch trägt, aber dass es auch langsam zur Last wird. Ein werdender Mensch hat bis zur ersten Wehe das Recht auf Ruhe, Gelassenheit und höchste Akzeptanz. Hier kommt wieder die bedingungslose Liebe zum Einsatz. Eine achtsame Mutter kann genau spüren, was dem Kind guttut. Es gibt ihr Ratschläge, wie sie sich verhalten soll, auch wie sie sich ernähren und pflegen soll. Bittet hier den rubinroten Strahl um Impulse. Das Kind verfügt wie die Mutter über eine positive Macht. Es empfindet sich als gleichberechtigt und im gewissen Sinne weisungsbefugt, denn es geht um sein Leben.

Wenn dann alles getan ist, wenn sich das Kind von allen im Geistigen verabschiedet hat und seine Selbstsicherheit stabil ist, lässt es los und geht den Weg in die Geburt. Es wird grundsätzlich von der Energie der geistigen Heilung begleitet. Diese Energie lässt es alles überstehen, auch wenn Mutter und Kind einen schweren Weg vor sich haben. Die Geburt ist für die geistige Führung immer eine äußerst anstrengende Phase. Sie konzentriert sich ausschließlich auf das Gleichgewicht, um die Verbindung in der bedingungslosen Liebe zu halten. Erst wenn das Kind die Mutter verlässt, wenn der Moment des Loslassens gekommen ist, zieht sich die Führung zurück. Die irdische Geburt wurde vollzogen, das Kind geht seinen Weg wie von den anderen Meistern besprochen und der Frieden zu zweit tritt ein. Eine kleine Manifestation hat stattgefunden, denn der Mensch ist in Erscheinung getreten und beginnt, "selbst-bewusst" zu leben.

Ruhe, Frieden, Wärme und gedämpftes Licht sind nun die besten Voraussetzungen, um ins Leben zu starten. Das Kind braucht seine Zeit, um anzukommen und andere Begegnungen zuzulassen. Jede Mutter sollte dies erfühlen können. Diese Kraft geht vom Solarplexus aus. Das Bemuttern und Beschützen ist ihr angeboren, bei Mensch und Tier. So kann der kleine Mensch sich geruhsam entfalten und langsam den Weg in die Familie antreten. Sein Zugang zur bedingungslosen Liebe ist noch frei und ungestört. Dennoch zeigt das kleinste Wesen bereits Emotionen, die karmisch aktiviert werden müssen, um sich in gute Gefühle zu verwandeln. Deshalb kann ein Kind auch immer wieder verzeihen und neues Vertrauen entwickeln, vor allem in die Mutter. Erst wenn es größer wird und lernt, dass man es vielleicht bewusst verletzt oder ihm Böses antut, wird es sich verschließen und sich wehren. Das ist der gesunde Selbstschutz, der ihm aber immer wieder die Chance gibt, Frieden zu schließen. Jeder Mensch und jedes Tier muss auch die gesunde Selbstliebe aufbauen. Dabei hilft ihm der rubinrote Strahl. Es liegt immer in der Verantwortung der Eltern und der älteren Geschwister, ein Kind, das neu in die Familie kommt, als gleichberechtigt zu achten und mit ihm den Frieden aufzubauen. Auch das Loslassen soll schon früh geübt werden. Es gibt keine Verbindungen ohne Streit und Emotionen, denn das ist die Materie, aber alle, die bereits länger auf der Erde weilen, haben die Verpflichtung, dem Kind dabei zu helfen, im Frieden stabil zu werden. Wenn das Kind benutzt wird, um Ziele zu erreichen oder andere zu demütigen, lernt es keinen Frieden kennen. Im Gegenteil, es sieht sich als Fremdkörper und durchaus als Zankapfel. Gleich, was ihr als Erwachsene miteinander auszutragen habt, lasst die Kinder in ihrem Frieden. Verschont sie mit euren Emotionen. Sie bringen ihre eigenen mit, die sich beizeiten von selbst entfalten. Jedes Kind soll friedvoll mit Tieren aufwachsen. Sie sind seine besten Begleiter, denn Tiere leben mit ihm den Frieden. Sie sind weder nachtragend noch neidisch oder berechnend. Tiere lieben die Kinder, sie öffnen ihr Herz und trösten, wenn es sein muss. Wer so erwachsen wird, setzt sich lebenslang für Tiere und ihren Schutz ein.

Eine intakte Familienstruktur ist der beste Nährboden für den gelebten Frieden und die Heilung aller Verletzungen. Geschwister müssen das Teilen und das Verzichten lernen, wenn ein Kind in die Familie kommt. Dies geschieht auch im Falle von Adoptionen und Pflegekindern. Auch sie stellen hohe Anforderungen an alle. Eine Familie kann karmisch gesehen für ein Kind der erste Kriegsschauplatz sein. Es muss lernen, sich zu wehren und für seine Bedürfnisse einzustehen, und das ist ganz normal. Der rubinrote Strahl hilft allen dabei loszulassen, wenn alles geklärt ist, und die Friedenspfeife zu rauchen. Jedes Wesen kennt diese Prozeduren.

Der kleine Mensch entwickelt sich und hat eine sehr gute Beobachtungsgabe. Selbst wenn er sich noch nicht so gut ausdrücken kann, denkt und fühlt er, um dann in Handlungen zu gehen. Die Sprache der Gesten ist deshalb so wichtig, denn so werden Freude, Ablehnung, Schmerz und Bedürfnisse ausgedrückt. Für die Mutter entsteht hier wieder eine große Aufgabe im Sinne des Friedens. Wenn sie sich dem Kind so nahe fühlt, gibt sie ihm die Sicherheit, es immer in die Heilung zu begleiten. Das schafft Urvertrauen und Dankbarkeit, die sich später auszahlt, wenn die Mutter zum Kind wird. Der Vater steht auch hier wieder im Zentrum der positiven Macht als Beschützer und Vertrauter, damit die Sicherheit vor Verletzungen und Angriffen gewährleistet ist, immer getragen von liebevollen, wenn auch manchmal tadelnden Worten. Selbst wenn der Tadel erfolgen muss, sollte ein liebevolles Lächeln den Vorgang abrunden, damit das Kind spürt, mein Vater liebt mich mit all meinen Fehlern. Durch sein Wachstum lernt des Kind, mit fremden Menschen und Tieren umzugehen. Sein Zugang zur bedingungslosen Liebe ist ungestört, und so kann es schnell Frieden schließen. Es nimmt jedes Wesen an, wie es ist. Es unterscheidet nicht zwischen Menschen anderer Herkunft, denn alle erhalten seine Herzenswärme. So lernt es auch spielerisch die Sprache dieser Kinder, ohne darüber nachzudenken, dass es sich so gleichzeitig mit deren Kultur auseinandersetzt. Hautfarben und Religionen spielen keine Rolle, denn es liebt alle und jeden. Durch die Kinder könnt ihr euch beweisen, dass alle später auftauchenden Vorurteile und Verhaltensmuster karmisch bedingt und Ansätze des Unfriedens sind. Deshalb sind kleine Kinder die besten karmischen Lehrer. Jesus sagte schon: "Wenn ihr nicht werdet wie die Kinder, werdet ihr nicht ins Himmelreich eingehen." Die Kinder sind unbefangen, tolerant, neugierig und sie lieben bedingungslos, bis sie umerzogen und beeinflusst werden. Wenn sie mit Informationen des Hasses und der Vernichtung konfrontiert werden, beginnt sich die Welt für sie zu verändern und der Frieden ist gefährdet. Deshalb ist es unser aller Wunsch, dass ihr die Kinder auf jede Art und Weise dabei unterstützt, für den Frieden zu kämpfen. Sie sind die besten Botschafter der Liebe. Schickt sie mit unser aller Hilfe in einen friedvollen Kampf für den Weltfrieden. Sie sind geschützt, denn kein Erwachsener kann ihre Wünsche ablehnen. Lasst sie im Sinne des Friedens Fragen stellen und argumentieren - und ihr werdet überrascht sein. Ich bin mit allen anderen Meistern an ihrer Seite. Kuthumi wird sie mit der Anwesenheit der Tiere unterstützen. Nutzt die vielen Kirchen auf der ganzen Welt im positiven Sinne. Versammelt dort die Kinder und die Tiere, um den Frieden einzufordern, dafür zu beten, zu singen und zu tanzen. Das wäre unser Wunsch. Ein Kind, das so etwas erlebt, wird sein ganzes Leben lang daran denken und davon zehren.

Der Kindergarten und die Schule, später das Studium und das Erlernen eines Berufs stellen immer wieder kleine Präzipitationen in den Raum, die vom Frieden begleitet in ein perfektes Ergebnis führen sollen. Der rubinrote Strahl hilft dann bei der Manifestation des perfekten Ergebnisses, nachdem alles nochmals geprüft und eventuell verfeinert wurde. Hier geht es oftmals um die gesunde Selbstliebe, damit man bereit ist, für sich und seine Ziele zu kämpfen. Ich überprüfe mit jedem Wesen seine Ergebnisse, bevor wir sie manifestieren und dann loslassen. Je eher ihr damit beginnt, mit einem jungen Menschen gezielt zu präzipitieren, umso umsichtiger geht er mit sich und seinem Ziel um.

Um das Zusammenleben und -arbeiten mit allen Wesen der Erde im Frieden und loslassend zu vollziehen, steht euch der rubinrote Strahl immer zur Verfügung. Jeder Streit und jedes Missverständnis haben ihre Gründe und Berechtigung. Dennoch soll alles im Frieden enden und sich auflösen. Alle persönlichen Begegnungen des Lebens sind im Plan festgelegt. Dabei geht es nicht nur um die direkte Familie, sondern auch um die Anverwandten, Freunde, alle Wesen im Arbeitsbereich, aber auch um die kurzen Treffen von Wesen - und seien es nur Momentaufnahmen in eurem Leben. Eine Reise mit dem Zug oder dem Flugzeug kann eine temporäre Begegnung vorsehen, die, wenn richtig wahrgenommen, große Erkenntnisse oder Veränderungen mit sich bringen kann. So ist es äußerst wichtig, dass ihr immer ein Auge auf eure Begegnungen habt, um diese friedlich und fruchtbar umzusetzen. Es sind vielleicht kleine Details eures Lebensplans, aber sie sind wichtige Puzzlestücke.

Umzüge, die Erforschung neuer Lebensbereiche, aber auch Katastrophen, Unfälle, Krankheiten und der Tod verändern eure Beziehungen zu allen Wesen. Kein Leben verläuft ohne Hindernisse und Zwischenfälle. Ihr trefft auf Menschen, die wichtige Elemente eures Plans sind und mit denen ihr eure Zukunft neu gestalten müsst. Allen voran sind dies die Partner und Partnerinnen, die Teile eures Lebens im Sinne des Plans werden müssen. Wenn sie euch nur eine Zeit lang begleiten sollen, gilt es auch hier wieder, Abschied zu nehmen, wenn die Zeit vorbei ist. Die Lebensuhr bleibt niemals stehen, denn sie ist der Antrieb eures Denkens, Fühlens und Handelns. So ist jeder Abschied auch ein Neubeginn, und dieser kann sich nur sinnvoll zeigen, wenn ihr alles im Frieden klar beendet und losgelassen habt. Ihr könnt keine neue Beziehung korrekt aufbauen, wenn ihr eine beendete Beziehung nicht klar und deutlich abgeschlossen habt. Ansonsten existieren immer noch verborgene Ansprüche oder falsche Hoffnungen, die die Zukunft aller schwierig gestalten, manchmal sogar in Gefahr bringen. Hier kommt wieder die bedingungslose Liebe ins Spiel, die über den Dingen steht. Bittet dann den rubinroten Strahl um Hilfe, wenn ihr das Gefühl habt, nicht korrekt vorgehen zu können. Dafür kann es viele Gründe geben.

Da schwingen Schuldgefühle mit, aber auch Hass und Eifersucht. Es hat keinen Sinn, zu flüchten und die Augen wohlwollend zu verschließen. Was aus den Augen verschwindet, kann sich durchaus im Sinn manifestieren. Und manifestieren soll sich immer nur das, was Sinn macht. Solange ihr wisst, ihr habt eine Beziehung, durchaus auch beruflich, nicht korrekt im Frieden losgelassen, und dies mit allen erforderlichen Details, seid ihr nicht frei. Manchmal lässt es sich trotzdem recht gut damit leben, das sehen wir allzu oft, aber es sammelt sich auf dem Karmakonto. Irgendwann kommt die Zeit, in der ihr dazu stehen müsst. Unvollendete Trennungen werden dann im nächsten Leben zu einem Auftrag, der aus einem Sammelsurium von Emotionen und verhärteten Mustern besteht. Jede Beziehung, gleich welchen Zweck sie erfüllt, ist eine Präzipitation des Lebens. Ich stehe für die Perfektion ein, wenn das Ziel erreicht ist. Bittet mich um Hilfe, wenn ihr zwar eine Trennung vollzogen, sie aber nicht richtig in die Perfektion gebracht habt. Daran gilt es, hart zu arbeiten, damit wir sagen können, ihr habt losgelassen. Kreieren wir ein berufliches Beispiel:

Ein Mann hat jahrelang in einem Unternehmen mehr oder weniger erfolgreich gearbeitet. Nach langem Überlegen entschließt er sich zur Kündigung, um ein gutes Angebot im Ausland anzunehmen. Sein Verhältnis zum Arbeitgeber ist gut, man versteht sich und er genoss auch das Vertrauen seines Chefs. Das Kündigungsgespräch kommt für diesen unverhofft und löst Trauer und Unverständnis aus. Unseren Mann macht das sichtlich betroffen und er spürt die Emotionen, die ihn vielleicht auch als undankbar erscheinen lassen. Er hat noch einige Wochen zu arbeiten, und in dieser Zeit kommen viele Gedanken und Emotionen an die Oberfläche, die auch durchaus Zweifel freisetzen, ob es die richtige Entscheidung war. Im Sinne der Präzipitation ist es nun wichtig, am Ball zu bleiben, vielleicht mit dem Chef noch klärende Gespräche zu führen, aber sich auch auf das Loslassen vorzubereiten, damit ein korrekter Abschluss vollzogen werden kann. Nur dann kann die neue Aufgabe perfekt in Angriff genommen werden. In den letzten Arbeitstagen erkennt unser Mann, wie wichtig er doch war in diesem Unternehmen und wie einige der Mitarbeiter und der Chef unter der Kündigung leiden. So erklärt er sich bereit, hin und wieder einzuspringen oder auch noch eine Zeit lang erreichbar zu sein für auftauchende Fragen oder Probleme. Wenn er Pech hat, wird man das auch umsetzen. Dann wird der Zeitpunkt kommen, in dem er sich selbst dafür verurteilt. Er wird dann dazu gezwungen sein, einen klaren Schlussstrich zu ziehen, und dieser kann für ihn und alle anderen deutlich schmerzhafter sein. Erst dann kann der Frieden eintreten und er kann loslassen. Genauso ist es mit Partnerschaften, Ehen und dem Loslassen von Besitz. Solange ihr nicht korrekt im Frieden Abschied nehmt, werden euch die Umstände begleiten und beschäftigen. Alles findet irgendwann ein Ende, jede Präzipitation ist vollendet und muss abgeschlossen werden, und sei es durch den Tod. In diesem Sinne ist es wichtig, ein Kind von klein auf darauf vorzubereiten, nicht, es so zu erziehen. Es darf lernen, korrekt zu planen, vorzugehen und im Sinne seiner Selbstliebe und der bedingungslosen Liebe loszulassen. Wir wissen, dass viele Menschen, die so ihr Leben gestalten, nicht immer die kollektive Zustimmung ernten. Sie erscheinen als selbstsüchtig, lieblos und hart. Dem ist nicht so. Sie sind verantwortungsvoll und korrekt, und das ist ein Teil geistiger Heilung. Hier schließe ich mich Hilarion an, der die Konzentration vor die Wahrheit stellt, damit sich die Heilung vollziehen kann. Ein junger Mensch, der so aufwächst und sich an seiner Familie ein Beispiel nehmen kann, ist gewappnet für alle Stürme des Lebens. Er entwickelt ein klares und zielgerichtetes Gewissen, das ihm immer wieder die Richtung weist. So setzt sich ein Kreislauf in Gang, der nicht endet, denn er motiviert andere Menschen, es ihm gleichzutun, und er wird selbst seine eigenen Nachkommen im Kreislauf des Lebens und des Friedens begleiten.

Kommen wir zum Thema des "Streitens". Das "Miss-Verständnis" ist das Fundament des Streits, des Kriegs und jeder negativen Auseinandersetzung. Es beginnt schon früh unter Geschwistern, und es endet nicht selten im Todesmoment durch ein Nicht-mehr-beachtet-Werden. Einsamkeit und Emotionen wie Ohnmacht und Hilflosigkeit erzeugen schlimme Gedanken und nicht zuletzt unüberlegte Handlungen. Wenn man die Worte, Gesten und Handlungen anderer Wesen nicht mehr versteht, setzt man sich mit dieser Persönlichkeit auseinander. Das ist vollkommen korrekt, und es muss auch sein. Die Frage ist jedoch, ob es dabei zu einer friedlichen Lösung kommt. Jedes Kind beobachtet seine Eltern und Geschwister. Es erkennt sehr schnell Disharmonien zwischen den Menschen. Deshalb ist es sehr wichtig, mit gutem Beispiel voranzugehen, damit ein Mensch von klein auf lernt, mit dem Missverstehen anderer richtig umzugehen. Zeigt ihm, dass jeder Streit eine Ursache im Verhalten der Menschen hat. Das Kind muss lernen, sich sofort zu äußern, wenn es sich verletzt, hintergangen oder beleidigt fühlt. So schafft man Klarheit und es bauen sich keine unnötigen Distanzen auf. Je ruhiger und friedlicher man auf die Dinge zugeht, umso schneller sind sie aus der Welt geschafft. Frieden kann immer erst dann entstehen, wenn alle Hindernisse beseitigt sind, auch mentale und emotionale. Dafür braucht ihr Mut und Selbstliebe, damit sich eure Verletzungen nicht weiter ausdehnen können. Hier hilft euch wieder die bedingungslose Liebe, indem sie euch zeigt, dass eine Disharmonie besteht. Mit unserer Hilfe, der Hilfe aller Meister und Meisterinnen mit ihren Energien, könnt ihr konstruktiv mit allem umgehen. Sich zu streiten, bringt keinen Erfolg. Zu diskutieren, sich zu äußern, zuzuhören und anderen die Chance zu geben, sich zu korrigieren und um Verzeihung zu bitten, ist eine Geste des Friedens. Auch hier sind es oft karmische Strukturen, die zu Tage treten und die Fronten verhärten. Gerade dann ist es wichtig, in die alten Leben hineinzublicken, damit man alles in Ruhe verstehen und transformieren kann. Dann seid ihr auch viel eher in der Lage zu verzeihen, weil ihr unter Umständen euch selbst als Verursacher der heutigen Probleme erkannt habt. Der rubinrote Strahl hilft euch nicht bei der Transformation, sondern er gibt euch zunächst die Ruhe und den inneren Frieden, um in die Stille zu gehen und den Wunsch nach Frieden mit allen Wesen aufzubauen. Wenn dann alles getan ist, manifestiert der Strahl den inneren und äußeren Frieden im Miteinander, um loszulassen. Auf diese Art kann sich ein Menschenleben deutlich gelassener gestalten. Im Grunde genommen geht es auch hier um die geistige Heilung, einen großen Aspekt des rubinroten Strahls.

Je älter ein Wesen wird, umso intensiver zeigt sich dieser Aspekt. Es geht um die Heilung des Geistes und mit dem Geist. Im Erwachsenenalter durchlebt ein Mensch seine Belastungen anders als im Kindesalter. Ein Kind sieht seine Probleme, Verletzungen und Hürden in jeder Situation als das größte Dilemma. Es weiß aber auch, dass es sich auf seine Familie, Lehrer und andere Helfer verlassen kann. Immer ist jemand zur Stelle, um mit ihm den heilsamen Weg zu gehen, allen voran die Mutter. Eine gute Mutter hört zu und wird im besten Fall zur wahren Freundin. Ein guter Vater schützt und stellt sich vor seine Kinder. Die älteren Geschwister üben Nachsicht und ziehen das Kleine mit. Dann aber kommt die Lebensphase des Erwachsenwerdens. Wenn ein junger Mensch lernen muss, dass er jetzt selbst für alles geradestehen muss, dass seine Unterschrift Folgen haben kann, tritt er seine Reise in die Selbstverantwortung an. Sie führt ihn in die Selbsterkenntnis mit vielen Aufwachmomenten. Der

Geist eines Wesens ist frei, nicht gebunden an das Ego und seine Ebenen. So wie die Seele kann auch er nicht krank werden. Die Seele und der Geist sind geistige Ebenen, direkt mit dem Licht und der Führung verbunden. Die Seele entsendet einen Anteil in die Inkarnation und führt ihn während der ganzen Lebensphase. Der Geist ist die übergeordnete Institution, die höchste Stufe der Freiheit im Universum. Er ist der Mittler zwischen der Seele und den höchsten Formen des Lichts als reine, pure Energie, die nur das Lichtvolle, auch die bedingungslose Liebe in sich trägt. Dort ist ihre Quelle, die niemals versiegt. So ist der Geist immer in der Lage, alles zu heilen, was ein Wesen als heilungswürdig erkennt. Der rubinrote Strahl versorgt euch mit dieser heilenden Energie des Geistes, wenn ihr es zulassen könnt. Diese Energie steht nicht nur ausgewählten Menschen zur Verfügung, die sich dafür auszeichnen. Das ist ein großer Irrtum. Menschen, die den rubinroten Seelenstrahl gewählt haben oder eine Ebene ihrer Persönlichkeit damit ausgestattet haben, zeigen zwar klare Aspekte des Strahls in ihrem Dasein, aber der Strahl bevorzugt niemanden, denn die heilende Kraft des Geistes steht Mensch und Tier, der ganzen Natur ständig zur Verfügung. Wer ihn als Instrument einer geistigen Macht betrachtet, hat sofort verloren. Die heilende Kraft des Geistes will euch durch das Leben begleiten, damit ihr bis zum Moment des Todes in der Lage seid, euch zu heilen. Die geistige Heilung kann den Verfall des Körpers nicht aufhalten. Sie kann auch keine Krankheit verhindern. Jeder Körper trägt ein karmisches Programm in sich, das auch Krankheiten beinhalten kann. Die niederen Körper eines jeden Wesens sind die Speicher des Karmas, ob mental, emotional oder physisch. Dort entfalten sich auch die entsprechenden krankmachenden Elemente, damit das Wesen wächst, lernt und transformiert. Sehr oft werden kranke Menschen zu bestimmten Ärzten oder Helfern gelenkt, die eine karmische

Verpflichtung ihnen gegenüber haben, damit es zur Heilung kommen kann. Immer fließt dabei eine geistige Energie, ob man es spürt oder nicht. Sobald die richtigen Komponenten zusammengeführt wurden, fließt Energie. Das kann auch nur ein tiefgehendes Gespräch sein, eine sanfte Berührung oder einfach die Gegenwart eines Wesens. Jesus hat dies in seiner Inkarnation vorgelebt. Wenn er sich unter die Menschen mischte, verbreitete er die heilsame Energie. Aber nur der, der wirklich heil werden wollte, erfuhr auch die Heilung. Das ist geistige Heilung im Sinne der bedingungslosen Liebe. Sie stellt keine Bedingungen, sondern sie gibt dem Wesen die Chance, alle krankmachenden Elemente selbst zu erkennen und zu transformieren. Das höhere Selbst oder auch die Seele steuert diese Vorgänge und lässt die Energie fließen. Deshalb hat jedes Wesen den Zugang zur geistigen Heilung. Es mag Menschen geben, die sich damit schwertun, den Zugang zu finden. Dennoch können sie es nicht lernen, sondern nur erfahren. Wer es wirklich will, strengt sich an und hört vielleicht einem vermeintlichen Lehrer zu. Das mag durchaus ein guter Weg sein. Trotz allem ist es immer der gleiche Weg zur Heilung des Geistes und durch den Geist. Ein Wesen muss bereit sein, sich mental, emotional und physisch zu klären. Das ist ein großer Auftrag, der euch alle begleitet. Jedem steht dieser Weg offen. Wer bereit ist, hart an sich zu arbeiten, alle karmischen Muster zu transformieren, wer sein spirituelles Gehirn nutzen, das emotionale Herz entdecken und den präexistenziellen Körper entfalten möchte, muss die niederen Ebenen des Egos klären. Der rubinrote Strahl hilft jedem Wesen dabei, diesen Weg zu gehen, damit das Wesen erfährt, dass es selbst der Meister seiner Heilung durch den Geist ist. Der Strahl gibt ihm die Sicherheit und das “Selbst-Bewusstsein”, dass die Existenz ewig ist. Die Form, die gewählt wird, hängt vom geistigen Wachstum ab und wandelt so immer wieder in der Materie, bis ein geistiger Aufstieg möglich wird. Der Geist ist stets bereit, dem Wesen dabei die Hand zu reichen. Er heilt auf allen Ebenen. Das hat nichts mit Krankheiten zu tun, die karmisch gelagert sind oder durch den Alterungsprozess der Organe eintreten, die letztlich auch zum Tode führen. Wenn ein Wesen erkannt hat, dass es unheilbar krank ist, hat es immer noch die Möglichkeit, geistig intensiv zu wachsen und zu heilen, bis der Moment des Todes kommt. Vieles ist möglich, bis man sich verabschieden muss. Das ewige Leben gibt es nicht in der Materie, sondern nur im Geiste. Durch die Energie des rubinroten Strahls lernt der Mensch, Geist und Materie zu unterscheiden. Je älter ein Wesen wird, umso bewusster erlebt es diesen Unterschied. Wenn ein Mensch alt und müde wird, sehnt er sich nach Frieden und ist auch bereit loszulassen. Dieses Loslassen kann sehr einfach sein, wenn man alles getan hat, um mit allem und jedem im Frieden zu sein. In jungen Jahren will ein Mensch von all dem nichts wissen. Er sprüht vor Energie und Lebensfreude. Es gibt vieles zu erreichen und zu lernen. Da denkt man nicht ans Alter und den Tod. Das ist ganz normal. Allerdings ist es trotzdem sinnvoll, über den Weg ins Alter nachzudenken. Dabei kann die geistige Heilung eine große Rolle spielen. Man arbeitet sich voran und sieht den Ereignissen, die das Leben bietet, vollbewusst ins Auge. Dabei spürt man, dass es eine ganz besondere Form der Heilung gibt, die nichts mit der medizinischen Heilung oder Therapien zu tun hat. Geistiges Wachstum ebnet den Weg in die geistige Heilung. Deshalb ist der frühe Beginn mit Meditation für jedes Kind von großem Vorteil. Auch das zeitige Aufarbeiten von Karma und ein gesunder Lebensstil fördern das geistige Heilen. Wenn ein Mensch dann erwachsen ist, spielt es keine Rolle, wo er sich befindet, denn er hat immer den Zugang zur geistigen Führung und zu seinem Geist, der ihm den Weg in die Heilung weist. Jedes Wesen fühlt die geistige Energie anders. Da gibt es keine Verhaltensregel. Entspannung, Meditation, einfach nur Ruhe, die Natur, das Zusammensein mit den Tieren, aber auch Glücksmomente zeigen einem Wesen, dass es etwas gibt, das immer auf sein Wohl bedacht ist. Deshalb sagen wir immer wieder, es gibt keine Form des Gebetes. Wählt eure einfachen Worte, um mit uns und eurem Geist zu sprechen. Tragt alles vor, was es zu tun gibt, damit wir in der Lage sind, euch die Impulse zu senden, die euch auf eurem Weg weiterhelfen. Kein Wesen wird hier bevorzugt. Es gibt niemanden in der Materie, der von uns besser oder heilsamer versorgt wird. Jedes Wesen geht seinen Weg in sein Wachstum. Der rubinrote Strahl ist darauf bedacht, euch immer den Weg des Friedens in die geistige Heilung zu zeigen. Ihr entscheidet selbst, wie bewusst ihr ihn alleine geht. Solange ihr dafür andere Menschen bemüht und sie euch immer wieder dahinführen sollen, seid ihr nicht wirklich selbstbewusst unterwegs. Jeder einzelne Mensch und jedes Tier hat das Recht, an geistiger Heilung teilzunehmen, um zu wachsen und sich vollständig zu transformieren. In diesem Sinne unterscheiden wir zwischen zwei Ebenen der Manifestation. Der violette Strahl bringt die Manifestation durch eine erfolgreiche Transformation. Sei es nun die bewusste Karmabearbeitung oder die gelungene Präzipitation. Immer dann, wenn ein positives Ergebnis sichtbar wird, manifestiert sich ein Erfolg. Ein Plan geht auf oder ein Produkt wird sichtbar. Dann ist es die Aufgabe des rubinroten Strahls, das Wesen in die Manifestation zu begleiten, die auf das Loslassen vorbereitet. Dieser Weg in die rubinrote Manifestation kann noch Aufgaben vorsehen oder sichtbar machen. Deshalb sprach ich bereits von der Perfektion, die nicht mehr steigerungsfähig ist. Jedes Wesen, ob Kind oder Erwachsener, hat die Aufgabe zu erkennen, ob sein erreichtes Ziel absolut zufriedenstellend und perfekt ist. Seine ganz eigene Sicht der Dinge ist hier maßgebend. Wenn Zweifel oder Ungereimtheiten auftauchen, ist es immer meine Aufgabe, das Wesen auf noch zu unternehmende Schritte aufmerksam zu machen. Das können viele wichtige Themen sein. Nur so kann ich zu gegebener Zeit die Manifestation einleiten. Jeder Kompromiss bietet den Nährboden für ein nochmaliges Betrachten des Ergebnisses, denn er ist nicht die Perfektion. Er kann nicht in die vollkommene Zufriedenheit führen und erzeugt somit immer wieder den Bedarf der Veränderung. Schließt ein Wesen zu viele Kompromisse, ist es immer wieder auf alten Baustellen unterwegs und fühlt sich überfordert. Deshalb muss der rubinrote Strahl auch hier wieder im Sinne der geistigen Heilung die wichtigen Merkmale beleuchten. Das ist nicht einfach, denn man kann sich nicht mehr durch das Leben mogeln. Was immer noch zu tun ist, mache ich deutlich und sichtbar. Auch wenn einige Zeit vergehen muss in neuen Aktivitäten, ist das durchaus gesund. Dann kommt zur rechten Zeit der gelungene Abschluss. Wenn nichts mehr getan werden muss, können wir das Ergebnis in Ruhe und Frieden manifestieren, damit man loslassen und sich auf neue Wege konzentrieren kann.

Das ist im Laufe des ganzen Lebens eine große Aufgabe, aber auch im Loslassen des Lebens. Wer im Frieden mit sich und allem ist, kann sein gelebtes Leben manifestieren. Er kann zurückblicken und erkennen, wie anstrengend und doch beglückend das Leben war. Gleich wo und wie ein Wesen lebt, es gibt immer Glücksmomente, die man sich verdient hat. Es ist unerheblich, wann der Moment des Loslassens vor der Tür steht, ob im jungen oder hohen Alter, jedes Wesen erlebt diese Momente auf seine Art und Weise. Dabei sollte man ihm liebevoll zur Seite stehen. Der Rückblick auf ein Leben ist wie das Lesen eines Tagebuches. Wenn sich ein Mensch in Ruhe auf den Tod vorbereiten kann, ist es wichtig, dass man mit ihm über das Leben spricht, auch über ungelöste Probleme, Sorgen und aufgebaute Emotionen, die noch nicht gelöst sind. Krankheiten und Behinderungen können so durch den Geist in eine Form der loslassenden Heilung führen, da der Mensch und auch das Tier erkennen, dass alles seine Zeit hat. Kinder gehen anders mit dem Loslassen um als Erwachsene. Gebt ihnen die Chance, offen mit euch zu sprechen. Sie werden Wünsche äußern, den Eltern und Geschwistern Ratschläge geben, wie ihr Leben weitergehen soll. Aber auch ein alter Mensch, der geistig und körperlich nicht mehr seine volle Leistung erzeugen kann, braucht die Hilfe beim Loslassen. Vieles könnt ihr mental und durch Berührungen freisetzen. Wenn ihr wisst, es gibt Geschwister oder Bekannte, die im Laufe des Lebens in den Hintergrund getreten sind, weil es Streit oder andere Anlässe dazu gab, geht in den Kontakt mit ihnen und versucht auf diplomatische Art und Weise, dabei zu helfen, eine letzte und durchaus transformierende Begegnung zu ermöglichen. Ihr werdet sehen, wie alle Beteiligten vom Herzen her reagieren. Vergeben, Verzeihen und die Herzenswärme werden dann durch die geistige Heilung erzeugt. Das ist bis zum letzen Atemzug möglich, auch wenn der Sterbende nicht mehr sprechen und handeln kann. Beobachtet den Blick, den Atem und die Körperhaltung. Ihr werdet sehen, wie gelöst das Wesen sich zeigt. Deshalb unterstützen der rubinrote Strahl und meine Energie so intensiv die Sterbebegleitung. Nicht jeder Mensch ist in der Lage, diese wertvolle Arbeit in tiefer Liebe zu tun. Eure feinstofflichen Ebenen müssen dazu geeignet sein. Die niederen Ebenen des Egos brauchen dafür eine ganz bestimmte Energiekonstellation, damit diese Arbeit neutral und loslassend vollzogen werden kann. Wer sich im eigenen Plan dafür entschieden hat, musste natürlich die entsprechenden Energiestrahlen auswählen. Das ist ein großer Selbstschutz und Sicherheitsfaktor. Trotzdem ist diese wertvolle Arbeit auch dann nur begrenzt machbar. Ich zeige dem Menschen exakt seine Grenzen. Wie, das muss jedes Wesen für sich selbst empfinden. Es ist nicht möglich, diese

Arbeit unbegrenzt zu tun. Ruhephasen, friedliche und freudvolle Stunden und Tage schließen sich dieser Herausforderung immer wieder an. Man kann nicht immer zur Stelle sein, da es sich hier um eine hohe Form der geistigen Heilung handelt. Der Begleitende stellt sich zur Verfügung, die Energie des rubinroten Strahls so zu lenken, dass das sterbende Wesen den Weg in den Frieden und die eigene Heilung findet. Der Helfende kann es nicht erzeugen, denn er stabilisiert die Strahlenenergie, die ich mit lenke und fördere. Wenn ein Mensch in seinem Leben viel gebetet hat, dann betet mit ihm in der Form, wie es ihm förderlich ist. So gehen wir dann gemeinsam den letzten Weg in den Frieden und ins Licht. Danach muss jeder Helfer in seine Ruhe gehen und sich regenerieren. Das ist fundamental, um neue Kraft zu schöpfen, auch für das eigene Leben.

Die Aspekte des Friedens und des Loslassens zeigen sich auch im Abschluss des Sterbeprozesses. Der Seelenanteil ist gegangen, aber er ist noch sieben Tage nach dem Todesmoment geistig anwesend. Der Körper beginnt sofort, den Weg des Verfalls zu gehen. So kann er auch zügig der Beisetzung oder dem Einäschern ausgesetzt werden. Der geistige Anteil, der jetzt absolut mit der bedingungslosen Liebe und dem reinen Geist verbunden ist, weiß, dass er auf dem Weg ins Licht ist. Ich beschrieb schon meine Aufgabe des Empfangs und der Wegweisung. Trotzdem sind es sieben Tage der zweifachen Existenz wie in der Schwangerschaft. Diese sieben Tage runden den gesamten Prozess vollkommen ab. Erst dann geht der Seelenanteil vollkommen zurück ins Geistige, um mit der geistigen Führung alles andere zu veranlassen. Das bedeutet also, dass ihr in diesen sieben Tagen immer noch die Möglichkeit habt, alles zu regeln und zu besprechen. Wir erleben oft, dass falsche Scham und unüberwindbare Emotionen in der Materie nicht das gewünschte Ergebnis bringen konnten. In diesen sieben Tagen jedoch ist alles möglich. Sie erleichtern allen Beteiligten dieses und die weiteren Leben. Manchmal ist es so, dass Kinder, Enkel und nahestehende Menschen nicht rechtzeitig da sein konnten, um sich zu verabschieden. Es gibt auch für begleitende Menschen Momente, in denen sie kurz ruhen oder etwas erledigen müssen, und genau dann stirbt der Mensch. Das ist nicht schlimm. Ihr habt sieben Tage Zeit, um loszulassen und alles zu regeln in der Energie des rubinroten Strahls. Nehmt euch die Zeit, ob am Totenbett, in der Meditation oder auch im Schlaf. Alles ist möglich, seid versichert.

Dann kommt die Zeit der Trauer, die sehr wichtig ist. Es ist die Zeit des wahren Loslassens, des Vermissens und des Sichzurechtfindens im Alleinsein. Sieben Monate sind eine gesunde Zeit der Trauer, damit die Lebensfreude zurückkommen kann. So behält man die Erinnerung im Herzen, denn sie ist das, was zurückbleiben soll. Es geht nicht darum, festzuhalten und immer wieder zu trauern. Die gesunde und harmonische Erinnerung im Frieden ist die Basis für das Weiterleben in der Materie und im Geistigen, bis es ein Wiedersehen gibt, wo und wann auch immer. Wenn ihr einem Menschen, der unendlich trauert, sehr zugetan seid, helft ihm durch friedliche Gespräche, hört ihm zu und tröstet ihn. Aber gebt ihm auch das Gefühl, dass er loslassen muss, damit das verstorbene Wesen seinen Weg gehen und sich auf neue Projekte konzentrieren kann. Das betrifft Mensch und Tier. Schön ist es immer, wenn man vor dem Sterbeprozess einen neuen Willkommensgruß mitgeben kann. Dann sind alle auf ein Wiedersehen vorbereitet und die Zeit bis dahin kann gesund und wohlwollend überbrückt werden. So kann in allen Herzen der Frieden Einkehr halten. Löst euch auch von Gegenständen der Verstorbenen, wenn ihr spürt, sie tun euch nicht besonders gut. Alles ist mit Erinnerungen bestückt und kann neue Emotionen freisetzen. Fühlt in euch hinein und lasst los. Immer dann, wenn ihr im Frieden an einen Menschen oder ein Tier denken könnt, wenn ihr im Herzen eine warme Liebe empfinden und frei und wohlüberlegt handeln könnt, existiert auf beiden Seiten der Frieden und alle haben losgelassen. Das ist ein Weg in die geistige Heilung, den ich jederzeit mit euch gehen möchte. Ein Tier an eurer Seite wird euch dabei immer hilfreich sein. Es zaubert ein Lächeln auf euer Gesicht, und es berührt euer Herz in seinem liebevollen Kern. Streichelt das Tier und genießt seine bedingungslose Liebe, das ist der Weg in den Frieden und die Freiheit. Namasté.

St. Germain

Lenker des siebten, des violetten Strahles

Der Brennpunkt des violetten Strahls der Transformation ist das Sakralchakra, das auch Milzchakra genannt wird. Jede Form der Transformation nimmt dort ihre Arbeit auf, sowohl körperlich als auch emotional und mental. Dieser Brennpunkt verdeutlicht auch das Loslassen von Belastungen. Es ist ein anderes Loslassen als bei der Arbeit mit dem rubinroten Strahl. Alles, was euch belastet und nicht mehr benötigt wird, könnt ihr mit der Hilfe des violetten Strahls loslassen. Deshalb achtet sehr genau auf die Funktion des Sakralchakras. Damit verbunden ist natürlich eine sehr aufmerksame und gute Ernährung, die durch den weißen Strahl im Wurzelchakra untermauert wird. Auch andere Formen der Transformation werden in diesem Brennpunkt gesteuert. Zunächst ist es die Sexualität im Sinne der Fortpflanzung, damit sich auch hier eine Transformation zeigen kann. Durch die Energie dieses Chakras gelingt es dem physischen Körper, die Schöpfung eines neuen Wesens einzuleiten. Deshalb muss dieser Brennpunkt sehr gut gepflegt werden. Stellt euch nun vor, ein Wesen wurde gezeugt und wird in diesem Bereich monatelang von uns mit Energie versorgt, die ihm helfen soll, zu wachsen und unbelastet zur Welt zu kommen. Die Mutter jedoch versorgt es ständig mit negativen Strahlen durch ein Handy, das sie in ihrer Hosentasche mit sich trägt. Es kommt unweigerlich zu großen Problemen für das ungeborene Leben, das sich nicht zur Wehr setzen kann. Es hat zwar die Möglichkeit, sich mental mit der Mutter in Verbindung zu setzen, aber wenn sie nicht hinhört und sich selbst die Wahrnehmungsform verweigert, hat es keine Chance. Die Belastungen können wir alleine durch die Energie des violetten Strahls nicht transformieren. Es ist ein negativer Einfluss von außen, der extreme Schäden verursachen kann. Achtet speziell auf das Sakralchakra, damit es gesund transformieren und loslassen kann.

Der violette Strahl der Transformation ist jedoch auch ein sehr wichtiger Aspekt im Sinne der Präzipitation, des Erschaffens aus der Urmaterie. Wenn viele Stufen und Themen zum Erreichen eines Ziels bewerkstelligt sind, nimmt der violette Strahl die Transformation in Angriff. Er erschafft das Produkt, das sinnvolle Ergebnis. Dabei muss er sich nach den Gegebenheiten richten, die der Mensch inszeniert hat. Ich kann mit meiner Energie keine von mir gewollten Änderungen vornehmen, denn das wäre Manipulation. Wenn ein Mensch ein Ziel verfolgt hat und der Meinung ist, dass das Ergebnis perfekt erreicht ist, vollziehen wir die letzte Stufe der Transformation und manifestieren das Ergebnis. Ob es nun tatsächlich perfekt in die Gesamtstruktur passt, darf der Strahl nicht bewerten. Der Mensch muss nun mit dem erreichten Ergebnis in die neue Situation gehen und selbst bewerten, ob all sein Tun und Handeln korrekt war. Es gibt jederzeit die Möglichkeit, erneut daran zu arbeiten und wieder ein Ergebnis zu transformieren. Erst auf der rubinroten Stufe, wie von Nada beschrieben, kommt es zur Manifestation mit dem letzten Schliff. Man sollte eine Schöpfung niemals zu früh beenden. Es können immer noch wichtige Wegweiser auftauchen, die eine erneute Transformation notwendig erscheinen lassen.

Ein wichtiger Aspekt hierbei können Karmastrukturen sein. Die Transformation karmischer Strukturen ist eine der wichtigsten Aufgaben des violetten Strahls. Karma ist so alt wie die Menschheit, und es ist immer als positiv zu sehen. Wenn die belastenden Elemente transformiert sind, entsteht eine überaus reichhaltige Essenz des Lebens, die gehaltvoller nicht sein kann. Das Wesen muss jedoch einerseits zur Transformation und andererseits zur Nutzung der Essenz bereit sein. Seht es so: Grundsätzlich müssen wir Schritt für Schritt vorangehen. Die Transformation karmischer Gegebenheiten ist absolut notwendig, um im Leben vorwärtszukommen. Es ist eine intensive und langwierige Arbeit, die wir gemeinsam anzugehen haben. Wenn wir jedoch ganz klar sehen, dass ein Mensch nach getaner Transformationsarbeit nicht dazu bereit ist, in der transformierten Form den korrekten Weg, auch in der Lebensaufgabe, zu gehen, kann diese Lebenseinstellung, woher auch immer sie kommen mag, eine definitive Transformation verhindern. Das bedeutet, dass es durchaus sein kann, dass ein Mensch unendlich viele Rückführungen und Erkenntnisprozesse durchläuft, ohne dass es tatsächlich zu einem sichtbaren Ergebnis kommt. Jede Unterstützung durch die Energie der Strahlen und ihrer Lenker fordert auch einen Lohn, und dieser wird vom Individuum im Sinne seines Plans selbst festgelegt. Jede geistige Führung muss den Schüler oder die Schülerin im Sinne des Plans führen. Das ist unser aller Verpflichtung. Die Erfüllung des Plans setzt die intensive Transformation aller behindernden Strukturen, vor allem karmischer Natur, voraus. Wird dies in Angriff genommen und lichten sich die Schleier der Vernebelung, dann ist sich das Individuum selbst verpflichtet. Das bedeutet, dass dann der Plan erfüllt werden muss. Dies wird nicht von uns, sondern vom Individuum selbst vor der Geburt bestimmt. Geht ein Mensch eben nicht den geplanten Weg, weil er sich von allem und jedem davon abhalten lässt, kann sich auch die Transformation nur bedingt zeigen. Vor allem besteht immer wieder die Gefahr, in alten Mustern zu versinken. Transformation bedeutet also auch den Fortschritt im Sinne des Plans und das Handeln zum Wohle aller. Wenn diese Themen blockiert sind, kann es im Bereich des Sakralchakras zu extremen Problemen und abstrusen Verhaltensformen und Veränderungen kommen. Die Menschheit zeigt diese Strukturen in der heutigen Zeit sehr intensiv. Alle Wesen wissen, dass wir einer neuen Zeit entgegengehen müssen. Der Druck im Sinne der Transformation wird kollektiv immer größer. Harte Arbeit ist angesagt für alle. Wenn sich die Menschen jedoch weigern, in die anstrengende Eigenarbeit zu gehen, um letztlich den Plan zu erfüllen, beginnen sie, sich selbst zu schaden. Die Auswirkungen sind sehr vielseitig. Körperliche Strukturen, die es dem Menschen schwermachen, sich selbst noch zu verdauen, bis hin zu den intensivsten sexuellen Problemen nehmen ihren Lauf. Menschen finden sich einfach in ihren Körpern nicht mehr zurecht, weil zu viele alte karmische Strukturen aufgebaut wurden. Alles kumuliert sich und kommt zum Ausbruch. Nicht zu vergessen sind die ausschweifenden sexuellen Strukturen. All das hat karmischen Ursprung und wird nicht korrekt transformiert. Es mag den Menschen nicht bewusst werden, da es scheinbar ihr Leben bereichert und interessanter macht. Was nicht geschieht, ist das Ankommen im Plan und in der wahren transformierten Aufgabe. Diese Erkenntnis ist vor allem für Therapeuten sehr wichtig, die den Menschen dabei helfen möchten, ihren Weg konstruktiv zu gehen.

Deshalb ist die Arbeit des violetten Strahls auch im Strafvollzug so tiefgreifend und elementar. Nur wenn das Wesen erkannt hat, warum es auf die schiefe Bahn geriet, was die Ursachen dafür waren, steht einer Transformation und geheilten Rückkehr in die Gesellschaft und in der eigenen Verantwortung nichts mehr im Weg. Therapeuten, die im Strafvollzug eingesetzt werden, sollten unbedingt die Karmaaufarbeitung ins Auge fassen, sofern der zu therapierende Mensch dazu bereit ist. Auch das ist eine Therapieform der Zukunft. Einen Menschen zu verurteilen und ihn dann eine Strafe absitzen zu lassen wie ein Kind, das der Lehrer in die Ecke stellt, was auch nicht sinnvoll ist, bringt keine wahre Transformation. Die noch immer praktizierte Hinrichtung und lebenslange Haft schafft lediglich neues Karma.

Karmische Strukturen nehmen einen bedeutenden Einfluss auf den Zeugungsmoment eines Seelenanteils. Sie sind die Basis der Notwendigkeit der Reinkarnation, gefolgt von neuen Zielen und dem Willen, dem Kollektiv fortschrittlich zu dienen. Jedes Leben in der Materie ist ein Dienen, aber dienlich soll das Leben zunächst dem Seelenanteil selbst sein, damit er den erwünschten eigenen Fortschritt verzeichnen kann. Das endgültige Ziel ist der Aufstieg und damit das Ende des immer wiederkehrenden Rhythmus der Inkarnation. So weiß ein Anteil sehr genau, wann die richtige Familie zur Verfügung steht, welche Kultur und Epoche die richtigen sind und was in diesem Leben erfolgreich zu meistern sein wird. Die karmischen Muster müssen sich transformieren lassen, damit das Leben einen Sinn bekommt. Die Familie schafft das Fundament, auf dem ein Wesen sein bevorstehendes Leben aufbaut. Gleichzeitig erfährt die Familie auch wichtige Details und Momente der Karmaauflösung. Deshalb ist es wichtig zu wissen, dass auch Probleme und kritische Momente in der Familie von großer Bedeutung sind. Es gibt keine schwarzen Schafe. Alles hat seinen Sinn und seine Zeit.

Der violette Strahl der Transformation begleitet den inkarnierenden Seelenanteil durch eine intensive Schulung im Erkennen von Ursache und Wirkung. Der Anteil sieht bereits im Moment der Zeugung seine karmische Verpflichtung innerhalb des Kollektivs. Der violette Strahl stabilisiert diese Wahrnehmung immer wieder. Die geistige Führung des Anteils zeigt ihm die gesamte Palette der karmischen Aufgaben. Dabei geht es nicht nur um die Auflösung negativer Elemente. Im Gegenteil, die Führung präsentiert immer wieder das Positive, das durch die Transformation während des Lebens entstehen und für alle aufbauend sein kann. Wie El Morya schon sagte, es gibt keine Schuld. Es gibt nur Erfahrungen, die sich entsprechend auswirken und vieles in den niederen Körpern speichern. Im Moment der Transformation filtern die Körper die negativen Anteile heraus, damit das Gold des Lebens in Erscheinung treten kann. Die Zeugung ist der punktgenaue Moment, in dem der Seelenanteil erkennt, dass jetzt die Weichen so gestellt sind, dass in dem folgenden Leben alles möglich ist. Er überblickt sein gesamtes karmisches Konto, und so entsteht der Plan. Dieser Plan sieht die karmische Aufarbeitung in jedem Lebensmoment vor. Dies geschieht oft unbewusst, aber der Anteil weiß auch, dass es Situationen und Momente geben wird, die ihn mehr oder weniger dazu zwingen werden, in eine gezielte Aufarbeitung zu gehen. So kann man sagen, dass jeder inkarnierende Anteil ganz genau weiß, wie wichtig Karma sowie Ursache und Wirkung sind. Bestehende irdische Strukturen, die vor langer Zeit durch den Einfluss von Menschen so verändert wurden, dass Karma keine Berücksichtigung mehr erhalten durfte, verhindern somit in vielen Lebensstrukturen den wahren Fortschritt. So kommt es immer wieder zur gleichen Situation und einer erneuten Reinkarnation. Obwohl jeder Anteil sich dessen bewusst ist, sehen wir immer wieder das Abtauchen in die Vernebelung. Gerade das macht es dem violetten Strahl so schwer, durchgreifende Veränderungen mit zu bewirken. Ihr dürft auch nicht vergessen, dass jede Präzipitation, die ihr in Gang setzt, durch karmische Muster geprägt und auch belastet wird. Kommt es dann nicht zur korrekten Bearbeitung, sind Ziele in vielen Fällen nur bedingt als Kompromiss erreichbar. All das wird von uns geschult. Ich zeige dem Anteil gemeinsam mit der geistigen Führung die gesamte Palette des Karmas im bestehenden Muster und im Ausblick auf die transformierte Situation, um den Anteil zu motivieren, selbstbewusst in dieses Leben zu gehen.

Erfolgt nun eine Zeugung in absoluter Harmonie der Eltern, dann fühlt sich der Anteil darin bestätigt. Ein entsprechender Enthusiasmus ist sofort zu verzeichnen. Eine Zeugung unter Einsatz von Gewalt oder Widerstreben kann große Zweifel und Ängste auslösen. Dann ist es die Aufgabe des violetten Strahls, immer wieder auf die Notwendigkeit hinzuweisen, damit sich auch diese Form der Zeugung gewinnbringend transformieren kann. Diese Eltern und diese Familie müssen aufgesucht werden, um karmisch gesehen vorwärtszukommen. Für den Anteil ist dies schon eine schwere Aufgabe. Er muss sich über seine Zweifel hinwegsetzen, und die geistige Führung muss ihn immer wieder in seinem Plan bestätigen. Gleichzeitig ist die Zeugung schon die erste Transformation. Die rein geistige Existenzform transformiert sich in diesem Augenblick in eine irdische Form, aber die geistige Form bleibt bis zur Geburt als Schablone vorhanden. Für das Kind heißt das, es existiert auf zwei Ebenen gleichzeitig. Dieses Bewusstsein geht eigentlich niemals verloren, denn ihr alle habt auch im Geistigen euer Zuhause. Wir stabilisieren ständig dieses Bewusstsein, damit es allen leichtfällt, später im Leben in die direkte Verbindung mit uns zu gehen. Dies natürlich immer in einer persönlichen Form der Überwindung der Materie, abhängig von der gesamten Energiestruktur und den Gegebenheiten. So kann man sagen, im Moment der Zeugung manifestiert sich die Persönlichkeit in der Materie. Der Mensch ist vorhanden, auch wenn man ihn noch nicht mit allen Sinnen wahrnehmen kann. Er aber nimmt sich wahr, geistig und in der Materie. Die bewusste selbst erzeugte Rücktransformation ins Geistige muss von dem Seelenanteil in Absprache mit der geistigen Führung selbst eingeleitet werden, sofern dies im Plan ist. Das heißt, wenn ein Anteil nur eine bestimmte Zeit, sagen wir vier Wochen, in der Mutter benötigt, um die Materie wieder loszulassen, folgt er dem Plan und zieht sich zurück. Eine Abtreibung, die materiell, von wem auch immer, entschieden und eingeleitet wird, folgt nicht dem Plan und erzeugt so erneute karmische Details. Jede werdende Mutter sollte wissen und sich bewusst machen, dass eine erfolgreiche Zeugung immer einem Plan folgt. Der inkarniernde Anteil hat sich bewusst dazu entschieden, und er entscheidet auch über das weitere Wachstum, den Rückzug und den erfolgreichen Eintritt ins Leben durch die Geburt. Das ist gelebte Transformation aus dem Geistigen in die Materie im Sinne des absoluten freien Willens.

Die Schwangerschaft ermöglicht dem Seelenanteil und der Mutter bereits eine intensive Karmabearbeitung. Sie ist eine intensive Zeit, die beide miteinander verbringen, und sie lässt sich nicht mehr wiederholen. Jeder Tag hat seine Themen, die beide miteinander verbinden. Allerdings ist es für die Mutter wichtig, darauf zu achten, dass sie nicht mit karmischen Themen konfrontiert wird, die ausschließlich andere Menschen betreffen. Es besteht immer die Gefahr der Übertragung. Wenn sie eine Situation als belastend empfindet, beginnt das Kind, sich damit zu identifizieren. Sie sollte auch keinerlei Rückführungsarbeit in Angriff nehmen, da sie nicht beurteilen kann, wie sich das Kind oder die Kinder verhalten. Niemand kann Karma für jemand anderen übernehmen oder transformieren, aber eine mentale, emotionale oder physische Auseinandersetzung damit kann sich sehr negativ auswirken. Deshalb sei auch hier wieder betont, wie wichtig es für die Mutter ist, sich in vielerlei Hinsicht zurückzuhalten und innere Einkehr zu üben. Auch familiären Situationen, die sie nur ansatzweise oder latent betreffen, sollte sie so gut wie möglich aus dem Weg gehen. Mutter und Kind sind intensiv miteinander beschäftigt, so dass hier eine ausgedehnte innere Kommunikation sehr anzuraten ist. Die Mutter erhält viele Impulse durch das Kind und die geistige Führung, damit sich die Zweisamkeit optimal gestalten kann. Emotionale und physische Verstrickungen, die karmischer Natur sind, können in der Schwangerschaft optimal transformiert werden, da sich das Kind zum Teil mit der Mutter identifiziert. Je intensiver diese Zeit genutzt wird, umso mehr Möglichkeiten bietet das spätere Zusammenleben. Eine neue Zeit bedingt neue Verhaltensformen. Frauen sollten sich dieser Form der Transformation bewusst werden. Das Kind wird auch die gewünschte Geburtsthematik an die Mutter herantragen, denn die Geburt ist eine Transformation. Der violette Strahl zeigt dem Kind sehr früh, auf welche Art es am besten geboren werden sollte, um so möglichst viel Karma diesbezüglich zu transformieren. Wenn die Geburt dann einsetzt, zeigt das Kind durch die erste Wehe, dass es sich nun auf diesen Weg der Transformation begibt. Es nimmt im Geistigen Abschied und geht seinen Weg ins Leben, damit es gesund in Erscheinung treten und so sein Dasein manifestieren kann. Auch für die Mutter ist dies eine intensive Transformation. Gerade wenn das Kind Teil einer Präzipitation ist, muss sie die nächsten Schritte in das Loslassen vollziehen. Wie schon von anderen Meistern und Meisterinnen erwähnt, ist die sich direkt anschließende Zeitphase sehr wichtig, damit sie das Kind manifestieren, es der bedingungslosen Liebe und seiner eigenen Transformation aussetzen kann, indem sie es loslässt. Es ist ein immens wichtiges Zeitfenster, das sich dann schließt, wenn die Familie sich zusammenschließt. Auch der Vater und die Geschwister sollen ins Loslassen gehen, damit alle ihren gemeinsamen und trotzdem eigenen Weg einschlagen können. Ein Neugeborenes verändert die Familie, da es seinen Willen der Transformation kundtut und einbringt. Es weiß genau, welche Aufgaben es übernommen hat und dass diese ihm durchaus auch karmische Schwierigkeiten bereiten können. Deshalb ist es so wichtig, dass jede Familie alle auftauchenden Gedanken, Emotionen und physischen Merkmale erkennt, annimmt und so bereit ist, alles zu Transformierende in Angriff zu nehmen. Lasst dabei keine Zeit verstreichen. Jedes Wesen, das in eine Familie inkarniert, muss sich anpassen, das steht außer Frage, aber es muss sich nicht als das schwächste Glied der Kette fühlen und anpassen müssen. Es ist ein vollwertiger Mensch, der sich nun integriert, auch wenn er sich noch nicht richtig äußern kann.

Das Aufwachsen beschränkt sich zunächst auf das nächste Umfeld und die Anverwandten, aber hier sieht ein Wesen schon viel Handlungsbedarf im Sinne der Transformation. Es zeigt in seinem Verhalten Zuneigung und Abneigung. Beides sollte man respektieren, nein, man muss es. Karmisch gesehen gibt es keine Benimmregeln. Werden sie trotzdem angewandt, verstärken sich nur die Emotionen auf beiden Seiten, und es kommt nicht zu einer neutralen Annäherung, die letztlich gewünscht ist. Man muss nicht die ganze Welt lieben, vor allem dann nicht, wenn man alten Widersachern begegnet und in der schwächeren Position ist. Erziehungsmaßnahmen sind in solchen Fällen kontraproduktiv. Wenn ein Kind Ablehnung zeigt, ob Mensch oder Tier betreffend, dann lasst es gewähren. Die anderen sind schon länger im Lebensprozess und haben die Pflicht, Rücksicht und Nachsicht zu üben, bis das Kind spürt, es sollte sich auf seine Weise annähern. Es wird immer eine gesunde Neugier entfalten, wenn ein anderes Wesen seine Distanz respektiert und sich nicht aufdrängt. Das ist Loslassen, das nur gesund sein kann.

Das Gleiche vollzieht sich auch, wenn sich die Eltern trennen. Das Kind weiß das im Vorfeld, und so hat es das angeborene Recht zu entscheiden, bei welchem Elternteil es bleiben und weiter erwachsen werden möchte. Es wird den anderen Teil und die Geschwister nicht vergessen oder vernachlässigen, wenn ihr ihm den freien Willen lasst. Jeder Mensch tendiert karmisch gesehen stärker zur Mutter oder zum Vater. Wenn ihr ihm diesen Sparringspartner vorenthaltet - und wenn auch noch ein Richter das entscheiden muss -, involviert ihr ihn in euer Karma, und dem Kind ist nicht geholfen. Es hat die freie Wahl, denn nur so kann es seine Karmaanteile transformieren, und dabei wird es von uns unterstützt. Welche Regeln auch immer eure Gesellschaft aufgestellt hat, das ist in diesem Moment uninteressant.

Kinder sollten sich niemals ein Zimmer teilen müssen. Das ist eine Unart, die sich sehr negativ auswirken kann. Ein Kind verlässt im Schlaf den Körper, um geschult zu werden. Es hat seine eigene Form des Schlafs und auch des Zurückkommens in den Körper. Jeder andere anwesende Mensch stört es dabei. Ein Tier ist jederzeit erlaubt, denn es unterstützt alle Prozesse. Ein Mensch kann sich nur ungestört entfalten, wenn er sein eigenes Reich hat, und sei es noch so klein. Wenn er alles teilen muss, wird er gezwungen, auf Teile seiner eigenen Struktur zu verzichten. Oft rührt dies aus alten Leben, in denen man in Armut lebte und sich nicht frei entfalten konnte. Gebt jedem Kind sein eigenes Reich, in dem ihr es in Ruhe lasst. Es sucht die Gemeinschaft, wenn sie gebraucht wird. Wer als Kind sehr eingeschränkt aufwachsen muss, wird sich im Erwachsenenalter die Freiheit erkämpfen, und das kann für die dann mit ihm zusammenlebenden Menschen sehr anstrengend werden. Wer frei erwachsen wird, akzeptiert dann Nähe und durchaus auch gewisse Einschränkungen.

Die ersten Freunde im Kindergarten und in der Schule bieten ein breites Feld der Karmabearbeitung, so auch die Lehrer, Therapeuten und fremde Familien. Ein Kind kann sich damit schnell überfordert zeigen, aber etwas in ihm weiß, dass es so kommen muss. Deshalb muss es auch lernen, zu kämpfen und sich durchzusetzen, aber immer in Liebe und ohne Gewalt. Es ist nicht leicht, sich vom kleinen Kind zum jungen Menschen zu transformieren. Es ist wie eine nochmalige Geburt zu sehen. Es tritt neu und anders in Erscheinung, weil es sich anders äußert, Rechte und Pflichten anerkennen muss und seine Meinung frei sagen darf. Aber all das führt auch zu Konflikten und Krisen, die zu transformieren sind. Wichtig ist, dass ein Kind früh lernt, keine Schuldzuweisungen zu machen und auch selbst keine unnötigen Schuldgefühle zu entwickeln. Ein Kind in das Alter des jungen Erwachsenen zu begleiten, ist eine sehr anstrengende Aufgabe, wenn man alles berücksichtigen möchte. Jeder Tag bringt neue Perspektiven, die die Erwachsenen zu beachten und zu behandeln haben. Das Kind muss sich in hohem Maße auf seine Bildung konzentrieren, auch wenn es sich morgens in der Schule gestritten oder mit dem Lehrer überworfen hat. Es muss plötzlich seinen Spieltrieb transformieren, indem es nicht einfach tun kann, was ihm gerade einfällt. Gebt jedem Kind ein Tier an seine Seite, damit es soziale Verantwortung übernimmt und so natürliche Impulse schöpfen kann, die das Tier ihm gibt. Das Tier hilft ihm, vieles zu ertragen, was plötzlich auftaucht. Wenn das Kind Aggressionen zeigt, sind die Eltern und Geschwister oft überfordert, aber ein Tier beruhigt es wieder. Das ist lebendige Transformation des Herzens. Das Kind soll sich das Tier selbst aussuchen.

Das Älterwerden eines jungen Menschen kann umso besser verlaufen, je mehr Vertrauen er in die Familie haben kann. Der Körper transformiert sich, es tauchen plötzlich ganz andere Emotionen und gleichzeitig Gefühle auf. Der junge Mensch verliebt sich bis über beide Ohren und erfährt gleichzeitig Eifersucht. Er kann es nicht einordnen. Wenn er dann Eltern hat, die ihm erklären, wie sich diese Dinge karmisch entfalten, kann er die Situation anders erfassen und in sich transformieren. Der junge Mensch muss lernen, dass er ab einem bestimmten Zeitpunkt die Verantwortung für sein Denken, Fühlen und Handeln selbst übernehmen muss. Die Mutter oder der Vater können nur noch bedingt eingreifen. So muss er lernen, genau nachzudenken und in sich hineinzufühlen, welche Entscheidung die richtige ist, da er die Folgen tragen muss. Das fängt schon beim Schulwechsel an, und oft hört es beim geplanten Einbruch mit Komplizen auf. Strafen sind von Menschen erfunden, aber den Grund dafür zu liefern, ist Sache des eigenen Egos, das lernen muss, sich auf allen Ebenen zu transformieren. Der violette Strahl ist dann immer einsatzbereit. Beginnt so früh wie möglich, einem jungen Menschen die Möglichkeit der Reinkarnationstherapie anzubieten. Das ist von Mensch zu Mensch anders. Ihr braucht dafür Fingerspitzengefühl. Es gibt keine unlösbaren Probleme, denn sie sind alle hausgemacht. Es ist sinnvoll, beizeiten im Familienkreis über die Karmastruktur zu sprechen, damit alle Beteiligten auf dem gleichen Niveau sind. So schafft man eine Vertrauensbasis, die das gesunde Streiten und Transformieren ermöglicht.

Auch die nächste Phase des Berufs oder des Studiums ist eine große Transformation. Der junge Mensch geht, wie alle anderen Menschen, in der Regel in den vorläufigen weltlichen Beruf. Macht ihm das klar, damit er sich nicht aus falsch verstandenem Pflichtgefühl festlegt. Es geht immer darum, zunächst eine gesunde Basis für das weitere Leben zu gestalten. Dafür aktiviert man altes Wissen, man folgt seinen Wünschen und Neigungen, um sich selbst und später eine eigene Familie ernähren zu können. Obwohl sich so oftmals eine Form von Übergangsphase bis zur eigentlichen Lebensaufgabe öffnet, muss sich der Mensch wohl und gebraucht fühlen. Er hat aber auch jederzeit die Möglichkeit, loszulassen und etwas Neues in Angriff zu nehmen. Wenn eine Ausbildung oder ein Studium auch noch so lange und noch so teuer war, hat der Mensch das Recht, sich zu transformieren und etwas ganz anderes in Angriff zu nehmen. Wenn ihr ihm dann Schuldgefühle und Vorwürfe macht, fühlt er sich im Unrecht und lenkt durchaus ein. Genau das ist der falsche Weg, denn das Leben ist endlich. Mit dem Wunsch, sich zu verändern, folgt er seinem Plan. Der oder die vorläufigen weltlichen Berufe können viele sein. Sie können ein Wesen durch die ganze Welt begleiten, und doch kommt er noch nicht an. Das bedeutet, er muss sich auf den Weg machen, um viele Länder, Menschen und Projekte kennenzulernen, damit sich möglichst viel Karma bearbeiten lässt. Je mehr er sich begrenzt fühlt, umso schwieriger wird es, dem Plan zu folgen. Versteht, dass ein lebendiges Wesen ständig von dem Wunsch beseelt ist, sich zu transformieren. Manchmal sind auch Beziehungen wichtig, bis ein Mensch die karmischen Muster erkennen und lösen kann. Dann kommt er an. Speziell Beziehungsprobleme können durchaus mit einem einzigen Partner gelöst werden, aber beide müssen sich dafür engagieren. Das ist harte Transformationsarbeit. Wenn der beiderseitige Wille nicht da ist, muss es zur Trennung kommen, damit noch alle Partner auf den Plan treten können, die karmisch in der Wartschleife stehen. Entsteht aber der Wille, sich konsequent mit einem Partner mit allen Themen zu beschäftigen, lösen sich die Karmamuster automatisch bei allen anderen in der Warteschleife, denn sie alle kämpfen in ihren Beziehungen logischerweise mit den gleichen Mustern. Wenn ein junger Mensch nicht durch seine Familie lernt, Problemen offen ins Auge zu sehen und sie anzugehen, scheitert er selbst an diesen Themen. Wenn er immer nur Menschen auf der Flucht erlebt, sieht er es als einzige Möglichkeit an, Problemen zu entgehen, statt sie zu lösen. Wenn man sich klarmacht, welche Verantwortung man als Mutter oder Vater übernimmt, macht es Sinn, beizeiten über eigene Verhaltensmuster nachzudenken. Je freier ein Mensch leben und sein kann, umso schneller nähert er sich der wahren Lebensaufgabe, die sich durchaus aus dem vorläufigen weltlichen

Beruf ergeben kann. Es muss aber nicht so sein. Die wahre Aufgabe kann sich lange verbergen, damit ein Mensch alles andere vorher erledigen kann. Das hängt immer vom individuellen Karma ab. Die alten Muster stehen vor dem neuen Weg, der auch seine Herausforderungen mitbringt. Das heißt, wenn die geistige Führung den Menschen zu früh in die eigentliche Lebensaufgabe schicken würde, bestünde immer wieder die Gefahr, dass alte Muster, die hochkommen müssen, den Menschen so lähmen könnten, dass er unter den Herausforderungen der eigentlichen Aufgabe zusammenbricht. Der Mensch muss sich zuerst transformieren. Nun gibt es jedoch Menschen, die durch die vorläufigen Berufe und Beziehungen in solch schwierige Umstände geraten, dass sie durch Gedanken, Emotionen und den physischen Körper in eine absolute Notlage geraten. Zu viel türmt sich auf und führt in eine Zwangslage, die sehr gefährlich werden kann. Der Mensch sieht nicht die Abzweigung, die auf den richtigen Weg führt. Wenn er sich einsam und unverstanden fühlt, sieht er keinen Ausweg. Das ist auch für uns eine sehr schwierige Lage, da er uns in der Regel nicht mehr hört. Der violette Strahl ist immer bereit, hier mit in die Transformation zu gehen. Gute Therapeuten, die auch karmisch aufarbeiten, sollten dann Zurate gezogen werden. Der Mensch braucht die Möglichkeit, loszulassen und zur Ruhe zu kommen, um seine Flucht vor sich selbst zu beenden. Dafür gibt es kein Zeitmaß. Gedanken, Emotionen und der Körper sind die Pegelmesser auf dem Weg in die Transformation. Vorher kann die geistige Führung niemanden in die wahre Lebensaufgabe entsenden, da sonst ein Scheitern vorhersehbar ist. Die wahre Aufgabe auszuführen, bedeutet eine gewaltige Transformation, damit man in sich ruhen und allen Herausforderungen standhalten kann. Wir sehen oft, dass Menschen, die noch im vorläufigen weltlichen Beruf stehen, neidvoll auf die Menschen blicken, die in ihrer wahren Aufgabe angekommen sind. Sie wollen nicht verstehen, dass auch diese Menschen nur Menschen sind, in deren Leben sich immer wieder neue Herausforderungen zeigen. Es ist so zu sehen, dass auch in der Ausübung der wahren Aufgabe karmische Strukturen ihren Lauf nehmen. Deshalb muss ein Wesen, das seine wahre Aufgabe erfüllt, in sich stabil und in der Lage sein, auf mehreren Ebenen gleichzeitig aktiv und transformierend zu sein. Das ist eine immens große Herausforderung. Und eines ist gewiss: Die wahre Aufgabe ist nicht mehr eintauschbar gegen einen vorläufigen weltlichen Beruf, da eine Transformation stattgefunden hat, die das Wesen vollkommen in sich und in allen Ebenen verändert hat. Jeder Rückschritt verursacht dann unübersehbare Schmerzen, denn er wäre eine sogenannte "Re-Transformation" im geistigen Sinne.

Der Aufbau einer eigenen Beziehungsstruktur und einer eigenen Familie ist für jeden Seelenanteil ein wichtiges Kapitel im Leben. Wir sprachen schon über die Notwendigkeit karmischer Begegnungen. Die heutige Form der Familie ist das Produkt vieler Epochen, Kulturen und Rechtsstrukturen. Das atlantische Modell des Zusammenlebens der Wesen zeigte noch die gekonnte und klare Realität des Miteinanders. Später aber gab es in unterschiedlichen Kulturen auch unterschiedliche Modelle des Zusammenlebens, denen die Menschen sich freiwillig oder auch unfreiwillig unterwarfen. Man wies den Wesen ihre Position zu, und wer versuchte, aus dem Rahmen auszubrechen, erfuhr die Verbannung oder wurde bestraft. Das Zusammenfinden der Seelenanteile geschieht aus geistiger Sicht zunächst vollkommen freiwillig, wenn es die karmischen Muster gestatten. Da viele von euch das atlantische Lebensmodell in sich tragen, haben sie große Probleme mit den gewachsenen Strukturen und den Rollenspielen. Ihr müsst lernen, all das zu transformieren. Dabei hilft der violette Strahl. Nur wer losgelassen wird, bleibt erhalten. Weder Partner noch Kinder oder Eltern dürfen zu bestimmten

Lebensformen gezwungen werden, denn es schafft neues Karma. Lernt zu vertrauen, dass alles seinen Sinn und seine Zeit hat.

Der violette Strahl hilft dem Menschen auch dabei, sein Leben sinnvoll zu organisieren und ihm eine gesunde Struktur zu geben. Vor allen Dingen versorgt er die Wesen, ob Mensch oder Tier, mit einer hohen Teamfähigkeit. Dennoch kommt auch hier wieder die Transformation zum Einsatz, denn das Team soll erfolgreich sein. Es soll Ergebnisse erlangen und brauchbare Muster entwickeln. Wo Wesen sich zusammenfinden, um an einem Strang zu ziehen, braucht es eine gewisse Ordnung. Jeder muss seine Aufgaben erkennen und gerne erfüllen. Fühlt man sich überfordert, gilt es, darüber zu sprechen und dann eine Lösung zu finden. Alles hat seine Zeit, und diese ordnet der violette Strahl. Er zeigt euch immer wieder, dass bestimmte Schritte nacheinander erfolgen müssen, um eine konkrete Lösung zu schaffen. Wenn ein Mensch in seinem direkten Umfeld oder in seinem Arbeitsbereich nicht zum Zuge kommt, weil er immer wieder ein heilloses Durcheinander antrifft und ihn dies sehr belastet, steht der violette Strahl zur Verfügung. Die Energie wird ihm dabei helfen, konkrete Vorschläge zu machen und die Initiative zu ergreifen. Die Logik kommt ihm dabei zu Hilfe.

Die Gründung einer eigenen Familie stellt hier ebenso eine große Aufgabe im Sinne der Transformation dar. Das Paar begibt sich in eine absolut neue Lebensstruktur. Wie gesagt, je freier dies geschieht, umso erfolgreicher wird es sein. In die Fußstapfen früherer Generationen zu treten, die ein ganz anderes Schicksal, auch durch Kriege, erlebten, kann äußerst ungesund sein. Jeder Mensch lebt sein eigenes Leben. Hier hilft der violette Strahl dabei, dass beide ihr eigenes, gesundes Gerüst bauen. Die Gleichberechtigung soll aufgebaut werden, aber jeder hat auch seinen Anteil zum Gelingen beizutragen. Wenn es dann doch zu Ungereimtheiten kommt, ist es wichtig, direkt in die alten, karmischen Muster zu blicken. Sie zeigen sich sofort, wenn man aufmerksam ist. Dafür braucht ihr keinen Therapeuten. Seien es Gedankenmuster, Emotionen oder körperliche Strukturen, geht den alten Mustern auf den Grund. Wenn das Zusammenleben jedoch zur Gewohnheit und Routine wird, sind kaum noch Anstrengungen möglich. Menschen leben dann nebeneinander her und haben sich nichts mehr zu sagen.

Auch das Verhältnis zwischen Eltern und Kindern, die erwachsen geworden sind, muss immer wieder neu angepasst und transformiert werden. Im Idealfall entsteht im Laufe der Jahre eine angenehme Verbindung, ähnlich einer Freundschaft, die aufbaut auf Vertrauen und Hilfsbereitschaft. Dankbarkeit und Herzenswärme sollen sich nachhaltig zeigen. Jeder Mensch wird einmal krank und alt. In solchen Zeiten will euch der violette Strahl helfen, die Ruhe zu bewahren und alles gemeinsam zu tragen. Eltern greifen den Kindern finanziell unter die Arme, damit sie sich etwas aufbauen können, und die Kinder sind für die alten Menschen da, wenn sie Pflege und Betreuung brauchen. So erleben es dann auch die Enkel, denn sie sollen es einmal so fortführen. Wenn der Mensch das Gefühl hat, nicht in dieser Ebene des Vertrauens angekommen zu sein, gibt es einiges zu tun in der Zusammenarbeit mit dem violetten Strahl. Dann ist es sinnvoll, eine ganz exakte Bilanz zu ziehen und herauszufinden, woran es zu arbeiten gilt. Alte Menschen sind dazu oft zu schwach. Deshalb sollten sich dann die Kinder auf ihre Aufgaben besinnen und die Dinge in die Hand nehmen. Offene Gespräche zu führen, Ängste und verdrängte Missverständnisse zu beleuchten, ist nicht leicht, wenn das Leben sowieso die Laterne auf sämtliche Wunden richtet. Aber ihr werdet sehen, es lohnt sich. Dadurch wird Karma abgebaut und neues im Keim erstickt. Wer nicht gelernt hat, auch einmal den Finger in eine Wunde zu legen, muss sich damit auseinanderzusetzen. Die Zeit heilt nicht alle Wunden, denn es bleiben immer Narben zurück, und diese können sehr schmerzhaft sein. Ein gebrochenes Bein kann durchaus heilen, wenn man selbst am Sturz schuld war. Ein gebrochenes Herz hat einen tief innen liegenden Bereich, der sehr empfindlich reagiert. Hier kann es nur eine Heilung durch Wiedergutmachung geben. So mancher wird nun denken: Wenn wir all das umsetzen sollen, wird das Leben ganz schön anstrengend. Wo bleibt dann noch die Lebensfreude? Diese Frage ist berechtigt. Aber seid versichert, sie wird auch nicht von Dauer sein, wenn man alles unter den Teppich kehrt und ein Weltmeister im Verdrängen wird. Das ist eine künstlich erzeugte Lebensfreude, die letztlich auch sehr viel Kraftaufwand benötigt. Die wahre Lebensfreude entsteht, indem ein Wesen fühlt, es hat sich und viele Ebenen geklärt und es kann jedem frei in die Augen schauen. Dann entstehen viele Gedankenmuster und Emotionen nicht mehr. Das Karmakonto eines Wesens hat eine unbegrenzte Kreditlinie. Es sammelt an und weiß genau, wer den Batzen zurückzuzahlen hat. Da gibt es weder Bürgen noch gutgläubige Geldgeber. Je mehr man aufarbeitet und abträgt, umso eher nähert man sich den schwarzen Zahlen, die den reinen Lebensgewinn versprechen.

Jeder erwachsene Mensch kommt in eine Phase des "Mittelalters". Er spürt diese Phase genau, wenn er sich auf seine mentale, emotionale und physische Ebene konzentriert. Niemand kann sie ihm voraussagen und beleuchten. Es hängt immer von der Dauer des Plans ab. Eine gesunde Selbstreflexion ermöglicht die gesunde Selbsteinschätzung, um zu erkennen, was man bisher erreicht hat und wie die persönlichen Beziehungen sich bislang gestaltet haben, wie sich der Körper anfühlt und welche Träume man berechtigerweise noch hat. Dann ist es Zeit, über eine gesunde Transformation nachzudenken. Loslassen heißt immer wieder das Prinzip, damit man gleichzeitig neue Präzipitationen beginnen kann. Der violette Strahl hilft jedem Wesen bei dieser Selbstbeobachtung und den Entscheidungen, sich zu verändern. Es kommt der Moment, in dem ein Mensch klar sieht, er ist noch nicht in seiner wahren Aufgabe angekommen oder er möchte auf Dauer nicht mehr an einem bestimmten Ort leben. Es ist auch wichtig, sich ganz klar einzugestehen, dass eine persönliche Beziehung keine Basis mehr bietet. Wenn die Kinder ihren Weg gehen und man fühlt, man hat alles getan, um dem Plan auf dieser Ebene zu folgen, kann es sehr heilsam für alle Beteiligten sein, sich korrekt voneinander zu lösen, damit jeder auf einer freundschaftlichen Basis neue Wege gehen kann. Das ist eine gesunde Transformation, die niemanden verletzt. Vielleicht hat bisher niemand den Mut gehabt, es anzusprechen aus Angst, den anderen zu verletzen. Wer sich nicht zur rechten Zeit zum Loslassen entschließt, kann stärker darunter leiden, als wenn er sich der notwendigen Transformation stellt. Es wird immer der Moment kommen, in dem alle für diese Veränderung dankbar sind. Wenn sich Verletzungen aus Verzweiflung und Ohnmacht einschleichen, schlagen sie Wunden. Macht über andere Wesen auszuüben, weil man Angst vor der Transformation hat, verhindert jede Form der loslassenden Menschlichkeit. Der violette Strahl hilft jedem Wesen, sich gesund zu verändern. Es bleibt niemand auf der Strecke, wenn man soziale und liebevolle Strategien berücksichtigt. Aber es ist auch hier wieder wichtig, sich nicht gegenseitig in Verpflichtungen zu bringen. Wenn man beginnt, Druck auszuüben und den anderen dadurch wieder in eine Zwangslage bringt, auch materiell, schafft das neues Karma. Niemand darf anderen gegenüber verpflichtet sein, nur dann seid ihr absolut frei. Auf diese Weise bleibt das Leben interessant. Die Transformation in dieses Loslassen ist die Aufgabe des violetten Strahls, damit Lady Nada jedem Wesen bei der Manifestation der Freiheit helfen kann, um loszulassen und erfolgreich in die Zukunft zu gehen.

Auch im Sinne der Lebensaufgabe stellen sich dem Wesen in diesem Altersbereich neue Herausforderungen. Es ist nie zu spät, sich zu verändern. Wer Angst hat, seine soziale Absicherung zu verlieren und sich deshalb nicht auf den Weg zu sich selbst macht, hat sowieso bereits verloren. Es gibt in der Materie keine Sicherheit. Sie ist immer eine Illusion. Was von Menschenhand als Illusion erschaffen wurde, kann auch so von ihr zerstört werden. Sich zu finden braucht viele Jahre, weil man Karmastrukturen auflösen und verzweigte Wege gehen musste. In diesem Sinne altert man, aber man ist nie zu alt, um sich zu verändern und der wahren Aufgabe die Hand zu reichen. Symbolisch gesehen reicht ihr eurer geistigen Führung die Hand. Endlich kann sie euch liebevoll und unterstützend in die Aufgabe begleiten, die der Plan als erfüllend und bereichernd zum Wohle aller vorsieht. Das ist ein unglaublicher Sprung im Sinne des geistigen Wachstums. Die Transformation in das, was ein Wesen wirklich will, ereignet sich, und das ist sehr bereichernd für alle. Es mag sein, dass ein Mensch einiges an Ausbildungen dafür absolviert hat, aber es geht im Prinzip immer nur um die Aktivierung uralten Wissens. Euer bester Lehrer seid ihr selbst und die geistige Führung, die von allen atlantischen Priestern unterstützt wird. Jegliches Wissen, das ihr euch durch materielle Schulung aneignet, auch jede Prüfung, die ihr so durchlauft, bringt euch die materielle Erlaubnis, jemand zu sein. Das ist nicht verkehrt, aber es ermächtigt euch immer noch nicht zur wahren geistigen Aufgabe, denn diese beruht auf eurem eigenen uralten Speicher sämtlicher Fähigkeiten. Macht euch das immer wieder bewusst. Der violette Strahl zeigt euch außerdem, wo und wann ihr beginnt, andere zu kopieren. Damit wird niemand erfolgreich. Eure Originalität ist wichtig, und diese kann nur dann erfolgen, wenn ihr euch eures uralten Wissens bewusst werdet. Die geistige Führung wird euch auf diesem Weg begleiten, und sonst niemand. Wenn ein Mensch mit seinem Tun und Auftreten sehr erfolgreich ist, besteht für einen anderen Menschen im Sinne des Kopierens keine Erfolgsgarantie. Vergleicht es mit einem sündhaft teuren Modellkleid, das für eine Frau angefertigt wurde, um damit besonders aufzutreten. Sie wird bewundert und fühlt sich gut. Eine andere Frau lässt sich das gleiche Kleid anfertigen und fühlt sich damit belächelt und wird unsicher. Nur euer eigenes Wissen und eure uralten Fähigkeiten bieten euch ein ungeheures, positives Machtpotenzial, das eurem Plan entspringt und euch den Erfolg garantiert. Hier in eine gesunde Transformation zu gehen, ist für die geistige Führung der größte Vertrauensbeweis, den ihr erbringen könnt. Ihr werdet in euch stabil und könnt wachsen.

Aber auch das Älterwerden ist eine gesunde Transformation. Das Alter manifestiert sich unweigerlich und verlangt das Loslassen. Frühere Fähigkeiten und Verpflichtungen verlieren ihre Wichtigkeit. Die Führung muss immer darauf achten, dass ihr wohlbehalten und zufrieden altern könnt. Das ist ein Prozess, der kommen muss. Die mentale Kraft zu transformieren ist eine große Herausforderung. Sicherlich wird man vergesslich und kann sich nicht mehr so gut konzentrieren, aber ihr könnt auch viel dagegen tun. Nur muss man dazu sagen, dass der Grundstein dafür von Kind an gelegt wird. Gute Ernährung, viel Ausgleich in der Natur, das Zusammenleben mit Tieren, ein ständiger Austausch mit den Menschen und mentale Dinge, die Freude machen, sind das ganze Leben lang wichtig. Äußere Einflüsse können auf Dauer sehr schädlich sein, wie auch traumatische Erlebnisse und mentale Unterdrückung. Deshalb ist die ständige Transformation so wichtig, damit das mentale Altern nicht in Starrsinn und Rechthaberei ausartet, gefolgt von extremer Demenz und anderen Erscheinungen, die euch zwingen sollen, alles zu vergessen. Wer nichts vergessen will, um alles zu transformieren, muss sich dafür engagieren. Das emotionale Altern in Würde ist sehr wichtig. Ihr sprecht von der Weisheit des Alters, denn diese drückt sich über das "gefasste" Verhalten und eine sehr spürbare, gelebte Demut aus. Vieles wird mit Würde getragen und der Mensch ist bestrebt, den jüngeren Menschen zur Seite zu stehen, um sie zu trösten und immer wieder aufzubauen. Der Mensch ruht in sich. Wer sich so vorwärtsbewegt, wird immer wieder in der Lage sein, auftauchende Emotionen erfolgreich zu transformieren, obwohl es harte Arbeit ist.

Das physische Altern ist eine der größten Herausforderungen des Lebens. Die körperliche Kraft und Spannung lassen nach. Dazu soll man stehen, und eine gelebte "Schwäche" kann sehr würdevoll sein. Wichtig sind eine gute Pflege und ein gepflegtes Auftreten, auch im hohen Alter. Wer sich gehen lässt und nicht mehr auf sich achtet, wird nicht mehr beachtet. Man muss lernen, um Hilfe zu bitten, wenn man etwas nicht mehr schafft. Dafür gibt man dann einen Ausgleich. Die Ernährung muss angepasst werden und auch der Stil des Auftretens. Der Paradiesvogel steht den jungen Menschen. Der älter gewordene Mensch entwickelt seine eigene Magie durch seine Präsenz und den Glanz der Jahre. Diese Form der Transformation zeigt allen im Außen, dass dieser Mensch sich noch immer wohlfühlt, auch wenn er die Krankheiten und Befindlichkeiten des Alters durchleben muss. Er wird anders gesehen und unterstützt.

So ist auch durchaus die Lebensform im Sinne der Transformation wichtig. Ein Haus, das große Verantwortung mit sich bringt, vielerlei Belastungen und Aufwand, muss irgendwann losgelassen werden, damit das tägliche Leben unbelastet verlaufen kann. Der Mensch kommt mit weniger Raum zurecht. Alles muss so transformiert werden, dass man sich noch gut selbst versorgen kann, solange es geht. Das heißt loszulassen, das alte Zuhause den jüngeren Menschen überlassen und sich von der

Materie lösen. So manifestiert sich eine neue Lebensform, durchaus auch im Kreise Gleichgesinnter. Gemeinsam kann man eine neue Form des Lebens gestalten. Wenn es dann so weit ist, dass ein Mensch Pflege braucht, um die letzte Lebensphase zu durchlaufen, ist es leichter loszulassen. Dann ist ein Mensch auch nicht verbissen, sondern er arrangiert sich mit den Lebensumständen. Er weiß und spürt, dass er jetzt auf die Hilfe anderer angewiesen ist, ob es nun die eigenen Nachkommen oder fremde Menschen sind, die dafür entlohnt werden. Es ist das Recht des Alters, das nun eingefordert wird. Wer krampfhaft an den alten Lebensumständen festhält, erfährt nur Schmerz und Hilflosigkeit. Diese Emotionen und Gedanken machen es anderen schwer, diesen Menschen würdevoll zu begleiten. Das Alter ist die höchste Phase der Transformation, bis der Tod die größte Präzipitation, das Leben, abschließt. Es ist ein würdevolles und perfekt vorbereitetes Loslassen, wenn ihr dem Plan folgt. Viele Menschen verurteilen sich selbst, wenn sie alt und hilfsbedürftig werden. Das hat keinen Sinn, denn jedes Wesen, ob Mensch oder Tier, geht diesen Weg.

Die letzte transformierende Lebensphase, durch die der violette Strahl Mensch und Tier begleitet, ist die Sterbephase. Ein Tier, das nicht durch einen Unfall oder menschliches Dazutun sein Ende findet, durchwandert diese Phase ganz bewusst. Es spürt, dass sein Ende bevorsteht. So verabschiedet es sich von anderen Tieren seines Umfelds und von seinen Menschen ganz bewusst. Es zieht sich zurück und übt gesunde Distanz. Damit versucht es, alles zu klären, was es in diesem Leben erlebte, um seinen Weg ins Licht anzutreten. Dies gelingt ihm umso besser, je mehr man es loslässt und es still und verständnisvoll begleitet. Haltet es im Arm, setzt euch daneben und schweigt. Wenn ihr entscheidet, seine Schmerzen zu lindern, indem ihr einen guten Tierarzt bittet, ihm seine Qualen zu erleichtern, erklärt es ihm, damit es euch letztlich dafür danken kann. Bittet das Tier, wenn es möchte, gerne wieder Teil eures Lebens zu werden. Alles Weitere wird euch Kuthumi dazu erklären. Das Tier kann so in Ruhe loslassen und seinen letzten Atemzug erleben. Aber bleibt bei ihm, bis dies geschehen ist. Streichelt es in aller Ruhe, lasst eurem Schmerz durchaus seinen Lauf, denn das Tier kann so gelassen gehen. Ihr habt ihm nach besten Kräften bei dieser Transformation geholfen. Sorgt dann für eine Beisetzung, die eurer Ethik entspricht. Auch die Tierseele ist noch sieben Tage präsent. Das Loslassen kann so für beide Seiten optimal erfolgen.

Beim Menschen kann sich diese Phase deutlich anders gestalten. Unfälle, Straftaten, Selbstmord oder ein unvorhergesehener plötzlicher Tod sind Transformationen, die alle Beteiligten vor große Herausforderungen stellen. Denkt immer daran, dass die sieben Tage nach dem Todesmoment immer noch eine Phase der Transformation von Gedanken und Emotionen bieten. Natürlich entsteht zunächst eine Schocksituation, bei der euch der violette Strahl helfen will. Alles hat seine Zeit, aber es kommt der Moment, in dem man beginnt, klarer zu denken und anders zu fühlen. Ohnmacht, Hilflosigkeit und unendliche Trauer verwandeln sich. Hier ist es wichtig, die korrekte Transformation in die Wege zu leiten. Dazu braucht der Mensch Ruhe und Abstand, und seien es nur einige Stunden am Tag oder in der Nacht. Gleich welche Gedanken und Emotionen sich zeigen, wenn der erste Schock vorüber ist, achtet darauf, dass sich alles in sinnvolle Gedanken und Gefühle verwandeln kann. Wenn es euch alleine nicht gelingt, nehmt die Hilfe eines Therapeuten in Anspruch. Was ihr in den sieben Tagen erreicht, kann beiden Seiten die weitere Zeit unendlich erleichtern. Ihr schafft es dann, alles besonnen zu verarbeiten und irgendwann einen Sinn hinter allem zu entdecken. Ursache und Wirkung vollziehen sich auch im Todesmoment. Ein Schock oder ein Trauma kann nicht einfach transformiert werden. Alles muss zunächst zugelassen, durchlebt und verstanden werden, damit dann eine sinnvolle Transformation stattfinden kann. Dafür braucht ein Mensch Zeit, auch die Zeit des Rückzugs und des Schmerzes. Wenn man weiß, wo ein Schmerz seine Ursache hat, kann man ihn besser ertragen und loslassen. Lasst alles zu, auch wenn es in euch große Bedenken auslöst und ihr vor euch selbst zu erschrecken beginnt. Es hat seinen Sinn. Wir sind da, um euch dabei zu begleiten. Je eher ein Verstorbener losgelassen wird, umso schneller kann er sich im Geistigen zurechtfinden, seinen Weg beschreiten und sich zu gegebener Zeit auf eine neue Inkarnation vorbereiten.

Wenden wir uns der Sterbephase zu, die einer schweren Krankheit folgt und unvermeidbar ist. Jedes Wesen, das einen solchen Weg beschreitet, weiß in sich, dass es loslassen muss, um sich heilsam zu transformieren. Das Unterbewusstsein sagt ihm ganz klar, dass der Tod diesmal die Heilung bringen möchte, nicht muss. Um durch diesen Tod sich selbst zu heilen, ist es wichtig, dass sich der Mensch gezielt auf seinen Weg, der jetzt vor ihm liegt, vorbereitet und einlässt. Das hängt auch vom geistigen Wachstum ab. Wir wollen hier keinerlei Bewertung abgeben. Es soll nur bewusst gemacht werden, wie der violette Strahl hier behilflich sein kann. Je mehr sich der Mensch mit dem Prinzip von Ursache und Wirkung beschäftigt hat, umso intensiver kann er diesen Weg der Transformation gehen. Einmal geht es darum zu erkennen, wodurch diese Situation ausgelöst wurde. Daran nach besten Kräften zu arbeiten, solange man die Kraft dazu hat, bringt große Vorteile, die sich bis in den Sterbeprozess hinein verlagern können. Der Körper hat nicht immer die Verpflichtung zur Genesung, denn der Verfall ist nicht aufzuhalten. Wenn sich Erkenntnisprozesse einstellen und der Mensch auch seine Anteile erkennt, ist es wichtig, mit anderen Beteiligten in den Austausch zu gehen. Vielerlei Gespräche und Handlungen können daraus noch entstehen. Das kann das Thema Verzeihen, das Bitten um Vergebung, die Regelung des Erbes oder auch lange aufgeschobene Begegnungen betreffen. Hierbei braucht ein kranker Mensch Hilfe, wenn er selbst zu schwach geworden ist, um alles selbst zu organisieren. Der violette Strahl liefert dann die entsprechenden Impulse. All das kostet viel Zeit und Kraft, da man weiß, es trägt nur noch zum friedvollen Loslassen bei. Es kann aber auch ein wertvoller Dienst sein, den man einem Wesen noch erweisen kann. Dazu gehört auch die richtige Pflege und Versorgung bis zum letzten Moment. Entweder gehört der Mensch in gute medizinische Hände, oder zu Hause ist dafür zu sorgen, dass immer jemand da ist oder gerufen werden kann, der sich engagiert. Man muss sich abwechseln können, um alles zu ertragen und das Optimale bieten zu können. Das Loslassen eines Menschen ist so wichtig wie das Wachstum in der Mutter und die Geburt. In der Schwangerschaft baut sich alles auf und gelangt auf dem Höhepunkt in die Phase der materiellen Geburt. In der Sterbephase baut sich alles ab und gelangt in den Höhepunkt der geistigen Geburt. Beides ist eine folgenreiche Transformation. Wenn ein Mensch im Krankenhaus in die Sterbephase gehen muss, braucht er trotzdem eine gute Begleitung bis zum letzten Moment. Wir bevorzugen immer das Hospiz, denn dies ist ein Ort des Loslassens und der ruhigen Transformation.

Wenn ihr euch überlegt, wozu ein Krankenhaus im heutigen Sinne dient, muss man sich fragen, wie die Menschen einen solchen Ort erfinden und bis heute als sinnvoll bezeichnen können. In einem Krankenhaus zu sterben, ist eine große Herausforderung und keine leichte Transformation. Ihr führt dort Menschen zusammen, die gesunden, geboren werden und sterben sollen. Niemand denkt gezielt darüber nach, wie sich dort Enthusiasmus und pure Lebenskraft mit dem Willen zu überleben und der

Notwendigkeit des Sterbens vermischen. Das ist eine energetische Mischung, die kaum zu ertragen ist. Neugeborene werden mit den Aspekten vieler Krankheiten und der Todesenergie konfrontiert. Kranke und Genesende, die viel Ruhe und Gelassenheit brauchen, tanken unweigerlich die überfordernde, sprühende Neugeborenenfreude und die loslassende Todesenergie. Die Sterbenden müssen die Energie der Neugeborenen und die der Gesundenden überwinden, um in die loslassende Transformation zu gelangen. Wer viel Freude am Leben hatte und sehr engagiert war, tut sich hier schwerer als der Mensch, der schon immer alles gelassener sah. Dennoch ist es eine große Herausforderung. Die Transformation der Zukunft heißt also: Geburtshäuser, Gesundungshäuser und Sterbehäuser. Das ist eine gesunde Transformation, nicht nur die der Betroffenen, sondern auch die derer, die in diesen Bereichen eine sehr wertvolle Arbeit leisten möchten. Sie sollen und müssen wählen können, welcher Form der Transformation sie dienen möchten. Das macht diese Berufungen deutlich attraktiver und gibt den Helfenden mehr Kraft und Durchhaltevermögen.

Der Sterbeprozess, ob im Krankenhaus oder zu Hause, muss in aller Ruhe, mit gedämpftem Licht, vielleicht leiser Musik und viel Wärme erfolgen. Die intensive Sterbebegleitung ist hier die höchste Unterstützung der gelungenen Transformation, immer verbunden mit dem violetten Strahl. Eine violette Kerze kann sehr hilfreich sein, auch Weihrauch und ein violettes Seidentuch, das man unter den Sterbenden legt oder ihm in die Hand gibt. Ein Tier, das den Menschen jahrelang begleitet hat, muss den Zugang erhalten. Es legt oder setzt sich zu seinem Menschen, bis er sich gelöst hat. Das gibt beiden die Chance des Abschieds in Liebe. Speziell Katzen sind hier die besten Transformatoren. Allerdings benötigen sie nach getaner Arbeit viel Ruhe und Kraftfutter.

Die Menschen, die ihre Begleitung anbieten, brauchen ebenfalls danach Ruhe und Abstand. Anverwandte und nahestehende Menschen sollen kommen und sich verabschieden dürfen. Lasst sie höchstens siebzig Minuten im Raum, dann soll es genügen. In den letzten Minuten des Lebens tritt der violette Strahl der Transformation dann seine intensive Arbeit an. Es sind sieben Minuten, in denen jede Berührung durch Menschen, nicht Tiere, vermieden werden sollte. Der Sterbende will loslassen. Er spürt, dass es zu Ende geht und schließt die Augen, damit ihn der letzte Atemzug, unterstützt durch den violetten Strahl, beruhigen kann. Fasst den Menschen nicht an, auch nicht an den Füßen, da er ansonsten immer wieder geerdet wird und sich nur schwer lösen kann. Er weiß, ihr seid voller Liebe anwesend und ihr lasst los. Absolute Stille soll ihn begleiten, keine Worte mehr, denn alles muss gesagt sein. Es ist jetzt keine Zeit mehr für Entschuldigungen oder Liebesbeweise, geschweige denn Gesten des Festhaltens. Wenn dieser Moment gekommen ist, gibt es kein Zurück mehr. Wir stehen bereit, um den Verstorbenen mitzunehmen, ihn Erzengel Gabriel zu übergeben, der ihn über die Brücke ins Licht begleitet, wo Lady Nada an der Schwelle des Friedens wartet, um die Präzipitation "Leben" mit ihm zu beenden. So vollzieht sich eine würdevolle Reise ins Licht.

Wenn sich ein Mensch im fortgeschrittenen Alter, aus welchen Gründen auch immer, in ein Pflegeheim begeben musste, gelten genau die gleichen Regeln. Allerdings ist es wichtig, diesen Menschen während seines Lebens dort, und es können viele Jahre sein, nicht zu vergessen. Es mag sein, dass ihr wisst, er oder sie ist dort gut versorgt und aufgehoben, aber dieses Wesen ist auf dem Weg der Transformation. Das Leben dort ist nur ein Aufenthaltsort im Sinne des grünen Strahls der Konzentration, Wahrheit und Heilung. Es geht immer wieder darum, diesem Menschen die Hand zu reichen, um die letzte Lebensphase zu bewältigen, denn er ist nicht mehr zu Hause. Er muss lernen, eine neue Struktur zu betreten und zu erfassen, die schwieriger nicht sein kann. Dabei braucht er dringend eure Unterstützung mit viel Hingabe und vielen Gesprächen. Einen alten Menschen dort abzustellen und versorgt zu wissen, ist ein wissentlicher Irrtum, der große Auswirkungen haben kann. Wenn alles getan ist, der Mensch sich arrangiert hat und sich eurer Liebe und Fürsorge sicher ist, kann er sich auf die letzte Phase der Transformation ins Licht langsam, aber sicher vorbereiten. Diese nimmt dann ihren beschriebenen Lauf. Da dieser Mensch, auch wenn eine starke Demenz sich seiner annahm, in einer großen Gemeinschaft leben lernte, muss diese Gemeinschaft auch die Chance der Transformation und des Loslassens erhalten. Es war eine Art neue Familie, die diesem Menschen noch viele Chancen der Karmabearbeitung geboten hat. Nicht umsonst lernte er noch, so zu leben. Sieben Stunden nach Eintritt des Todes, wenn die Angehörigen und der Arzt das Sterbezimmer verlassen haben, müssen alle, die mit diesem Menschen gelebt, gelacht und gelitten haben, die Möglichkeit erhalten, sich auf eigenen Wunsch von diesem Menschen in Würde zu verabschieden. Sie müssen Zugang erhalten zu dem aufgebahrten Menschen. Erst dann darf der Bestatter den Leichnam in Empfang nehmen.

Der Moment der Beisetzung eines geliebten Wesens ist ebenfalls eine Phase der Transformation für alle Beteiligten. Im Sinne des violetten Strahls ist sie der Abschluss der Inkarnation und das Loslassen im Frieden, damit alle einen neuen Weg gehen können. Die Zeit der Trauer hat ihre Berechtigung, damit sich die Gedanken und Gefühle neu ordnen können. Bittet den violetten Strahl immer um Hilfe, damit er euch dabei helfen kann, eine neue Ordnung in euer Leben zu bringen. Der Verstorbene hat losgelassen und bewegt sich auf einer neuen Ebene des Seins. Er sieht die Dinge aus einer anderen Perspektive und fühlt sich wohl und neuen Erfahrungen ausgesetzt. Geht oft in die Meditation, damit ihr entsprechende Impulse aufnehmen könnt, die euch das Weiterleben im Frieden erleichtern. Euer Leben muss weitergehen im Sinne des Plans, und so transformiert es sich immer wieder. Das Kommen und Gehen vollzieht sich seit Urzeiten, und immer wieder ist es von großer Freude und großer Trauer begleitet. Alles hat seine Zeit.

Kamakura

Meister des siebten, des violetten Strahles

In meiner wichtigen Arbeit auf dem violetten Strahl der Transformation helfe ich allen Wesen bei jeglicher Veränderung in der Materie und im Geistigen. Das Ganze im Sinne einer Weisheit, die dabei helfen soll, die Notwendigkeit der Transformation in der Kombination mit der Weisheit des Geistes zu erkennen. So ist die Energie, die euch zur Verfügung steht, eine Kombination des violetten und des goldgelben Strahls. Die Materie ist die Ebene der Inkarnation, um Karma zu transformieren, das sich seit Urzeiten angesammelt hat und gleichzeitig einen unermesslichen Zugang zu einer Weisheit bietet, die aus der Transformation entsteht. Etwas im Wesen Mensch weiß, dass dieser Weg der Transformation auch Veränderungen mit sich bringt, die ihm gleichzeitig helfen, den Weg zum Aufstieg ins Licht zu gehen. Daraus kann eine gewaltige Ambivalenz entstehen, die das Wesen nur selbst meistern kann. Ihr erlebt auf der Erde gerade jetzt einen erheblichen Wandel, aber diese Zeiten gab es immer und sie wurden von allen Kulturen und in allen Epochen teilweise als traumatisch und auch überfordernd erlebt. Das Fundament aller Epochen und Kulturen bildete sich in Lemurien und Atlantis. Dort wurde das Wesen mit einem fundamentalen Wissen und einer Weisheit ausgestattet, die direkt mit dem Geist verbunden war. Diese Weisheit ist niemals versiegt. Sie wurde einst verschüttet wie der Kontinent, aber noch immer hat jedes Wesen, das lebt, den unbewussten Zugang zu dieser allumfassenden Weisheit. Meine Aufgabe ist es, bedingt durch die permanente Transformation auf der Erde und auf anderen Planeten, mit dafür zu sorgen, dass jedes Wesen immer wieder den Zugang zu dieser Weisheit, die jedoch an die erfolgreiche Transformation gebunden ist, erlangt. Sind beide miteinander verknüpft, lassen sich unglaubliche Leistungen erbringen, speziell in der transformierenden Arbeit für das gesamte Kollektiv, denn es ist ein Teil davon. Jeder Seelenanteil, der sich auf den Weg der Inkarnation begibt, kennt seinen Plan. Jeder Plan enthält wichtige Bestandteile für das eigene Wachstum, aber auch für das Wachstum des Kollektivs. Der Geist ist frei und wird das Wesen immer wieder durch Impulse an diese Bestandteile erinnern. Deshalb steht es niemandem zu, die Arbeit oder die Leistung eines anderen zu beurteilen. Niemand kann sich in den Plan eines anderen Wesens hineindenken oder hineinfühlen. Die einzige Ausnahme ist dabei das Dual, das gewisse Einblicke gestattet. Hat nun ein Seelenanteil in seinem Plan bestimmte Aufgaben angenommen, die ihn mit besonders anstrengenden Bereichen des Kollektivs konfrontieren, wird sein Leben immer etwas anders verlaufen. Eine hohe Konzentrationsfähigkeit im Sinne des Gesamtwohls ist unabdingbar und wird schon im frühen Alter bemerkt. Meditation, jedwede Konzentrationsübung ist immer ein willkommenes Zeitfenster. Der Mensch ist in vielen Bereichen nicht so belastbar wie andere. Eine ganz bestimmte Lebensphilosophie ist ihm eigen. Er ist überaus empfindlich, wenn es um Lärmbelästigungen oder starke Einflüsse von außen durch Technik, Strahlungen oder auch falsche Ernährung geht. Das ist kein Prädikat, sondern eine normale

Erscheinung, da das Energiesystem dieses Menschen auf die hohe geistige Arbeit ausgerichtet sein muss. Die kommende Zeit wird euch immer stärker mit diesen Phänomenen konfrontieren. Jedes Wesen wird in der Zukunft auf seine Weise erfahren müssen, was eine konkrete Energieerhöhung einfordert. Wenn die Menschen ein neues Zeitalter erleben möchten, ist eine hohe Konzentrationsfähigkeit unabdingbar. Was ihr zurzeit erlebt durch den starken Einfluss negativer Energien und die gesamte klimatische Veränderung, auch durch die Dramaturgie in der Weltbevölkerung, die sich immer drastischer im negativen Sinn verändert, ist das atlantische Spiegelbild, das sich damals in ähnlicher Form darstellte, bis es dann zur Eskalation kam. Der außerirdische Einfluss wurde bewusst gestattet und war erwünscht, aber er zwang die Wesen in die Knie. Vieles erlebt ihr wieder in heutiger Form, denn es ist eure selbst gewählte Prüfung, ob ihr bereit seid, in eine Transformation zu gehen, die der Erde eine Umkehr ermöglicht. Auch die Atlanter waren in der Endzeit des Kontinents nur noch von Steigerungen beseelt. Sie verloren ihr Gefühl für das Wesentliche, nämlich die allumfassende, bedingungslose Liebe. Das Tier wurde dem Menschen entfremdet, die Natur wurde nicht mehr geschätzt und geschützt. Der Mensch wurde auf vielen Ebenen dem Missbrauch ausgesetzt. Dem Atlanter ging die Weisheit verloren, und die Sprache des Geistes wurde unverständlich.

Jeder Seelenanteil, der die Erde durch das Ablegen des irdischen Kleides verlässt, gelangt durch die Hilfe von Lady Nada in eine übergeordnete Form des Friedens im Sinne der geistigen Heilung. Sie sprach bereits darüber. Dann ist es Teil meiner Aufgabe, diesen Anteil im Sinne der Weisheit zu schulen, damit er versteht, welchen Weg der Transformation er jetzt zu gehen hat. Er lernt wieder, den Geist zu verstehen und als Quelle der Weisheit zu nutzen. Wenn er sich dann wieder zur Inkarnation entscheidet, wird diese Verbindung absolut gefestigt. Der neue Plan ist erstellt. Ich schule die Weisheit des Geistes im Sinne des irdischen Wesens, denn der neue Seelenanteil muss diese Weisheit der Transformation als tragendes Element verinnerlichen. Durch die Inkarnation hindurch besteht diese Verbindung. Also hat jedes Lebewesen in sich den Willen zur Transformation. Die auftauchenden Verbindungen im Laufe des Lebens zu allen Wesen, die im Plan festgelegt wurden, sind deshalb an diesen Willen zur Transformation gebunden. Alle Meister sprachen bereits darüber. Ganz besondere Begegnungen sind im Sinne der Seelenpartner und Seelengeschwister zu verzeichnen. Viele alte Leben in diesen Verbindungen bieten ein breites Spektrum an positiven Möglichkeiten, die dem Wesen immer helfen, auch einem schwierigen Leben positive Momente und Erfahrungen abzugewinnen. Auch hier kommt es gelegentlich zu Konflikten und Krisen, aber der große Teil des Lebens vollzieht sich in bleibender gegenseitiger Begleitung. Das ist ein großes Potenzial, das ich mit meiner Energie ständig aktiviere und unterstütze.

Das Zusammentreffen von Dualseelen bietet ein ganz besonderes Potenzial, das jedoch von beiden Anteilen erkannt werden muss, um dann entsprechend umgesetzt und geschätzt zu werden. Da beide über den gleichen Monaden- und Seelenstrahl verfügen, sind viele Gemeinsamkeiten vorhanden, die das Zusammenleben- und arbeiten unterstützen. Dennoch haben beide Anteile viele Leben in eigenen Körpern und somit getrennt verbracht. Infolge des gemeinsamen Seelenstrahls und des dualen Prinzips verfügen sie über ein einziges höheres Selbst. Dieses speist beide gleichzeitig mit der gleichen Seelenstrahlenergie, und es bietet den gleichzeitigen Zugang zum Geist. Nun ist es immer die Frage, wie sich jeder Anteil im Laufe der Zeitalter entwickeln konnte oder wollte. So können große Diskrepanzen in der Illusion der Materie entstehen, die reine Illusion und doch zu durchleben sind. Ist nun ein Anteil geistig weiter entwickelt, was keine Beurteilung darstellen soll, übernimmt er automatisch die Verpflichtung, dem anderen Anteil im Sinne des Wachstums zur Seite zu stehen. Das ist am leichtesten, wenn sich ein Anteil im Geistigen befindet, da die Impulse besser fließen können. Sind beide inkarniert und aufeinander getroffen, wird diese Angelegenheit zur wahren Aufgabe. Der Grund sind beide Egos, die sich aufgrund der gewählten Energiestruktur durchaus sehr stark unterscheiden können. Da das Zusammentreffen bewusst gewählt wurde, entsteht ein immenser Druck im Sinne der weiteren Entwicklung. Der Geist, der einer ist, steht ständig bereit, Impulse zu liefern. Das höhere Selbst ist ständig auf der Hut, um die Impulse gemeinsam mit der geistigen Führung ausgleichend und korrekt zu übertragen. Hier besteht auf vielen Ebenen eine große Herausforderung. Gerade der Bereich des Karmas ist eine gewaltige Aufgabe, die jeden Anteil ständig herausfordert.

Im Grunde genommen vollziehen sich diese Aspekte immer dann, wenn die Inkarnation karmische Begegnungen inszeniert. Deshalb ist die Weisheit der Transformation eine hohe Ebene des irdischen Lebens. Ich bin jederzeit bereit, euch zu schulen und zu unterstützen. Fordert meine Hilfe an.

Quan Yin

Meisterin des siebten, des violetten Strahles

Meine Aufgabe auf dem violetten Strahl der Transformation beinhaltet ausschließlich die Transformation des rückflutenden Karmas in der Familie. Das ist eine sehr umfangreiche und schwierige Aufgabe, getragen von der allumfassenden Liebe der mütterlichen, transformierenden Energie. Ich sehe mich in diesem Sinne als mütterliche Energie aller Wesen des Universums. Das bedeutet, dass ich ständig dafür zu sorgen habe, dass alle Wesen die Notwendigkeit der Transformation ihres direkten Umfelds erkennen. Das direkte Umfeld ist einerseits die Ursprungsfamilie, die als erste ihre karmischen Strukturen entfaltet. Bereits im Moment der Zeugung entsteht hier der gegenseitige Bezug der Wesen untereinander. Späterhin sind es alle Verbindungen familiärer Struktur, ob in der Verwandtschaft, im Freundeskreis, im Kindergarten, in der Schule, im Beruf, in der Familie, in die man einheiratet und die man wiederum selbst gründet. Immer dann, wenn sich Wesen zusammenfinden, um ein "familiäres" Projekt zu starten, beginnt ein Familienkarma seine Kreise zu ziehen. Selbst in einem Unternehmen, in dem Menschen und möglichst auch Tiere ihre temporäre Aufgabe finden, resultieren

Pläne, Potenziale, aber auch Konflikte aus uralten Mustern, die Gedanken, Emotionen und Verhaltensformen freisetzen. Ein Wesen sieht hier immer eine Art Familie, in der es sich zeigen und selbstständig bewegen muss. Ein Mensch kann sich zeitweise verstellen und anpassen, um eine günstige Gelegenheit zu erlangen, damit seine nächste Zukunft gesichert scheint. Ein Tier ist authentisch, es hat keine Möglichkeit, so zu denken wie ein Mensch, und es sieht darin auch keinen Sinn. Es bringt seine Wesensstrukturen mit, und in diesen lohnt es sich zu leben und zu sein. Ein Mensch versucht auf dieser Ebene oftmals, eine Illusion aufzubauen und zu leben, in der Hoffnung, nicht erkannt zu werden. Das ist eine reine Illusion, denn jedes Wesen bringt seine Energiestruktur mit, die mit Strahlen, Plänen, Zielen und Karma im Sinne seiner Identifikation einhergeht. Jede Form der Maskerade gleicht einer temporären Verkleidung, um sich beliebt und interessant zu machen. Die Energie jedoch bringt die karmischen Begegnungen und die Etappen des Plans zum Ausdruck. Also gerät das Wesen Mensch hier sofort an selbst gesetzte Grenzen, denn sein Ziel des Lebens war nicht die Maskerade, sondern die Realität des rückflutenden Karmas. Aus diesem Grund sind das Zusammenleben und das Zusammenarbeiten mit Tieren so wertvoll und unersetzlich. Die Tiere verstehen sofort ihre Aufgabe und gehen unverzüglich an die Arbeit. Sie haben nicht die Möglichkeit der Intrigen und Verstellung. So kann es geschehen, dass sich Mensch und Tier scheinbar nicht vertragen. Wer sich nicht verträgt ist der Mensch, da das Tier zu offen, ehrlich und positiv verletzend wirkt. Selbst der störrischste Esel ist beim nächsten Menschen zahm und anhänglich.

Ich habe ständig dafür zu sorgen, dass sämtliche Familienstrukturen aufgebaut, erkannt und transformiert werden. Ich weiß, das ist ein großes Ziel, denn im heutigen Zeitalter haben die Menschen eine Theorie des Zusammenlebens entwickelt, die meinem Prinzip nicht immer dienlich ist. Durch die Entwicklung der Kulturen ist es sehr einfach, sich jederzeit zu trennen, die Familie zu verlassen und eigene Wege zu gehen. Dies kann durchaus erforderlich sein, bevor sich ein Wesen aufgibt und zum Opfer der eigenen Gegenwart wird. Generell jedoch kann man sagen, gibt es immer eine Möglichkeit, eine Transformation der Lebensumstände zu erreichen. Die wichtigste Grundlage dafür ist immer wieder die Karmabearbeitung auf allen Ebenen. Wir sind darauf angewiesen, dass der Mensch das Karma akzeptiert und letztlich als Potenzial betrachten kann, auch wenn es zunächst nicht so aussieht. Auch wenn das Umfeld alles negiert, lohnt es sich trotzdem, daran zu arbeiten, denn jeder Knoten, der sich löst, bringt allen Erleichterung. So haben wir immer die Chance, dass das Positive, das sich durchsetzt, alle anderen gewinnbringend mitziehen und kurieren kann. Jede kleinste Veränderung ist wertvoll und zieht ihre Kreise, seid versichert.

In Atlantis war die Struktur der Familie anders aufgebaut. Die Wesen schlossen sich ohne vom Menschen erfundene Gesetzmäßigkeiten zusammen. Es war eine freiwillige und herzliche Verbindung, getragen von einer allumfassenden, bedingungslosen Liebe. Das Loslassen war eine Gesetzmäßigkeit, denn nur so konnten die Wesen friedlich und besonnen durch die Zeiten wandern. Als dann die Phase der menschlichen Zeugung einsetzte, waren die entstehenden Kinder kein Besitz, sondern karmische Besucher, deren Erscheinung bewusst begrüßt wurde. Jeder wusste, was zu tun ist, um die sofortige Transformation in Gang zu setzen. So war es ganz selbstverständlich, dass junge Menschen überall zu Hause und gerne gesehen waren, denn jeder wusste, es hat einen Sinn. Sie durften ihre Zeit dort verbringen, wo es sinnvoll war, eine Begegnung zu vertiefen und so loszulassen. Mir ist bewusst, dass der heutige Mensch dies alles schwer verstehen kann, aber das ist gelebtes Loslassen. Jedes Wesen, ob

Mensch oder Tier, wusste, wohin es gehört und wo seine Ursprungsfamilie zu Hause war, aber die Lebenszeit wurde sinnvoll und transformierend genutzt. Wenn ihr euch im Heute als Beispiel das Thema der "Gastfamilien" anschaut, habt ihr ein ähnliches Beispiel. Junge Menschen gehen für eine gewisse Zeit ins Ausland, um dort die Kultur und die Sprache kennenzulernen. All dies wird von mir gelenkt, damit die wichtigen karmischen Berührungspunkte gegeben sind. Euer Problem ist in der Regel die Zeitphase. Diese solltet ihr nicht begrenzen. Es kann durchaus sein, dass der junge Mensch noch mehr Zeit dort verbringen möchte und müsste. Alles wird Gesetzmäßigkeiten unterworfen. In Atlantis war das anders. Der Mensch, durchaus auch Erwachsene, wählte selbst die Zeit des Fernbleibens, um zu lernen und zu transformieren. Als sich die Dinge in Atlantis sehr negativ veränderten, tauchten auch hier ganz andere Ansprüche auf, mit bedingt durch den außerirdischen Einfluss, woraus dann bereits Familienkarma entstand. Diese bewussten Kontakte erzeugten nicht nur positive Momente. Außerirdische Wesen, die sich eine gewisse Zeit in Atlantis aufhielten, bevorzugten durchaus diesen Lebensstil und wollten daran teilhaben. Die Probleme entstanden zum Teil durch den Aufbau ihrer egoischen Ebenen. Es gab Planeten, deren Wesen keinen Emotionalkörper aufwiesen. Wenn solche Wesen am Leben anderer teilnehmen wollen, sind sie nicht in der Lage, Liebe zu empfinden. Zum Teil waren die mentalen Körper nur dann fähig zu funktionieren, wenn sie eindeutige Befehle erhielten. Selbstständiges Denken war nicht erwünscht. Aus diesem Grund waren sie perfekt für eine irdische Mission programmierbar, aber sie waren nicht dazu geeignet, Verantwortung für eine Familienstruktur zu tragen, geschweige denn Entscheidungen zu treffen, die auf emotionalen und kreativen Gedanken beruhen. Auch die physischen Körper wiesen eindeutige Unterschiede auf. Der Atlanter hatte immer noch die androgynen

Erinnerungen gespeichert, obwohl er im dualen System existierte. Die Außerirdischen kannten lediglich ihr momentanes Ego, das nur auf einen Befehl reagierte. Wer wenig oder keine Emotionen aufbringen kann, ist auch nicht zeugungsfähig im atlantischen Sinn, sondern vollzieht es im Notfall durch Gewalt. Diese Vermischung erzeugte damals die größten Probleme bis zum Exzess, wie immer er sich vollzog. Auch daraus entstand Familienkarma, das sich bis ins Heute hineinzieht. Vielleicht erkennt ihr so einige Strukturen, die euch nachhaltig im Kollektiv und im Individuellen belasten. Dennoch entsteht heute der Familiengedanke durch rein irdische Karmastrukturen, und dies in der Mehrzahl. Durch das atlantische Ende und den Beginn der durch euch erforschbaren Welt basierte die irdische Zeugung darauf, einerseits unbewusst Karma zu bearbeiten, andererseits den Fortbestand der Menschheit zu gewährleisten. Die Frage, die sich stellt, ist immer wieder die, weshalb sollte der Fortbestand gewährleistet sein, vor allem, wenn sich die Menschen rasant vermehren? Es lag einfach daran, dass die Karmabearbeitung zwar erwünscht, allerdings durch den immensen Speicher in den niederen Körpern des Egos so anstrengend war, dass ein Leben dafür niemals ausreichen konnte. Der Mensch hatte lange Zeit eine relativ kurze Lebenszeit zur Verfügung. Sein Unterbewusstsein war durchaus im Bilde, und so versuchte der Mensch durch die Zeugung vieler Kinder hier positiven Einfluss zu nehmen. Nun ist die Zeugung ein Thema, die Ernährung, das Wachstum und die daraus sich ergebenden Aufgaben und Pflichten sehen anders aus. Dazu kamen im Laufe der Zeit die Anforderungen und Einflüsse der Religionen, um die Macht über die Menschen zu gewinnen. Kinder waren irgendwann ein Statussymbol und der selbst erklärte Reichtum der Familien. So kann man sagen, einerseits war man scheinbar gewillt, Familienkarma zu bearbeiten, andererseits war man aber heillos damit überfordert, woraus dann logischerweise neues Karma entstand. Der Mensch produzierte so einen Kreislauf der egoischen Verführungen. So wie im Mittelalter zehn bis zwanzig Kinder einer Familie den höchsten Status einbrachten, auch wenn die Hälfte verhungerte, schien es in späteren Zeiten sinnvoll, sich auf zwei bis drei zu reduzieren. Gewisse Kulturen nehmen sich das Recht, die Kinderzahl vorzugeben und einzuschränken. Es ist gleich, wie ihr vorgeht, es sind immer alte Verpflichtungen. Gefährlich wird es nur dann, wenn diese Verhaltensform zur Gewohnheit wird oder zum Status der Familie erhoben wird. So kann es sein, dass Kinderlosigkeit als Makel und Versagen gesehen wird. Speziell dann, wenn einer der Ehepartner noch intensive Karmamuster in sich trägt, erwartet er vom anderen das gleiche Bewusstsein. Es kommt zu immensen Konflikten, die in der Beweislast der Unfähigkeit zur Zeugung gipfeln. Entsprechende Maßnahmen, um einen Seelenanteil regelrecht zur Teilnahme an der Zeugung zu zwingen, nehmen ihren Lauf. Es ist immer die Frage, was sich im Plan eines Wesens zeigt. Jede Zeugung muss freiwillig geschehen, sowohl bei den Eltern als auch beim Kind. Etwas zu erzwingen hat keinen Sinn. Es gibt viele Anteile, die in den eigentlichen Familien nicht zugelassen werden. Sie sind durchaus bereit, sich an einer "fremden" Zeugung zu beteiligen. Die Eltern werden dankbar angenommen, aber wenn der Moment im Leben kommt, in dem sie sich auf die Suche nach den eigentlichen Eltern begeben, heißt es loslassen. Frauen dienen seit Menschengedenken als Leihmütter, sie wissen es oft nur nicht. Wenn sie zum Beispiel ihre eigenen Geschwister austragen, weil die Mutter nicht dazu in der Lage war, kann es niemals zu einer wahren Mutter-Kind-Beziehung kommen. Dann ist man eher wie Freunde oder Geschwister verbunden, oder es kommt zu erheblichen Konkurrenzkämpfen, wie immer sie sich gestalten. Auch wenn Nachkommen in der Aura des Vaters zu sehen sind, werden die Kinder für ihn ausgetragen. Dann hat das Kind den stärksten Bezug zum Vater. Auch das muss ohne Eifersucht gelebt werden. Wenn es zur Trennung der Eltern kommt, muss das Kind entscheiden dürfen, wo es leben möchte. Eine bewusste Trennung von einem Elternteil führt zu neuem Familienkarma. Wenn eine Verbindung zwischen Mann und Frau kinderlos bleibt, hat es einen Sinn. Der irdische Wunsch ist mental erzeugt, das Unterbewusstsein jedoch weiß, was zu geschehen hat und was im Plan ist. Der Mensch muss einfach lernen, darauf zu vertrauen. Man kann in diesem Sinne sagen: Je weniger Nachkommen sich einstellen und je geregelter der Mensch mit all diesen Aspekten umgeht, umso mehr haben die Menschen im Sinne ihrer Bewusstheit an sich gearbeitet. Wenn die Kette der Geburten kleiner wird oder abreißt, hat der Mensch andere Aufgaben zu erfüllen. Dann sind Projekte und Lebensaufgaben wichtiger und im Plan. Wenn Eltern zu Kindern werden, gestaltet sich das Leben anstrengend genug. Es gibt genügend Kinder auf der Welt, die sich nach einem liebevollen Zuhause sehnen oder Versorgung benötigen. Gebt ihnen eure Aufmerksamkeit. Je mehr ihr lernt, euch dem Leben hinzugeben und zu vertrauen, umso intensiver werdet ihr mit eurem eigenen Plan konfrontiert. Das ist euer verbrieftes Recht. Wenn auch andere in ihrer Elternschaft aufgehen, soll es niemals Neid in euch erzeugen. Ihr habt andere Themen zu bewältigen. Mit diesen werdet ihr durch mich konfrontiert. Wenn ein Unternehmen, in dem ihr zu arbeiten habt, das Familienfeld ersetzt, kann es viel anstrengender sein, als eigene Kinder zu begleiten. Gerade Lehrer und Lehrerinnen werden von mir sehr oft mit diesem Thema konfrontiert. Sie sind damit ausgelastet. Es geht in meiner Arbeit darum, den Menschen mit der eigenen Transformation seiner karmischen Familienstruktur zu konfrontieren. Es hat keinen Sinn, eine mental erwünschte Familie zu konstruieren. Es kann immer sein, dass ihr im Laufe des Lebens durch neue Partner in eine gewachsene Familienstruktur hineinkommt. Dann entfaltet sich dort eure Aufgabe, auch wenn ihr selbst die Kinder oder Enkel nicht gezeugt habt. Es hat seinen Sinn.

Die weiße Lotosblüte der Reinheit ist mein Symbol. Sie soll euch immer Stärke und Kraft geben, wenn ihr mit Familienkarma konfrontiert werdet. Der weiße Lotos wächst im tiefsten Sumpf. So sehe ich jedes Kind, ob Mensch oder Tier, das das Licht der Welt erblickt. Es ist rein und willens, dem Kollektiv seinen Dienst zu erweisen. Das Leben entfaltet dann den karmischen Rhythmus, den es zu bearbeiten gilt. Auch wenn sich dann die Verschmutzungen der egoischen Speicher zeigen, sind wir jederzeit bereit, alles zu reinigen und neu erblühen zu lassen. Ich bin da.

Maha Cohan

Weltenlehrer und Lenker des aquamarinfarbenen Strahles

Die Energie des aquamarinfarbenen Strahles wurde mit Beginn des Lichtkörperprozesses im Jahre 1987 für die Menschen zugänglich gemacht. Sein Brennpunkt liegt im Bereich zwischen dem Dritten Auge und dem Halschakra. Er schenkt allen Wesen der Erde eine ganz besondere Klarheit und Unterscheidungsvermögen im Sinne des neuen Zeitalters. So habe ich dafür zu sorgen, dass die Menschen in sich klar und besonnen durch ihr Leben gehen. Klarheit hat hier nichts mehr mit Disziplin zu tun. Je weiter die Menschheit fortschreitet, umso eher wird der einzelne Mensch von Kindheit an lernen müssen, für sich selbst zu unterscheiden, was gut für ihn/sie ist. Es mag viele ältere Menschen auch heute bereits verwirren, wenn ein kleines Kind nicht mehr bereit ist, sich an gewisse Gepflogenheiten zu halten. Kinder werden in sich immer klarer, und das ist ein uraltes, atlantisches Privileg. Es hat nichts mit Willkür oder Widerstand zu tun. Die atlantische Kindheit war klar durchdrungen vom göttlichen Muster. Ein atlantisches Kind wusste, warum es auf der Erde war und wohin es gehörte. Aber das Kind war in sich ruhend, gelassen und sehr neugierig. Es wollte sich schulen und anderen behilflich sein. Die Meditation gehörte zu seinem Leben wie das ausgelassene Spiel. Es lernte von klein auf, über seine Sorgen und Probleme zu sprechen, und es durfte auch Klarheit schaffen, wenn ihm bestimmte Strukturen nicht zusagten. So wuchs dieses Kind auf und wurde sehr authentisch. Dazu muss man sagen, dass diese Kinder bereits sehr früh über ihr Energiesystem Bescheid wussten. Sie wurden in ihrer Energie den Erwachsenen gleichgestellt, und dennoch lebten sie ihre Kindheit. In eurer Kultur wird das Kind im Sinne seiner Wahrnehmung zunächst nicht mit seinem Energiemuster konfrontiert. Es wird kulturellen Strukturen ausgesetzt. Wenn es erwachsen ist, hat es immer noch genügend Zeit, sich mit anderen Dingen zu beschäftigen. Erst dann schafft es für sich die Klarheit. Im Hinblick auf ein neues Zeitalter ist das nicht mehr möglich. Wir sehen, dass die heutigen Kinder mit allerlei Technik und ungesunden Themen konfrontiert werden, die sie unermesslich irritieren. Wie soll ein Kind dann klar in sich sein und korrekt unterscheiden können? Wenn es so erwachsen wird, nimmt man es nur auf den Ebenen wahr und ernst, die ihm die Erwachsenen gestattet haben. Im Sinne des geistigen Wachstums und des Lichtkörperprozesses sind ganz andere Themen erforderlich. Dazu gehört vor allem, dass die Familie und der Freundeskreis eines jungen Menschen klar in sich verankert sind. Wichtige und klärende Gespräche müssen von klein auf geführt werden, damit das Kind lernt, gesund zu unterscheiden, was recht und unrecht ist. So wird es neugierig auf die Welt und auf sich selbst. Je eher es beginnt, zu meditieren und zur Ruhe zu kommen, umso besser erhält es klare Informationen von seiner geistigen Führung. Die Impulse können fließen und es lässt sich spielend führen. Es erkennt seine Klärungsprozesse und ist bereit, offen und ehrlich darauf zuzugehen. Wenn es nein sagen möchte, wird es dies tun und auch begründen. Klare Gedankenstrukturen fördern auch das klare "Sehen". Wer nichts beschönigt und gelernt hat, sinnvoll, humorvoll und direkt zu kommunizieren, macht sich nicht unbeliebt. Deshalb übt, gleich in welchem Alter, die klare Sprache und lernt zu unterscheiden, wann der richtige Zeitpunkt ist, sich kundzutun. Auch hierbei helfe ich euch. Es gibt Momente, in denen ist es besser zu schweigen, aber es gibt auch Momente, die die Klarheit unumgänglich machen. Das spürt ihr, wenn ihr die Hilfe des aquamarinfarbenen Strahles anfordert. Ich zeige euch immer den richtigen Moment für die Klarheit. Zudem fördere ich auch die Reinigungsprozesse in euren Körpern. Der Hals-Nasen-Ohrenbereich ist ein sehr intensiver Wegweiser der Klarheit. Auch der Zustand der Zähne zeigt euch Handlungsbedarf. Wenn sich in diesem Bereich generell Reinigungsprozesse ankündigen, ist es sehr wichtig, in die Ruhe zu gehen und innezuhalten. Der Kopf ist dann nicht mehr in der Lage, korrekt zu denken und Entscheidungen zu treffen. Ihr braucht Klarheit, und dafür braucht ihr Ruhe und Ausgeglichenheit. Frische Luft, das Salz des Meeres und das Schließen der Augen, um nach innen zu blicken, das sind sinnvolle Maßnahmen. Ich schenke euch immer einen beruhigenden und erquickenden Schlaf, wenn der Kopf schwer und das Denken unnötig ist. Dann können wichtige Hinweise gerade im Schlaf aufgenommen werden, selbst wenn der Schlaf unruhig ist. In jeder Altersphase des Lebens braucht der Mensch Klarheit über sich selbst und sein Umfeld. Diese Klarheit kann euch nicht erreichen, wenn ihr unruhig, aufgebracht und mit negativen Strahlen belastet seid. Ablenkungen des Alltags, die euch nichts Nützliches versprechen, sorgen für Unklarheit und mangelndes Unterscheidungsvermögen. Wichtige Entscheidungen werden immer wieder hinausgezögert, bis es zu spät ist. Jeder Mensch braucht Ablenkung, um auch die Freude zu leben. Es gibt vieles, was euch da zur Verfügung steht. Es ist immer wichtig, dass ihr das Gefühl dabei habt, etwas Gutes und Sinnvolles für euch und andere getan zu haben. Wenn euch die Ablenkung müde, aggressiv und schlecht gelaunt daraus hervorgehen lässt, müsst ihr beginnen, darüber nachzudenken. Dann gebe ich euch die Impulse, Klarheit zu schaffen. Bedenkt, euer Tag hat vierundzwanzig Stunden, in denen alle Körper des Egos aktiv sind, auch im Schlaf. Auch der Traum schafft Klarheit. Je mehr Klarheit ihr wünscht, umso besser können euch die Energien aller zwölf Strahlen durchdringen. Euer Leben wird dadurch nicht langweilig und anstrengender. Im Gegenteil, es wird bunter, spontaner und es erschafft in euch ein großes Selbstvertrauen, indem ihr authentisch und klarer werdet. Fordert meine Hilfe an, ich bin immer für euch da.

Jesus
Weltenlehrer und Lenker des magentafarbenen Strahles

Mit der Hilfe des magentafarbenen Strahls der Harmonie, Ausgeglichenheit und Neutralität schaffe ich für euch im Bereich zwischen Hals- und Herzchakra eine warme und herzliche Energie. Jedes Wesen, das sich auf den irdischen Weg der Inkarnation begibt, braucht Liebe und das Gefühl, angenommen und von Herzen geliebt zu sein. Auch wenn man all das immer vermuten sollte, ist nicht jedes Erdenleben von diesen so wichtigen Aspekten verwöhnt. Wenn ein ungeborenes Kind bereits im Mutterbauch spürt, dass es nicht erwünscht ist, hat es große Probleme, sich im Sinne der allumfassenden Liebe zu stabilisieren. Dennoch hat jedes Wesen den Zugang zu dieser Liebe. Es ist bereits da meine Aufgabe, dem entstehenden Menschen zu vermitteln, dass er trotz allem geliebt wird. Der magentafarbene Strahl verteilt die Liebe des Vaters allen Seins. Er lässt niemanden im Stich und sorgt immer wieder dafür, dass es warm ums Herz wird, wenn Emotionen in Gefühle transformiert werden. Wenn ein Neugeborenes zum ersten Mal die Liebe der Mutter in ihren Armen empfindet, entsteht die stärkste Verbindung zwischen diesen beiden Wesen. Die mütterliche Liebe legt ein magentafarbenes Band zwischen Mutter und Kind. Jeder Geburtsschmerz ist vergessen, denn die Mutter weiß, sie hat dieses Leben in ihren Armen ermöglicht und geschaffen. Das ist die intensivste Form der Liebe in der Materie, und sie wird von mir direkt unterstützt. Das Kind wird geerdet und verwurzelt, es kommt an. In all den darauffolgenden Jahren und Jahrzehnten wird die Ebene des Herzens dieses Menschen immer wieder vom magentafarbenen Licht durchflutet, um in der Liebe verankert zu sein. Der Mensch wächst auf und gewinnt viele Herzen für sich. Er muss auch viele Herzen wieder loslassen. Ob es liebevolle Freude oder großer Herzschmerz ist, das magentafarbene Licht ist immer vor Ort, um dabei zu unterstützen. Wenn das Herz laut schlägt vor Aufregung, Freude, Trauer, Angst oder unendlichem Glück, immer bin ich da, um die Waagschalen auszugleichen. Die Emotionen eines jeden Wesens müssen sein, denn sie sind karmisch fundiert und wichtig, damit wir sie in Ruhe transformieren können. Es hat keinen Sinn, sie zu unterdrücken oder sie aus Angst vor Missverständnis zu überspielen. Verdrängte Emotionen entladen sich innerlich und führen zu einem immensen Herzschmerz. Wut und Aggressionen sind die Folgen, wenn es darum geht, sich zu beherrschen. Keine Emotion ist krankhaft oder unangemessen. Die Menschen müssen lernen, konstruktiv damit umzugehen, denn nur dann können sich die Emotionen in Gefühle verwandeln, die positive Schwingungen und eine neu gewonnene Herzlichkeit erzeugen können. Die Menschen setzen Emotionen in der Regel den Gefühlen gleich. Wir unterscheiden das Erkennen und Erleben beider Ebenen sehr genau, damit die Anforderungen des emotionalen Herzens erfüllt werden können.

Es ist ständig meine Aufgabe, ein Wesen mit seinen Emotionen zu konfrontieren, um ihm den Weg zum geistigen Wachstum zu erleichtern. Die spirituelle Reife setzt dieses Wachstum voraus, damit das emotionale Herz der reine Speicher der Gefühle werden kann. So gelangt das Wesen auf eine Herzensebene, die alles und alle umfassen und gleichzeitig loslassen kann. Das Wesen ist in der Lage, in sich zu ruhen, auch wenn schwierige Zeiten ihre Schatten vorauswerfen. Je älter und weiser ein Mensch wird, umso mehr wird von jüngeren Menschen von ihm verlangt, wenn es um Trost, Verständnis und Liebe geht. Das spürt ihr schon im Kindesalter, wenn jüngere Geschwister den Weg in die Familie finden, auch durch Adoptionen. Man ist nicht mehr alleine und muss vieles mit anderen teilen. Immer mehr Verständnis und Rücksichtnahme werden gefordert. Die ersten intensiven Freundschaften und Beziehungen beginnen im Sinne des Plans. Der junge Mensch spürt, dass er großen Herausforderungen gegenübersteht. Das Herz erfährt Freude und Verletzung. Der Aufbau der eigenen Familie und die erste eigene Elternschaft stehen auf dem Plan. Plötzlich verändert sich die Wahrnehmung der Liebe des Herzens. Ich nenne es die "erwachsene Liebe", die verzichten kann und Güte entwickelt, um dem Wohle anderer zu dienen. Aber auch Eifersucht kann sich ausdehnen, wenn sie auf der Herzensebene im Plan ist. Damit muss man sich auseinandersetzen und fertig werden. Hier helfe ich immer mit der Energie des magentafarbenen Strahls. Bittet immer um meine Hilfe und lenkt die Energie des Strahls zwischen euer Hals- und Herzchakra. Der Mensch lernt oft schon früh in seinem Leben, mit Trauer und Verlust von Mensch und Tier umzugehen. Nicht jedes Wesen genießt eine unbeschwerte und schmerzfreie Zeit bis in die Mitte des Lebens. Das kann sehr schwer zu ertragen sein. Wer früh mit Verlusten zu kämpfen hat, läuft Gefahr, hart und "unempfindlich" zu werden. All das sind Schutzmaßnahmen, man baut einen gefühlsmäßigen Panzer auf. Hier helfe ich dabei, den Panzer wieder zu öffnen und abzulegen. Denkt immer daran, dass nur die allumfassende Liebe des Herzens euch selbst heilen und verzeihen lassen kann. Immer dann, wenn euch selbst Emotionen einholen oder wenn sie euch durch andere begegnen, hat das einen Sinn. Sie können nicht künstlich erzeugt werden, da sie im gesamten Zellsystem gespeichert sind. Es gibt immer einen Moment, in dem sie freigesetzt werden. Dann ist es wichtig, sie zuzulassen, damit konstruktive Gespräche und Begegnungen dazu führen können, alles zu transformieren, um daraus Gefühle werden zu lassen. Da die Emotionen immer karmischen Ursprung haben, ist es ratsam, Ursache und Wirkung zu beachten. Schaut euch die alten Muster an, damit wir alle damit arbeiten können.

Vor allem dann, wenn der Mensch spürt, dass sich sein Leben langsam dem Ende zuneigt, sollte er in sein Herz hineinspüren. Ich helfe euch dabei, keine Sorge. Unerfüllte Träume, aber auch fehlgeschlagene Verbindungen, unschöne Trennungen und künstliche Distanz zu anderen Wesen sind unbearbeitete Themen, die ihr in das nächste Leben mitnehmt. Es ist nie zu spät, daran zu arbeiten. Geht aufeinander zu und lasst alte Kontakte neu aufleben, um Missverständnisse zu bereinigen. Oft waren es falsch verstandene Emotionen, denn manchmal kann ein Satz oder ein Wort im anderen Schlimmes auslösen, ohne dass man es selbst bemerkt. Dann hilft ein klärendes Gespräch, und sei es nach Jahrzehnten. Es lohnt sich, denn so entsteht eine Art Freiheit, die man im Herzen spürt. Es ist ein Kapitel des Lebens abgeschlossen. Seid versichert, dass es euch sofort leichter ums Herz wird. Alte Menschen, die dement sind, zeigen durch ihre Emotionen ganz klar, wo Handlungsbedarf ist. Versucht dann, liebevoll auf sie zuzugehen, auch wenn es schwer ist und ihr wieder einmal verbale und emotionale Hiebe einstecken müsst. Bittet mich um Hilfe, damit ich euch dabei unterstützen kann. Es ist nicht schwer, denn in eurem Herzen lebt ja der Wunsch nach Klärung und Frieden. Der alte Mensch wird euch im Herzen dankbar sein, auch wenn er es nicht direkt zum Ausdruck bringen kann. Im Moment des Todes werdet ihr die Befreiung miterleben, seid versichert, und das ist dann euer Lohn.

Aber auch die Trauer um ein geliebtes Wesen muss und soll durchlebt werden. Hier entsteht schnell ein positives Gefühl im Herzen. Trauer und Tränen dürfen sich ausdrücken, denn so kann der magentafarbene Strahl dabei helfen, ein friedliches und liebevolles Loslassen zu erleichtern. Eure Zellen schaffen sich Raum und möchten Ballast abwerfen, um eine neue Phase eures Lebens zu erschaffen. Wer sich Trauer, Schmerz und Tränen versagt und alles unterdrückt, wird nicht frei von Ballast, der euer ganzes System verstopft. Wenn sich hier die Transformation zeigt, habt ihr das Recht, zu lächeln und Freude zu empfinden. Euer Herz gesundet langsam und ist bereit, den weiteren Weg mit neuer Spannung zu gehen. Verbietet euch diese Momente bitte nicht. Niemand wird denken, ihr habt eure Lieben, die gegangen sind, vergessen. Sie werden immer einen Platz in eurem Herzen behalten, aber sie würden auch niemals von euch verlangen, nicht mehr in Freude am Leben teilzunehmen. Das magentafarbene Licht ist immer bereit, euch hier den Weg zu weisen. Jede Phase eures Lebens hat ihre Herausforderungen. Wenn sie bewältigt sind, habt ihr das Recht, zu lachen und glücklich zu sein. Jedes Wesen hat auch das Recht, anders zu trauern und loszulassen. Wenn euch nach Tanzen zumute ist, dann tanzt. Der Tanz ist ein uraltes Ritual der Freude des Herzens. Ich bin immer an eurer Seite, um euch neutral und harmonisch auf eurem Weg zu begleiten. Fordert meine Hilfe an, ich bin da.

Kuthumi

Weltenlehrer und Lenker des goldenen Strahles

Fülle, innerer und äußerer Reichtum, aber auch die Geborgenheit im großen Ganzen sind die Aufgaben des goldenen Strahls, der seinen Brennpunkt zwischen dem Herzchakra und dem Solarplexus hat. Jedes Wesen, ob Mensch oder Tier, hat ein Recht darauf, all diese Aspekte in seinem Erdendasein zu erfahren. Nun werdet ihr sagen: Wie soll dies allen Wesen gelingen, wo es auf der Erde so viel Ungerechtigkeit gibt? Es ist alles eine Frage der Wahrnehmung. Ein Wesen, das in materieller Armut aufwächst, hat sich diese Familie ausgesucht, um zu lernen und zu wachsen. Wir wissen, dass viele von euch wenig Verständnis für diesen Satz aufbringen können. Im Moment der Zeugung richtet sich der Fokus des inkarnierenden Seelenanteils immer nach der Familie, nach den karmischen Strukturen und den eigenen Zielen. Reichtum und Fülle unterliegen den individuellen Bewertungsmaßstäben. Jedes Leben ist eine in sich geschlossene Präzipitation, ein persönliches Projekt mit vielen kleinen und großen Zielen. Nicht immer spielt der materielle Reichtum für den Seelenanteil eine große Rolle, denn manchmal sieht ein Wesen seinen erstrebenswerten Reichtum in seiner wahren Aufgabe, der Liebe und den Herzensangelegenheiten. Es gestaltet in

Zusammenarbeit mit seiner geistigen Führung seinen eigenen Plan, der alles Erreichbare vorsieht und in die Wege leitet. Wenn der Mensch sich damit einverstanden erklären kann, gelingt es ihm auch, Neid und Eifersucht zu beherrschen, denn der geistig gewachsene Mensch weiß in seinem Herzen, dass materielle Fülle und Reichtum nicht immer den Weg ins Glück weisen. Ein einfaches Leben im Kreise einer Familie, die von Herzensliebe geprägt ist, kann einen Menschen reicher werden lassen als einen Millionär. Der goldene Strahl versucht vom Beginn eines Lebens an, die Werte zu vermitteln, die den wahren Reichtum ausmachen. Da spielt es keine Rolle, ob dieser Mensch in eine reiche oder durchschnittliche Familie inkarniert. Maß zu halten, muss auch der materiell reiche Mensch lernen. Im Herzen ist nur der reich, der sich auch an den kleinen Dingen des Lebens erfreuen kann. Ein wunderschöner Tag im Kreise der zufriedenen Familie kann einen Menschen reich an Glück sein lassen. Es ist die Geborgenheit, die ihm Sicherheit gibt, dass alles gut wird. Wer sich nicht geborgen fühlt im Kleinen wie im Großen, ist immer einsam und unzufrieden. In der Materie soll sich jedes Wesen geborgen und von den guten Energien getragen fühlen. Alle Widrigkeiten, die ihm begegnen, sind von anderen Wesen mit inszeniert und karmischer Natur. Das konstruktive Umgehen mit diesen Erscheinungen ist die große Aufgabe. Wenn alle Wesen in diesem Sinne an einem Strang ziehen, wird es am Ende immer eine Zufriedenheit geben. Diese zu erlangen, ist allerdings eine schwierige Aufgabe.

Ziele und Träume, die ein Wesen hat, können groß oder klein sein. Ein Kind, das dankbar und genügsam aufwächst, wird sich über jeden Erfolg freuen und sich auch dafür bedanken. Wenn es lernt, dass ihm nicht jeder Wunsch erfüllt werden kann und dass Verzicht manchmal sein muss, wird es sich später auch über Kleinigkeiten freuen können. Der goldene Strahl achtet aber auch darauf, dass ein Wesen nicht immer bewusst zum Verzicht gezwungen wird, weil andere meinen, mehr verdient zu haben. Der Strahl verteilt die Fülle so, wie sie im Plan steht. Gerade beim Erschaffen aus der Urmaterie, bei der Präzipitation, habe ich darauf zu achten, dass alle Aspekte des Strahls im Ergebnis des Zieles sichtbar werden. Oftmals ist zu erkennen, dass ein Mensch noch viel mehr erreichen kann, wenn er sich anstrengt und sein Ziel korrekt ansteuert. Falsche Demut oder Genügsamkeit sind unangebracht, wenn viel mehr zu erreichen ist. Dann muss ich den Menschen darauf hinweisen, dass er sich anstrengen muss, um alles einzufordern und zu erlangen, was ihm zusteht. Deshalb ist eine gezielte Zusammenarbeit mit uns gerade beim Erschaffen aus der Urmaterie so immens wichtig. Wir erkennen die kleinsten Unachtsamkeiten und können gezielt mit euch vorgehen. Wenn diese Projekte gelingen, erkennt der Mensch seine Geborgenheit im großen Ganzen. Er versteht, dass er alles erreichen kann, was er sich in seinem Plan vorgenommen hat. Und das ist die Fülle, die ihm zusteht, der innere und äußere Reichtum seines ganz persönlichen Projekts "Leben".

Ich möchte nicht versäumen, an dieser Stelle auf die Bedeutung des Zusammenlebens mit Tieren einzugehen. In meinem Leben als Franz von Assisi habe ich mich sehr intensiv dem Schutz der Tiere zugewandt und gelte seitdem als Schutzpatron der Tiere, und hier spreche ich von allen Tieren. Es gibt im gesamten Universum keinen Unterschied zwischen den Tieren. Der Mensch hat sich angewöhnt, zwischen Nutz- und Haustieren zu unterscheiden. Es gibt auch keinen Unterschied zwischen Nutz- und Hausmenschen. Jedes Wesen erfüllt seine Aufgabe von der Zeugung bis zum Tod, und jedes Wesen hat seinen Anspruch auf Schutz und Achtung. Die Natur wurde geschaffen, um allen Wesen eine zufriedene und harmonische Ebene der Existenz zu bieten. Was der Mensch geschaffen und im Laufe vieler Zeitalter geprägt hat, entspricht nicht mehr der geistigen Anforderung des harmonischen Zusammenlebens. Jeder Mensch weiß, dass man Tiere achten soll in ihrem Wesen, und jeder Mensch weiß auch, welche Fehler dabei begangen werden. Es wäre mühsam und unwichtig, alles aufzuzählen, um Verständnis zu erlangen. Es geht auch nicht um das Verstehen, dass jedes Lebewesen das Recht auf unberührtes Leben hat, es geht einfach nur um geistiges Wachstum. Solange ein Mensch der Meinung ist, er brauche für sein körperliches Wachstum und Wohlergehen das Fleisch und Blut eines Tieres, ist er geistig noch im Wachstum begriffen. Es geht hier nicht um die Intelligenz des Verstandes, bitte versteht mich nicht falsch, sondern es geht um die Entwicklung des spirituellen Gehirns und die Aktivierung des emotionalen Herzens, um den präexistenziellen Körper zu erlangen.

Letztlich können wir sagen: Jedes Wesen, ob Mensch oder Tier, muss auf seine Weise diese Aktivierungen vollziehen. Nicht umsonst spricht man von der Weisheit des Alters, die einen gewachsenen Menschen unwiderstehlich und sympathisch macht. Dieser Mensch, aber auch ein Tier, das ein hohes Alter erreicht hat, strahlt innere Ruhe und Gelassenheit aus. Dazu gehören viele Themen des alltäglichen Lebens, aber auch die intensive Auseinandersetzung mit allen Lebewesen, die sich im Laufe des Lebens zu dem Wesen gesellen. Die Tiere spielen dabei eine sehr große Rolle, da sie den Menschen auf allen Wegen seiner Entwicklung unterstützen möchten. Ihr begegnet einer Tierseele während einer Inkarnation dreimal, um sie endgültig loslassen zu können. Das hat viele Gründe. Wie oft kommt es vor, dass man ein Tier schon nach kurzer Zeit wieder loslassen muss, nicht nur durch seinen Tod, denn es gibt auch andere Gründe, sich von einem Tier zu trennen. Die Trauer ist groß, wenn das Tier seinen Platz im Herzen des Menschen gefunden hatte. Aber auch ein herzloses Abschiednehmen, indem man ein Tier zum Beispiel ausgesetzt hat, weil es störend war, kann im Nachhinein Trauer und Sorgen auslösen. Der Mensch hat immer die Gelegenheit, zu wachsen und vieles wiedergutzumachen. Deshalb bekommt er die Möglichkeit, eine Tierseele nochmals in seinem aktuellen oder auch späteren Leben zu begrüßen und gut zu behandeln. Der Seelenanteil eines solchen Tieres sucht seinen Platz in der Aura des Menschen und macht sich dort positiv bemerkbar. Dies kann geschehen, indem der Mensch immer stärkere Sehnsucht nach einem Tier in sich spürt. Wohlgemerkt: Es geht um den Seelenanteil. Das bedeutet, dass sich dieser Anteil immer nach den aktuellen Bedürfnissen des Menschen richten kann. Hat ein Mensch beispielsweise in der Kindheit einen Hund loslassen müssen, befindet sich aber jetzt in einer Lebenslage, in der das Zusammenleben mit einem Hund kaum möglich ist, ist der Anteil durchaus in der Lage, als Katze oder als ein anderes Tier zu inkarnieren. Die Tierseele ist hier sehr anpassungsfähig, denn ihr geht es darum, Spannungen abzubauen und eine wohlwollende Zusammenarbeit ins Leben zu rufen. Sehr oft legen Tierseelen in der aktuellen Zeitphase großen Wert darauf, ihre Menschen therapeutisch zu begleiten, entweder um sie selbst zu heilen oder um ihnen bei einer therapeutischen Arbeit zur Seite zu stehen. So kann sich zum Beispiel ein Pferd aus einem früheren Leben im heutigen Leben als Therapiehund mit dem Menschen sinnvoll zusammentun. Ich schicke dem Menschen alle Impulse, damit er in diese Situation hineinwachsen kann. Wichtig ist jedoch, dass der Mensch sich dann intensiv mit dem Seelenanteil des Tieres auseinandersetzt. Er ist angehalten, dem Anteil den Befehl zu geben, sich zur Inkarnation bereit zu machen. Dabei muss er die Gattung, gegebenenfalls die Rasse und auch den Zweck des Zusammentreffens formulieren. Dies geschieht dann, wenn sich der Seelenanteil auf die Suche nach einer Mutter machen soll.

Es ist die gleiche Absprache, wie sie auch bei der menschlichen Zeugung erfolgt, nur mit dem Unterschied, dass es hier vollbewusst geschehen sollte. Danach wartet der Mensch auf die entsprechenden Impulse, um auf die erfolgreiche Suche nach dem Tier zu gehen. Ich bin immer bereit, dabei zu helfen, wenn ich darum gebeten werde. Andererseits kann es aus der Sicht einer Tierseele unbedingt erforderlich sein, jetzt die Gegenwart eines bestimmten Menschen aufzusuchen. Dann gibt sie mit meiner Unterstützung selbst die wichtigen Impulse. Der Mensch hat plötzlich Sehnsucht nach einem Tier an seiner Seite. Er fühlt sich einsam oder nicht ganz erfüllt in seinem Leben. Das Tier fehlt einfach. Dann ist es Zeit, entweder den oben genannten Prozess zu starten oder sich impulsiv auf die Suche zu machen, denn es kann sein, dass die Tierseele bereits einen Körper aufgesucht hat. Hier ist euer inneres und geistiges Wachstum gefordert. Es gilt zu vertrauen, dass man sich auf dem richtigen Weg befindet. Bittet mich um Hilfe, ich werde sofort da sein, um euch zu führen. Das Zusammenleben und auch -arbeiten mit einer solchen Tierseele ist erfolgreich und auf allen Ebenen erfüllend. Ich bin da, um euch zu helfen.

Maitreya
Weltenlehrer und Lenker des pfirsichfarbenen Strahles

Der Brennpunkt des pfirsichfarbenen Strahls befindet sich zwischen dem Herzchakra und dem Solarplexus. Lebensfreude und Enthusiasmus auf allen Ebenen werden von dieser Lichtenergie gespeist. Ein Seelenanteil, der sich zur Inkarnation entscheidet und die karmischen Strukturen seiner künftigen Familie beleuchtet, wird von mir und der Strahlenenergie immer unterstützt. Es gibt in diesem Sinne kein existierendes Wesen, das nicht mit dieser Energie in den Schöpfungsprozess eingestiegen wäre. Jedes Menschenkind und jedes Tierkind, das den Weg in die Materie sucht, bringt Enthusiasmus mit und hat die Lebensfreude vom ersten Moment der Zeugung an in sich gespeichert. Ihr könnt diese beiden Energien bei den Kleinsten noch sehr gut erkennen. Kinder sind den ganzen Tag auf der Suche nach der Freude am Leben. Sie erkunden ihre Welt und werden nicht müde, sich positiv überraschen zu lassen. So sind sie alle ausgestattet, um den Weg in die Materie anzutreten. Jedoch kann bereits der Geburtsprozess große Ernüchterungen bereithalten, wenn Mutter und Kind in eine schwierige Lage geraten. Der Eintritt in die neue Familie kann sehr schnell zur Enttäuschung werden, und so gelangt ein Wesen in seinem Leben hier in große Prüfungen. Karma sucht seinen Weg der Transformation, aber dafür sind viele Aufwachmomente unumgänglich. Gerade hier bin ich mit all meinen Helfern ständig bestrebt, auch einem Wesen, das schwere Stunden erleben muss, Lebensfreude und Enthusiasmus zu spenden. Das können Momente der Freude sein, die sich unerwartet zeigen. Es ist wichtig, dass ihr trotz vieler Stunden des Schmerzes und des Leids niemals vergesst, dass ihr geliebt und getragen seid. Ihr habt trotz allem das Recht, zu lächeln und euch zu erfreuen. Wer ohne Enthusiasmus durch sein Leben geht, erträgt sein Dasein und erfüllt seine Pflichten. Das ist sehr ungesund, denn nur wer ständig neuen Enthusiasmus in sich trägt, ist in der Lage, sich neue Ziele und einen Fuß vor den anderen zu setzen. Die Freude am Leben hält viele Eindrücke und Momente bereit, die ihr auch erkennen müsst. Ein traumhafter Sonnenuntergang löst nicht eure Probleme, aber er zeigt euch die Energie der Schöpfung, und er möchte euch zeigen, dass es immer wieder einen Sonnenaufgang und neue Kraft gibt. Jede Blume, die sich vor euren Augen entfaltet, will eure Lebensgeister wecken, so wie eine wohlschmeckende Mahlzeit. Auch ich kann euch nur immer wieder das Zusammenleben mit Tieren ans Herz legen. Ein solcher Begleiter ist immer bestrebt, euch Freude zu bereiten, zu trösten und zum Lachen zu bringen. Tiere schließen euch in ihr Herz ein und umsorgen euch mit Lebensfreude. Ihre Energie ist ein Teil der aufbauenden Natur, und dennoch benötigen sie auch eure Fürsorge und Liebe. Das ist ein Geben und Nehmen des Herzens. Die Ruhe, die sie ausstrahlen, aber auch ihr quirliges Gemüt geben euch immer wieder das Gefühl, geliebt und gebraucht zu werden. So entstehen immer wieder Stunden des Glücks und der Liebe. Jedes Leben hat seine schweren Stunden, aber auch die der Freude. Wenn ihr ein wichtiges Ziel anstrebt, euch bemüht habt und kurz vor der Vollendung steht, fühlt ihr in euch den Enthusiasmus, alles erreichen zu können. Wir bauen euch so auf, damit ihr noch die letzten Hürden nehmen und alles sinnvoll manifestieren könnt. Enthusiasmus braucht jedes Wesen, um weiterzumachen und sich einen neuen Antrieb zu ermöglichen. Betrachtet ein kleines Kind, das laufen lernt. Wenn es die ersten selbstständigen Schritte getan hat, will es seine Welt neu erkunden. Das Laufen lernen ist sofort Historie und sehr schnell vergessen, so auch kleine Blessuren, die es sich auf diesem Weg eingehandelt hat. Es ist einen wichtigen Schritt weitergekommen, und in diesem Moment weiß es noch nicht, dass diese neue Lebenssituation auch neue Probleme und große Aufgaben mit sich bringt. Es kommen ganz andere Themen und Anforderungen auf sein Wesen zu. In diesem Moment ist es gewillt, all das auf sich zu nehmen, weil es jetzt viel selbstständiger und freier ist. Es ahnt noch nicht, dass seine kleine Welt in absehbarer Zeit nicht mehr alleine vom Spiel geprägt sein wird und dass in Kürze niemand mehr dazu bereit ist, es durch sein Leben zu tragen. Es muss sich selbstständig fortbewegen - und nach einigen Jahren darf es selbst die Kleinsten auf Händen tragen. Ich will damit sagen, dass jeder Enthusiasmus gesund ist, auch wenn man spürt, dass sich neue Welten und Herausforderungen öffnen. Davon ist das Leben bestimmt, bis es wieder zu Ende geht. Jedes Wesen hat auch das Recht, innezuhalten und sich Pausen zu gönnen, damit sich Lebensfreude zeigen und aufbauen kann. Nur wenn die Waagschalen gleichmäßig mit Anstrengung und Lebensfreude bestückt sind, ist ein Wesen ausgeglichen. Wenn ihr also spürt, dass die Anstrengung überhand nimmt, bittet mich um Hilfe, damit ich dafür sorgen kann, dass sich auch die Lebensfreude einstellt. Ihr müsst allerdings die Hinweise beachten und nutzen, denn ihr bestimmt über euer Leben. Gerade das hohe Alter der Wesen besteht aus vielen Herausforderungen, was auch die Gesundheit und den Alterungsprozess betrifft. Jeder hat das Recht, sich auszuruhen und kürzer zu treten. Deshalb ist es so wichtig, dass gerade alte Menschen und auch Tiere von der Allgemeinheit optimal versorgt sind. Das ist eine kollektive Pflicht, die ihr übernehmen müsst. Sie sollen alle gesundheitlich und materiell in guter Obhut sein, denn sie haben die jungen Wesen auf den Lebensweg geschickt und ihnen ihr Wachstum ermöglicht. Sie haben auf vieles verzichtet, um ihnen den Weg zu ebnen. So muss im Alter die Lebensfreude gesichert sein, die aus vielen kleinen Gelegenheiten besteht. Dann bewahren diese Menschen auch ihren Enthusiasmus, um immer wieder den jungen Menschen zu helfen und ihnen mit Rat und Tat zur Seite zu stehen. Es geht auch um den Enthusiasmus, dem Ende des Lebens mutig und erfüllt entgegenzugehen. Eine Gelassenheit soll sich bemerkbar machen, keine Angst davor, gehen zu müssen. So bittet auch hier um meine Hilfe, wenn sich Sorgen und Nöte aufbauen. Es ist meine Aufgabe, euch auch in diesem Sinne dem Ende eurer größten Präzipitation, dem Leben, entgegenzuführen. So enthusiastisch, wie ihr ins Leben gegangen seid, so sollt ihr es auch wieder verlassen dürfen, in der Freude, ins Licht zu gehen und neue Wege zu erkunden. Die Leichtigkeit des Seins ist die Basis eines erfüllten Lebens und Plans. Ich bin immer für euch da.

Sanat Kumara

Herr der Venus und Lenker des opalfarbenen Strahles

Der Brennpunkt des opalfarbenen Strahles der absoluten Transformation im Sinne des uralten Wissens ist der Bereich zwischen Sakral- und Wurzelchakra. Das geerdete Dasein soll geprägt sein von der uralten Energie, eurer Weisheit alter Kulturen, jeglicher Epoche, auch im Sinne Lemuriens und der atlantischen Ära. Ein immens großer Speicher der göttlichen Weisheit lebt auf einer hohen energetischen Ebene, bewahrt und gehütet von der venusischen Energie. Die Venus ist der Schwesterplanet der Erde. Ihre Aufgabe ist es nach wie vor, der Erde und ihren Bewohnern dabei zu helfen, im venusischen Sinne zu wachsen und einer neuen Zeit entgegenzugehen.[1]

Es war und ist meine ewige Aufgabe, allen Erdenmenschen und allen Tieren, nicht zuletzt der Natur dabei zu helfen, sich auf das absolut Reine und Unverfälschte zu besinnen. So leben wir auf der Venus. Als ich im Jahre 1956 die Erde verlassen

1) Siehe dazu auch das Buch "Sanat Kumara und die Weiße Bruderschaft. Die Heimkehr der neuen Erde", Silberschnur Verlag 2012

musste, um sie der letzten Prüfung auszusetzen, mussten wir speziell im Sinne des Lichtkörperprozesses damit beginnen, die uralten Aspekte der Weisheit in der Sonnenwirbelsäule aller Wesen zur Verfügung zu stellen. Jedes Wesen entscheidet für sich, ob es diese Aspekte aktivieren und leben möchte. Lasst mich hierzu betonen, dass die Tiere auf der ganzen Erde längst auf diesem Weg sind. Ich will nicht sagen, dass sie euch in vielerlei Hinsicht überlegen sind, aber sie haben verstanden, was es bedeutet, die gegenseitige Achtung der Würde und des Rechts auf ungestörtes Leben zu kultivieren.

Ein Seelenanteil, der zur Inkarnation bereitsteht, wird immer von mir in diesem Sinne geschult. Er lernt, dass die Erde, wie viele andere Planeten, ihm immer wieder die Chance gibt, sich zu vervollkommnen. Die Energie des opalfarbenen Strahls ist sehr anspruchsvoll. Sie setzt voraus, dass sich ein Wesen mit allen Konsequenzen dazu bereiterklärt hat, im Sinne der uralten Weisheit zu leben und alle anderen Wesen zu achten. Ich statte jeden Seelenanteil mit dem Zugang zu dieser Energie aus. Wohlgemerkt, mit dem Zugang, denn ich muss sehr vorsichtig sein. Wenn euch für eine bevorstehende Operation in der Materie ein Venenzugang gelegt wird, bedeutet dies, man hat die Möglichkeit, euch schnell und unmissverständlich mit einem wichtigen Medikament zu versorgen. Es muss aber nicht geschehen. Ihr erklärt euch damit einverstanden. Genauso verfahren wir mit unserer Energie. In eurer Sonnenwirbelsäule ist die Aktivierung des opalfarbenen Strahls jederzeit möglich, sei es durch die Anrufung meiner Hilfe oder die der atlantischen Priester des Strahls. Eines müsst ihr jedoch bedenken: Wenn die Energie einmal aktiviert ist, fließt sie ständig, denn wir haben erkannt, dass ihr bereit seid, diese hohe Energie zu involvieren. Diese energetische Aktivierung, und das betrifft alle fünf zusätzlichen Strahlen, kann nicht mehr zurückgenommen werden. Ihr habt euch dazu bereiterklärt, mit uns zu arbeiten und voranzuschreiten. Es ist zu sehen wie ein neuer Lebensabschnitt in eurem Plan, der exakt vorauszusehen war. Dennoch liegt es in eurem Ermessen, ob ihr dazu bereit seid. Niemals werdet ihr dazu gezwungen. Diese fünf Strahlen hängen miteinander zusammen. Sie bewegen eine sogenannte Interaktion, denn euer Fortschritt wird so gewährleistet. Trotzdem müssen die Strahlenlenker und auch die Priester darauf achten, dass ihr nicht überfordert werdet. Der opalfarbene Strahl ist das energetische Schlusslicht im gesamten Energiebereich, und dennoch stellt er die höchsten Anforderungen an eure Wahrnehmung und an die Umsetzung der uralten Weisheit, der Künste und gesamten Heilkräfte, die euch zur Verfügung stehen. Viele von euch wurden mehr als einmal auf der Venus geschult, bevor sie erneut in ein Leben auf der Erde aufgebrochen sind. Dort empfängt der Seelenanteil jeglichen Impuls, wie das Leben auf der Erde langsam an das Niveau der Venus angepasst werden möchte, nicht muss. Das ist in der Materie eine harte Schulung, denn viele Voraussetzungen müssen dafür erfüllt werden. Es beginnt bei eurer Ernährung und setzt sich fort über die Themen der Aktivierung des uralten Wissens, der Transformation des Karmas oder auch des Zusammenlebens in Harmonie, Ästhetik und bedingungsloser Liebe. Auf all diese Themen wird ein Seelenanteil vorbereitet, wenn er sich zur Inkarnation entscheidet. Dann stellt sich jedoch immer wieder die Frage, in welches Umfeld er inkarniert und wann im Leben es möglich sein wird, die entsprechenden Impulse der Venus zu aktivieren. Oftmals bedingt diese Aktivierung eine komplette Umstellung des Lebens. Das ist nicht einfach, vor allem dann, wenn man Teil eines anspruchsvollen Kollektivs geworden ist. Das kleine Kind zeigt sehr oft große Fähigkeiten, die auf venusische Strukturen hinweisen, aber oft werden sie nicht wahrgenommen und gefördert. Das ist kein Vorwurf an die Eltern, aber wenn sich dann in diesem Wesen Züge zeigen, die vom althergebrachten Muster der Familie abweichen, ist die Akzeptanz essenziell. Loslassen und gelebte Demut sind dann ebenso wichtig. So können wir ein Wesen auf einem vielleicht exotischen Weg begleiten, aber es ist in der Lage, sich im positiven Sinne abzugrenzen und so zu entfalten. Lemurisches und atlantisches Wissen steht manchmal im Widerspruch zu eurem erlernten und studierten Wissen. Das hat viele Gründe, über die die Atlanter oft genug berichteten. Trotz allem ist es sehr gut einsetzbar und integrierbar. So kann sich eine neue Lebensstruktur entfalten, die nicht "überirdisch" erscheint. Das Leben des Wesens verläuft selbstsicherer und besser geführt. Es lohnt sich, den Strahl bewusst zu aktivieren. Ihr braucht vor dieser Energie keine Furcht zu entwickeln, wir werden euch niemals überfordern. Die Atlanter lebten spielerisch in ihrer Energie, die sie frei und unbekümmert existieren ließ. Sie wurden so zum Genie, ohne sich übermäßig anstrengen zu müssen. Und so leben wir auf der Venus. Wir sind jederzeit bereit, euch auf diesem Weg zu begleiten, der euch zwar immer wieder den Ernst des Lebens zeigt, der aber auch bereit ist, die Leichtigkeit des Seins zu spiegeln. So ist dann auch euer Abschied von der Materie leichter, wenn der Moment gekommen ist. Wir stehen immer bereit, die Brücke ins Licht, in das opalfarbene Licht der endlosen Weisheit zu schlagen. Ich bin für euch da, fordert meine Hilfe an. Adonai, Sanat Kumara, der Alte der Tage.

- TEIL 2 -

Der Einfluss der universellen Energie auf das fünffache menschliche Energiesystem und der individuelle Lebenssinn

Die Bedeutung der Strahlen im Energiesystem

Die Energiestruktur der Seele wurde vor Urzeiten selbst gewählt. Als sich der sogenannte göttliche ICH-BIN-Funke zum ersten Mal entschied, sich in der Materie zu beweisen, dass er im Besitze sämtlicher Weisheit ist, durfte er sich über die sieben Strahlen der Schöpfungsenergie in die Materie bewegen. Da er die größtmöglichen Erfahrungen sammeln wollte, erzeugte er insgesamt zwölf Seelen oder auch höhere Selbste genannt, die er auf die sieben Strahlen verteilte. So war er in der Lage, alle Energiestrukturen in der Materie zu erleben. Um einerseits in der absolut reinen göttlichen Verbindung zu bleiben und andererseits in der Materie existieren zu können, musste diese Seele in die irdische Verkörperung gehen. Dafür mussten sogenannte Persönlichkeiten geschaffen werden, die auf dem jeweiligen Planeten existenzfähig sein konnten. Auf der Erde bestehen Persönlichkeiten aus einem physischen Körper, der mit einem ätherischen Körper direkt verbunden ist, und einem feinstofflichen emotionalen und mentalen Körper, die auch niedere Körper des Egos genannt werden. Gleichzeitig muss sich die Persönlichkeit im Sinne ihrer Ziele und Aufgaben, auch der karmischen Muster, die sich im Laufe der Zeit ansammelten, nach außen darstellen. Da ein jedes Wesen aus verdichteter Energie besteht, liegt es auf der Hand, dass jede inkarnierte Persönlichkeit ihre unterschiedlichen Körper mit Energie ausstatten muss, um in der Materie lebensfähig zu sein. Jede neue Inkarnation stellt den Seelenanteil, der sich als Persönlichkeit wieder verkörpert, vor neue Herausforderungen, sei es die Kultur, die Epoche, das Geschlecht, die Karmastruktur oder Ziele und Aufgaben. Dementsprechend werden die Ebenen der Persönlichkeit in jedem Leben mit den notwendigen Energiestrahlen des Sieben-Strahlen-Spektrums ausgestattet. Das bedeutet: Der Seelenstrahl verändert sich niemals, denn er ist die ethische und energetische Heimat der Seele. Die anderen Strahlen verändern sich so, wie sie neu gewählt werden. So ist jede Inkarnation für den Seelenanteil eine neue Herausforderung, lediglich der Seelenstrahl bleibt immer gleich. Unter seiner Führung ergaben sich Karmastrukturen, die immer wieder neue Persönlichkeiten bedingen, und dennoch bleibt die ursprüngliche energetische Ausrichtung der Seele die gleiche. Dementsprechend ergibt sich also für jedes inkarnierte Wesen (ob Mensch oder Tier) folgende energetische Strahlenkonstruktion:

Seelenstrahl	bleibt von Anbeginn an gleich
Persönlichkeitsstrahl	ändert sich in jedem Leben
Ätherisch-physischer Strahl	ändert sich in jedem Leben
Emotionalstrahl	ändert sich in jedem Leben
Mentalstrahl	ändert sich in jedem Leben

Dieses System lässt vermuten, dass die Seele als solche in ihrer Strahlenstruktur immer wieder vor neue Herausforderungen gestellt wird, da sich jede Persönlichkeit vom Moment der Geburt an verselbstständigt und von ihr sozusagen gemanagt werden muss. Die Seele erstellt in Zusammenarbeit mit der geistigen Führung den Plan, den die Persönlichkeit auszuführen hat.

Die Persönlichkeit wird erzeugt und muss von ihr in positivem Sinne in der Materie gesteuert werden. So lässt sich das anspruchsvolle und nachhaltige Projekt einer jeden Inkarnation erkennen. Dabei muss man berücksichtigen, dass der Seelenstrahl das Leben spirituell beeinflusst, nicht materiell. Nun ist es immer eine Frage des geistigen Wachstums, wie die inkarnierte Persönlichkeit die aufsteigende Seelenabsicht erkennt, bewertet und einsetzt. Es kann dabei zu Verzerrungen und durchaus fragwürdigen Aktivitäten kommen. Wir dürfen nicht vergessen, dass nur in den Persönlichkeitsebenen die Karmastruktur gespeichert ist. Hält eine Persönlichkeit an ihren Strukturen fest oder ist sie nicht bereit zur Transformation, dann empfindet sie den Einfluss des Seelenstrahls durchaus als störend oder bevormundend. Dementsprechend hat sie den freien Willen, die Energie des Seelenstrahls sowohl positiv als auch negativ einzusetzen.

Die Wirkung der Strahlen in den einzelnen Energiefeldern kann sowohl positiv als auch negativ wahrgenommen und angewandt werden, da die Wahl der Strahlen das inkarnierte Wesen auch dazu befähigen soll, karmische Strukturen wahrzunehmen und zu transformieren. Da die Materie eine Ebene der Illusion ist, beteiligt sich die Strahlenenergie auch hier als wirkende Kraft der Illusion, um dabei zu helfen, geistig zu wachsen und deutliche Fortschritte zu machen, bis hin zum endgültigen Loslassen der Materie. Deshalb sprechen wir von sogenannten positiven und negativen Qualitäten und auch von Stärken und Schwächen der Strahlen in ihrer Wirkung. Es soll hier niemals als eine Bewertung des Wesens gesehen werden. So kann eine sinnvolle und fruchtbare Betrachtung der eigenen Struktur und eine Eigenreflexion erreicht werden. Wenn ein Wesen erkannt hat, welche energetischen Einflüsse Themen aktivieren, die ihm nicht besonders zuträglich sind, versteht es den Sinn dieses Einflusses und kann so aus einer gesunden Eigendynamik heraus den Transformationsprozess eigenständig aktivieren. Es bedarf dann keiner belehrenden Einflussnahme von außen. Der Weg der Selbsterkenntnis war schon immer der beste Weg zur Vervollkommnung im Sinne der universellen Weisheit.

Der saphirblaue Strahl

des starken Willens, der positiven Macht, der Zielsetzung, Führungsqualität und des Selbstvertrauens und Mutes

★ Die Bedeutung des blauen Strahls im Energiesystem

Seelenstrahl

Charakteristische Stärken:

Ein inkarnierter Seelenanteil (im folgenden "Mensch" genannt), der sich von Anbeginn an für die Energie des blauen Seelenstrahls entschied, ist geprägt von einem extrem starken Willen und einer positiven Macht. Er ist zielgerichtet und sehr dynamisch, um in jeder Inkarnation kraftvoll und wohlwollend zu führen. So mag ein solcher Mensch in vielen Situationen des Lebens unpersönlich erscheinen, aber nur so ist er in der Lage, selbstlos und allumfassend zu agieren, um jedes Wesen loszulassen und ihm eine freie Entfaltung zu garantieren. Die Unabhängigkeit ist diesem Menschen sehr wichtig. Die Identifikation des Selbstes mit dem höheren Selbst führt zum wahren SELBST.

Da dieser Mensch vollkommen frei sein will, befasst er sich grundsätzlich mit Aktivitäten, die absolut gewinnbringend und notwendig erscheinen. Er ist strukturiert und sehr belastbar, um buchstäblich "durchzuhalten". Dies gibt ihm Freiheit und das Gefühl, etwas zu bewegen. Wenn er während einer Inkarnation seine wahre Ausrichtung erkennt, weiß er, dass es keinen anderen Weg gibt, als in der Einfachheit des selbst erstellten Lebensplans zu existieren. Andere Wesen werden von ihm an das Erkennen des göttlichen Willens herangeführt, damit sie erkennen, dass dieser Wille sie immer wieder mit ihrem eigenen Plan konfrontiert, den es auszuführen gilt. Dafür braucht dieser Mensch sehr viel Kraft und Durchhaltevermögen, damit die gewonnene Freiheit unerschütterlich verteidigt werden kann. Dabei hilft er allen anderen Wesen mit einem erkennbaren Altruismus (durch Rücksicht auf andere gekennzeichnete Denk- und Handlungsweise oder Selbstlosigkeit), ob Mensch oder Tier. Da er gezielt auf Abweichungen vom rechten Weg hinweist, muss er lernen, dass er dafür nicht immer geschätzt wird, was ihn jedoch im Sinne seiner gesammelten Erfahrungen und Erkenntnisse nicht erschüttern kann. Der blaue Strahl steht für Selbstvertrauen, das nur durch Vertrauen in sich selbst und die geistige Führung erwächst. So lernt dieser Mensch von Anfang an zu führen, da er "auffällt" und auch andere inspirieren und überzeugen kann. Er ergreift die Initiative und schlägt den kürzesten Weg zum Ziel ein. Hier kommt es dann durchaus auch zur "konstruktiven Zerstörung", wenn es zum Wohle aller sein muss mit der Erkenntnis: "Ich bestehe noch immer."

Charakteristische Schwächen:

Grundsätzlich stellen die Schwächen eines inkarnierten Seelenanteils in jedem Leben intensive Prüfungen dar, sie wollen –

sofern vorhanden - überwunden werden, um den Stärken des Seelenstrahls den höchsten Einfluss auf die Persönlichkeit zu gewähren. Man kann sagen, der Seelenstrahl übernimmt mit der Spiegelung seiner illusionären Schwächen eine wohlwollende, transformierende Aufgabe, damit die Stärken des Strahls der perfekt funktionierenden Persönlichkeit in jedem Leben eine Chance bieten können, im Rahmen seiner und der geistigen Führung. Das ist nicht leicht zu verstehen, denn der Strahl präsentiert grundsätzlich positive Werte und Aspekte. Die Wahrnehmung der Persönlichkeit mit all ihren Ebenen braucht gelegentlich die Illusion der falschen Nutzung ihrer Seelenstärken, denn nur so kann es zu einer sinnvollen Transformation des Egos kommen, wobei wir die karmischen Einflüsse auch nicht vergessen dürfen.

So können sich im Laufe vieler Inkarnationen durch die Aufgaben des blauen Seelenstrahls karmische Themen wie ein zu starker Identitätssinn, den wir schnell als Egoismus bezeichnen, oder auch starker Stolz entwickeln. Wer in vielen Leben führen und den starken Willen repräsentieren musste, dadurch aber in große Schwierigkeit geriet, kann sich durch diese karmischen Merkmale schnell in der Isoliertheit wiederfinden. Scheinbare Dominanz, Arroganz und ein absolut gelebter starker Wille können den Eindruck erwecken, dass keine Rücksicht darauf genommen wird, wie sich all diese Aspekte auf das große Ganze auswirken. Wenn die Persönlichkeit nicht ausreichend spirituell ausgerichtet ist, kann es geschehen, dass die zum Ausdruck gebrachte Macht nicht mehr im Einklang mit dem göttlichen Plan steht. Hier muss sich dann der Kreis zum Altruismus schließen, damit die Persönlichkeit die Bereitschaft entwickelt, einer Macht zu dienen, die über der persönlichen Absicht steht.

Geduld kann in diesem Zusammenhang eine große Prüfung darstellen, und so kann es passieren, dass man Hindernissen mit

Wut und Gewalt begegnet. Unkontrollierte Ausbrüche verlangen Kontrolle, damit der Mensch lernt, durch "geschickte Bestimmtheit" ungeachtet der Hindernisse vorwärtszukommen.

Wenn es um unbedeutende persönliche Angelegenheiten geht, zeigt der Strahl der Persönlichkeit, dass es durchaus keine negativen Konsequenzen hat, "nachzugeben" und vom Starrsinn abzulassen. Die einflussreiche Stellung in der ersten Reihe mit der Pflicht, für alle sprechen zu müssen, kann durchaus zur Arroganz führen, die den Menschen dann wieder zum Loslassen auffordert. Die Gratwanderung zwischen positiver, spiritueller Macht und der Macht vergänglicher Dinge und flüchtiger Verbindungen kann - auch karmisch bedingt - zu einer großen Prüfung werden. Die positive Macht durchfließt die Persönlichkeit, die materielle Macht jedoch erzeugt durchaus die Isolation und führt so nach Reife zur demütigen Bereitschaft, einer höheren Macht zu dienen als der der eigenen persönlichen Absichten.

Der blaue Seelenstrahl bearbeitet mit dem Wesen auch Ängste, die auftauchen, wenn sich Hindernisse in den Weg stellen, die Geduld erfordern. Angestaute Energie kann sich dann unkontrolliert entladen. Es gilt zu lernen, dass man trotzdem unaufhaltsam weiterkommt, auch mit einem Ehrgeiz, der immer wieder bewusst macht, dass man das Ganze mit einbeziehen muss und Zusammenstöße mit der Dynamik der anderen nicht vermeiden kann. Alles geht dann zu langsam, aber dieser Mensch ist einfallsreich und flexibel genug, um zu erkennen, wo sich ein Punkt ohne Widerstand befindet, der seinem Druck produktiv nachgibt. Dennoch bleibt die Ungeduld eine Frage der Entwicklung.

Persönlichkeitsstrahl

Die Persönlichkeit bietet dem inkarnierten Seelenanteil die Darstellung nach außen, sein Auftreten und Agieren. Da die Persönlichkeit, auch Ego genannt, in ihrem Kern aus verschiedenen Ebenen besteht, nämlich ätherischer, emotionaler und mentaler Ebene, muss sie sich im Laufe ihres Lebens innerhalb ihrer selbst integrieren, indem sie Kama bearbeitet, ihre Ziele und Aufgaben erfüllt und so dem Seelenstrahl die Möglichkeit gibt, hinter den Kulissen diesen gesamten Prozess "anzutreiben". So gestattet sie dem Seelenstrahl immer, mehr oder weniger durch sie zu wirken. Auch hier geht es wieder darum, die Schwächen des gewählten Strahls der Persönlichkeit zu überwinden, damit die Stärken betont werden und dazu beitragen können, effektiv zu leben. Wir sollten gleichzeitig akzeptieren, dass sich die Persönlichkeit mit ihrem Verstand immer anders wahrnimmt, als es die geistige Führung vermag. Generell kann man bei allen Persönlichkeitsstrahlen eine starke Ambivalenz zwischen der positiven und negativen Dynamik erkennen. Beim Persönlichkeitsbild kommt es auch immer darauf an, wie ein Mensch erzogen und gebildet ist. Insofern kann es geschehen, dass die negative Dynamik lange oder sogar während des ganzen Lebens nicht als transformationswürdig angesehen wird. Dies insbesondere dann, wenn diese negative Dynamik dem Menschen starke materielle Vorteile verschafft. Daher kommt es immer wieder auf die spirituelle Entwicklung, die notwendige Karmabearbeitung und den wahrgenommenen Einfluss des Seelenstrahls an.

Die positive Dynamik des blauen Persönlichkeitsstrahls:

Diese Persönlichkeit zeigt innere Stärke und dynamische, positive Macht. Gleich welcher Seelenstrahl wirksam ist, er findet in diesem Menschen ein starkes Ausdrucksmittel. Die niederen Körper des Egos werden durch Wille, Disziplin und Kontrolle der unbeirrbaren persönlichen Absicht angepasst. Der Mensch wirkt sehr entschlossen, zuversichtlich und auf ein Ziel ausgerichtet. Er wird zum Zentrum der Macht und Autorität, zu dem andere kommen, um sich zu stärken und um sich an ihm zu orientieren. Dies oft schon in frühen Lebensjahren. Der Mensch ist schon früh kompromisslos unabhängig und selbstständig durch Vertrauen. Auch in schwierigen Lebenslagen kann er "allein stehen" und dennoch erfolgreich sein. Je nach Seelenstrahl kann sich dies für den Menschen selbst schwierig gestalten, da er unter Umständen zurückweisend wirkt, obwohl er Unterstützung gebrauchen könnte. Darum zu bitten, kann eine schwere Prüfung sein, da er immer versucht, kontrolliert und diszipliniert zu wirken. Die Schale wirkt hart, doch der Kern kann sehr weich sein. Gewählt werden Berufe, in denen man diszipliniert ist, sich behauptet, leitet, führt, etwas erreicht.

Die negative Dynamik des blauen Persönlichkeitsstrahls:

Die Persönlichkeit steht zunächst ihrem höheren Selbst im Weg, indem sie zu dominierend, selbstsicher oder zu stark entschlossen ist, die Dinge ganz alleine machen zu wollen. Sie ist dazu durchaus in der Lage und will einfach nicht ihre wohlverdiente Macht aufgeben. Die eigene Berufung bleibt oft unbemerkt, weil man von Natur aus stark ist und nur führen und leiten, die Autorität behaupten und seine Position schützen will.

Man ist nicht bereit, der höheren Stimme zu gehorchen. Alles muss auf die eigene Art gemacht werden. So entsteht eine überlegene Haltung auf Distanz, und die eigene Wichtigkeit wird übertrieben, indem man sich immer als dramatischen Mittelpunkt der eigenen Existenz sieht und die Aufmerksamkeit auf sich ziehen will. Dieser Mensch muss lernen, dass er im Laufe seines Lebens seinen persönlichen Willen im Sinne seines Lebensplans der Seelenenergie freiwillig und erfolgreich zur Verfügung stellen muss, denn nur so kann es zu einer positiven Autorität kommen. Er duldet dann auch andere Menschen an seiner Seite, die ihn genauso unabhängig und mit eigenem Willen unterstützen und begleiten dürfen. Er unterstellt sich dann freiwillig und gerne dem Plan der Seele, die ihm immer wieder durch die geistige Führung ihre Absicht präsentieren muss. Tiere, die diese Persönlichkeit begleiten, sind in der Regel selbst sehr dominant und willensstark. Daraus ergibt sich eine Lebensgemeinschaft, die durchaus distanziert, aber dennoch herzlich und authentisch ist. Das Tier wird geachtet in seiner Würde und seinem eigenen Willen. Oft bewundert der Mensch den "tierischen Eigensinn", was nicht selten zu skurrilen Machtkämpfen führt, die er aber meistens verliert.

Die Qualitäten des blauen Mentalstrahls:

Dieser Mensch ist entschlossen in seinem Denken und er hat eine feste Meinung, die sich kaum wieder ändert. Er weiß, er hat Recht und gewinnt so an Selbstsicherheit. Man spricht auch von "einer Überzeugung von mentaler Rechtschaffenheit".

Die Gedankenformen sind kraftvoll und beeindruckend. Die Gedanken überwinden viele Gegensätze und prägen sich in den Verstand anderer ein. Der Verstand neigt auch dazu, sich über das Denken anderer hinwegzusetzen. Er ist eher beeinflussend als beeinflussbar. Selten zeigen sich Schwankungen oder Unentschlossenheit. So verfolgt er seine Ziele und lässt sich weder ablenken noch zerstreuen. Er denkt im großen Rahmen über das Ganze nach, indem er das Essenzielle schätzt und alles durchschaut, und er kommt "auf den Punkt". Dabei ist er kritisch und geistig sehr ausdauernd, er bleibt dran und arbeitet schnell. Er "denkt für sich" und handelt mit einer Kraft, die er aus sich selbst bezieht. Dabei gelangt er zu schnellen Entschlüssen und drückt diese auch entsprechend aus. Er nutzt eher die schlichte Sprache, ohne alle "Extras". Dabei sagt er mit wenigen Worten recht viel, manchmal auch unterstützt durch Aphorismen oder Zitate. Er erlaubt Witz und Humor, aber keinen Unsinn. Realismus ist alles, denn nur so ist man erfolgreich. Er weiß, worauf es ankommt, indem er Prioritäten setzt. Außerdem kann er sehr isoliert denken und so zu eigenen Schlüssen gelangen, die er dann gekonnt in die Gruppe einbringt, wo er auch auf der Akzeptanz der anderen besteht. Auch hier weiß er mit Widerstand konstruktiv umzugehen.

Die Qualitäten des blauen Strahls im Emotionalkörper:

Dieser Mensch verfügt über eine starke emotionale Kraft, eine lebendige Dynamik, die andere Wesen oftmals aus dem Gleichgewicht bringt. Einerseits können andere durch diese Kraft aufgewühlt und befreit werden, aber wenn es um Gefühlsausbrüche dieses Menschen geht, kann sehr viel Negatives freigesetzt werden, vor allem dann, wenn es sich um die Transformation karmischer Strukturen handelt. Die ausgedrückten Emotionen können sehr schneidend und zerreißend sein, aber das Ziel, das dadurch erreicht werden soll, rechtfertigt oft diese Mittel, denn dann wendet sich alles zum Guten. Über viele

Leben hin verdrängte Emotionen kumulieren sich, und wenn der blaue Strahl dafür gewählt wurde, trägt das Wesen diesen starken Willen in sich, sich endgültig davon zu befreien, denn nur transformierte Emotionen erzeugen die gesunde Gefühlswelt.

Andererseits kann dieser Mensch seine Emotionen auch lange unterdrücken, weil er nicht als schwach gesehen werden will. Durch diese massive Selbstkontrolle wirkt der Mensch sogar gleichgültig und unnahbar, wodurch im Extremfall die gesunde Entwicklung der Persönlichkeit verhindert werden kann. Letztlich resultiert daraus eine ständige Angst, die Kontrolle zu verlieren, wodurch eine allumfassende Liebe sehr schwierig sein kann. Daraus folgende Gefühlsausbrüche, die in Tyrannei enden können, sollen Wünsche erfüllen und alles wieder "geradebiegen". Nicht selten entstehen so Isolation und emotionale Einsamkeit. Wenn Gefühle nicht mehr ausgetauscht, sondern unterdrückt und zurückgehalten werden, existieren sie trotzdem. Beziehungen werden sehr schwierig und auch das Zusammenleben mit dem Kollektiv scheitert sehr oft.

Dennoch wählt ein Wesen vor der Inkarnation oftmals diesen Emotionalstrahl, um jegliche Verhaftung zu vermeiden, sich zu lösen und absolut unabhängig durch sein Leben zu gehen. Ein Ziel der Seele ist dabei das Nichtfesthalten, damit sich das Emotionalfeld nicht mit demjenigen anderer vermischt. Dies kann bei intensiver Energiearbeit im Rahmen der Lebensaufgabe notwendig sein, bei therapeutischer Ausrichtung beispielsweise, damit man anderen bei ihrer spirituellen Befreiung helfen kann. Gerade in der Reinkarnationstherapie kann es wichtig sein, sich emotional intensiv vom Klienten zu distanzieren. Aber auch andere Berufe machen emotionalen Abstand erforderlich, man spricht von "Nerven wie Drahtseilen".

Die Qualitäten des blauen Strahls im Ätherkörper:

Der Körper eines Menschen, der ätherisch mit dem blauen Strahl verbunden ist, kann sehr kraftvoll wirken, obwohl auch dieser Körper bei Krankheiten und Überforderung Schwächen zeigt. Er ist sehr widerstandsfähig, auch wenn der Körperbau eher schlank ist. Die Frage ist jedoch, ob sich der Mensch in gewissen Situationen seine Schwächen genehmigt und ihnen nachgibt. Eine Hochspannung, die im gewissen Maße ständig vorhanden ist und zu halten versucht wird, kann dann schnell zu einer nervlichen Überforderung führen, weil man sich selbst nicht mehr leiden kann, vor allem weil man momentan schwach ist. Dann kann es zusätzlich zu massiven Verspannungen oder auch Steifheit kommen, im Extremfall zu Bewegungen, die unangebracht und unkontrolliert sein können. Auch sehr starke Kundalinierfahrungen können sich entsprechend auswirken.

Der Mensch nutzt seine Kraft sehr gerne, um seine Umgebung zu organisieren. So kann es vorkommen, dass ein Partner, der am Abend die Wohnung betritt, kein Möbelstück mehr am alten Platz wiederfindet. Eine Idee wird sofort umgesetzt, auch wenn sie körperlich fordernd ist. So entlädt sich die Energie.

Gleichzeitig kann der Mensch sehr isoliert wirken. Obwohl er sehr ästhetisch ist, entsteht ein gewisser Respekt, ihn zu berühren. Man spricht vom "aufgerichteten Löwen": "Berühre mich, wenn du es wagst!" Das Gehirn ist sehr aktiv. Spirituelle Energie wird so auf die physische Ebene übertragen, um optimal genutzt zu werden.

Der goldgelbe Strahl

des alten Wissens, der Weisheit, Geduld, Gelassenheit und Erleuchtung

★ Die Bedeutung des goldgelben Strahls im Energiesystem

Seelenstrahl

Charakteristische Stärken:

Dieser Seelenstrahl wird als eine glühende Glut liebevoller Weisheit erfahren. Der Mensch möchte liebevoll und weise lehren, immer unter Einsatz seines Einfühlungsvermögens und mitfühlenden Verständnisses. Ein wahrer Lehrer, wie man ihn sich wünscht. Er "versteht" das Wesen und hilft ihm, sich zu entwickeln. Auch hier finden wir den Altruismus, mit dem sich dieser Mensch in andere einfühlen und sogar mit ihnen identifizieren kann. Er interessiert sich für andere und gibt ihnen eine spirituelle Vertrautheit. Gerade hier findet man große Stärken im therapeutischen Bereich, der viel Geduld und Einfühlungsvermögen fordert, aber auch als Lehrer für Yoga, Meditation, Tai-Chi oder Qi Gong. Ein großes Bedürfnis nach Partnerschaften und zwischenmenschlichen Beziehungen hilft diesem Menschen dabei, ein besonderes Gruppenbewusstsein zu schaffen. Er tritt für das Wohl anderer ein. Liebe, Weisheit, Heilung und Erleuchtung sind die Themen dieses Strahls. Deshalb reagiert dieser Mensch sehr stark auf Spaltung und Trennung, denn er will mit allen "eins" und eng verbunden sein. Das "Verliebtsein" ist für diesen Menschen eine Quelle der Freude, so kann der Ausdruck von Liebe auch eine Belohnung sein, und er ist immer dort zu finden, wo Liebe benötigt wird. Aufrichten, retten, stärken und erlösen sind die Themen, die, mit Weisheit untermauert, ein Leben ermöglichen, das weise gelebt wird. Deshalb wird auch alles durch vereinigende Liebe oder Weisheit miteinander in Beziehung gesetzt. Für einen Menschen dieses Seelenstrahls ist das Zusammenleben und -arbeiten mit Tieren essenziell, da das Tier als solches all seine Aspekte teilt. Es ist unvoreingenommen und öffnet sein Herz für alle. Auch die Tierkommunikation liegt diesem Menschen ganz besonders am Herzen. Nicht zuletzt ist der Tierschutz ein großes Thema. Alte Künste faszinieren diesen Menschen, vor allem dann, wenn er sich all diesen Facetten in Ruhe und Geduld widmen kann. Er vergisst dann die Zeit und seine Sorgen. Der Herzenswunsch dieses Menschen ist die allumfassende Erleuchtung, die eine Weisheit schafft, die allen Eventualitäten gerecht wird. Die Beschäftigung mit der Lebensphilosophie in jeglicher Ausprägung ist daher ein charakteristischer Zug dieses Wesens.

Charakteristische Schwächen:

Die starke Fürsorge für andere kann logischerweise zu einem Verhaftetsein führen, das wiederum zum Loslassen führen muss. Der Prozess, der so einsetzen muss, besteht in der Erkenntnis, dass die intuitive Wahrnehmung anderer dazu führen muss, sie als Seelen und nicht als persönliche Formen zu betrachten.

Diese Erfahrungen können zu Überempfindlichkeit und Selbstmitleid führen, da Liebe und Mitgefühl oft wie ein Schutzpanzer aufgebaut werden. Wenn dann Schwäche und Überwältigung auftauchen, kann der Mensch unfähig werden, das zu tun, was er sich am meisten wünscht. Er muss lernen, für sich selbst zu fühlen und so Selbstvertrauen aufzubauen, damit auch keine Minderwertigkeitsgefühle auftauchen können. Der Mensch gewinnt an Stärke, indem er liebt und loslässt. Er verliert sein eigenes Gefühl, hilflos zu sein, indem er anderen hilft, erfolgreich zu sein, denn dann ist er auch erfolgreich. Er bezieht andere mit ein. Das schwache Durchsetzungsvermögen ist für diesen Menschen nur zu bekämpfen, indem er lernt, er selbst zu sein. Er darf seine eigenen Werte nicht aufgeben und muss lernen, für sich selbst einzutreten - durchaus auch zum Wohle aller, auch wenn er keinen Druck ausüben will. Es ist ein geistiges Gesetz, dass man sich behaupten muss, da ansonsten das einzigartige Muster, das man verkörpert, und der eigene einzigartige Beitrag, den man leisten soll, nicht ausgedrückt und damit das Ganze schwächer wird. Wer sich ständig von anderen angezogen und mit jedem verhaftet fühlt, ist nicht in der Lage, sich mit der nötigen Schnelligkeit fortzubewegen. Man lädt sich zu viel auf und nimmt zu viel mit. Die Lösung heißt "Distanziertheit". Aus Furcht Schaden anzurichten, bewegt sich der Mensch langsam und rücksichtsvoll. Wenn man aber ständig auf andere wartet, lernt man nie, unter Druck zu arbeiten. Schnelle Handlungen sind unangenehm und erlauben es nicht, sich zu verwöhnen. Zäh werden und den Blick für das Wesentliche zu entwickeln, ist sehr wichtig. Auch der ständige Drang nach Wissensvermehrung sollte die Fragen gestatten: "Wie viel ist genug?" Und: "Wie viel ist zu wenig?" Sonst kommt man in die "Sammelfunktion" und nicht in die "Verteilerfunktion". Wenn das Licht der Weisheit so intensiv verfolgt wird, dass man vom Licht geblendet wird, resultiert daraus Blindheit für die Themen des Menschenreichs. Die Vision des Ganzen darf nicht die menschliche Verantwortung gegenüber jedem einzelnen Teil des Ganzen vergessen lassen. Viel Lernen über Jahre hin mit Weisheit gleichzusetzen, kann einen falschen Blickwinkel erzeugen. Das Lernen muss umgesetzt werden. Getreu dem Spruch: "Selbst ein Esel kann eine Bücherei auf seinem Rücken tragen."

Die positive Dynamik des goldgelben Persönlichkeitsstrahls:

In der direkten Beziehung zu anderen Wesen finden wir auch hier in der Darstellung nach außen Weisheit, Ruhe und Klarheit. Man will andere wirklich verstehen und dies auch zum Ausdruck bringen. Deshalb ist dieser Strahl perfekt geeignet für jeden Lehrer oder Erzieher für Mensch und Tier. Geduld und vor allem Taktgefühl sind stark ausgeprägt. Es ist das, was sich viele von uns in der Schule gewünscht hätten, ein Lehrer oder eine Lehrerin, der/die spürt, wie es in uns aussieht, und der/die uns vor allem Zeit lässt, die Dinge zu verstehen. Ein Lehrer mit einem solchen Persönlichkeitsstrahl ist sehr gut geeignet für fürsorgliche Aspekte im Rahmen seiner Arbeit, gerade wenn es um Mobbing oder sonstige interne Probleme in der Schule geht, da er/sie mitfühlend und voller Respekt für jedes Wesen ist. Das Verstehen, die Güte, aber auch beruhigende und ausgleichende Berührungen sind selbstverständlich. Auch dieser Strahl bietet die Möglichkeit der Selbstständigkeit im Rahmen seines Verantwortungsgefühls und Verständnisses für andere. Man ist dabei sehr besorgt und warmherzig und dadurch sehr beliebt. Allerdings muss man dazusagen, dass eine angestrebte Selbstständigkeit nicht vom herkömmlichen Stress des Überlebenskampfes geprägt sein sollte. Die Arbeit soll sich sozusagen ereignen, und die

Menschen sollen diesem Menschen zugeführt werden. Ein Beispiel ist der Physiotherapeut, dem die Patienten von Ärzten übermittelt werden. Natürlich muss er seine Fähigkeiten unter Beweis stellen, aber er weiß, dass er "gebraucht" wird. Er folgt seiner Intuition. Die Menschen finden zu ihm.

Die negative Dynamik des goldgelben Persönlichkeitsstrahls:

Das höhere Selbst, das den Menschen zu seiner wahren Berufung führen muss, hat hier oft mit Ängsten des Menschen zu kämpfen. Trägheit und übermäßige Toleranz, gepaart mit dem Drang nach Wohlbehagen und persönlichen Verhaftungen, die Glück und Freude bringen sollen, führen logischerweise zur Beschränkung des eigenen Wachstums und der Bewusstseinserweiterung, da mangelnde Dynamik, Überempfindlichkeit und Unbeweglichkeit dazu führen, dass man gute Gelegenheiten zwar erkennt, jedoch nicht ergreift. Da man beliebt sein und geschätzt werden möchte, sind Kompromisse an der Tagesordnung. Die Sorge um andere zielt aber auch darauf ab, entsprechende Rückmeldungen durch andere zu erfahren. Die Gefahr, unersättlich die liebevollen Gefühle anderer zu konsumieren, besteht darin, dass man dadurch ein ehrliches und auch konstruktives Verhältnis zu anderen vermeidet und so anstehende Auseinandersetzungen und Konfliktbearbeitungen, die durchaus karmischer Natur sind, konsequent auf die lange Bank schiebt. Die Härte des Lebens wird für diesen Menschen zur Qual. So reagiert er lieber verletzt und leidend oder auch auffallend liebenswürdig, um wieder die Aufmerksamkeit zu erlangen. Man kann sagen, der Mensch hat immer wieder großen Respekt davor, alleine dazustehen und isoliert zu sein. Deshalb verliert er sich oft in einem Gruppenbewusstsein, das aber nicht echt ist, nur um geschützt zu sein. Das können die Familie, der Arbeitsplatz, auch der Freundeskreis, nicht zuletzt die Tiere sein. So kommt es nie zur Unabhängigkeit. Das Alleinsein setzt er gleich mit Schutzlosigkeit. In diesem Sinne kann man sich vorstellen, wie der erfolglose Umgang mit bestimmten Tiergattungen aussehen kann, wenn die negativen Aspekte nicht transformiert werden. Speziell das Pferd ist hier der Lehrer, der er selbst gerne wäre. Vom Esel ganz zu schweigen! Lediglich der Hund, der weiß, wie man an Leckerlis gerät, gaukelt ihm den Schutz vor.

Die Qualitäten des goldgelben Mentalstrahls:

Dieser Verstand liebt Ideen, allerdings keine Gedankenformen, durch die er die Ideen ausdrücken kann. So kann er sie auch schlecht oder nur langsam umsetzen. Entsprechend kann es so zu einer großen Ansammlung von Inhalten kommen, auch wenn sie nicht gebraucht oder verteilt werden. Das kann zu mentaler Übersättigung führen, die dazu neigt, dass alles miteinander verschmolzen wird, und die auch zu Ungenauigkeit in der Sprache führt. Er verschlingt das Wissen regelrecht und lagert es ab, ohne im Geringsten analytisch zu sein. Da er träge ist und alles vermischt, kann er sich nicht abgrenzen. Demzufolge sind auch Entscheidungen ein Thema für sich, wenn man nur auf Zusammenhalt ausgerichtet ist. Er will einfach nicht trennen und loslassen. Wenn man keine Gegensätze sehen will, bleibt man unkritisch. Die Unfähigkeit, genau zu beurteilen, führt zu einer übermäßig akzeptierenden Haltung, die den relativen Wert von Menschen, Orten und Dingen nicht wirklich versteht und schätzt. Allerdings hat dieser Verstand eine große Intuition. Er grübelt nicht, sondern seine ruhige und nachdenkliche Haltung fördert die Aufnahme von Impulsen, die so von Licht erfüllt sein können, aber dieses Licht bleibt abstrakt und formlos. Das bedeutet: Der Verstand trägt Licht, kann es aber schwer in Gedanken und Worte fassen. Gelassenheit, Stille und Passivität dieses Verstandes stehen oft einem praktischen und flexiblen Einsatz im Wege. Dagegen erreicht der Verstand Klarheit und vollkommenes Verstehen durch seinen Tiefgang. Oberflächliche und materielle Dinge interessieren ihn nicht. Die "weise Nutzung des langsamen Handelns" bestimmt sein Handeln. Er wägt ab und kontempliert, sieht eine Menge Details und bewahrt sie auf als "detaillierte Einheit". So wird er ein Meister im Umgang mit Details, aber ohne hohes Auflösungsvermögen, da Zweckdenken, Ordnung, Klassifizierung, Ursache und Wirkung sowie Prinzipien nicht vorkommen. Der Verstand ist sehr sanft im Ausdruck, da die Sprache die Reflexion des Denkens ist. Er kann leicht einbeziehen, aber schlecht zurückweisen. Das ist ein Lernprozess.

Die Qualitäten des goldgelben Strahls im Emotionalkörper:

Dieser Mensch zeichnet sich durch eine große Gelassenheit, Sanftheit und Geduld aus, indem ständig Liebe strömt. Dadurch werden auch karmische Emotionen, die transformiert werden müssen, sehr sensibel ausgedrückt. Er wird keine starken Reaktionen zeigen, sondern eher langsam und beharrlich reagieren. Die starke Empfindsamkeit kann so zu starkem Leiden, aber auch zu großer Freude führen. Durch das ständige Bemühen, Kummer in Freude zu verwandeln, will dieser Mensch immer die Positivität erreichen. Er tauscht gerne Gefühle aus, aber karmische Emotionen möchte er ständig transformieren. Die herzliche Verbundenheit ist sehr wichtig. Deshalb spürt dieser Mensch auch die karmisch notwendigen Loslösungen sehr stark im Herzen. Verbindungen, die im Herzen stabil entstehen, haben immer mit dem Lebensplan zu tun. Deshalb ist es so wichtig, trotz allem loszulassen. Dieser Mensch versteht, dass er trotz des Loslassens umso enger spirituell verbunden sein kann. Ihm steht ein starkes Einfühlungsvermögen zur Verfügung. Er fühlt, was andere fühlen, und kann so mit anderen eins sein und sie absolut verstehen und schützen. Trotz allem gibt es keine konzentrierte Leidenschaft, da diese die Gefahr neuen Karmas mit sich bringt. Dieser Mensch fühlt sich "emotional verwandt" und spürt, was man gemeinsam hat, um sich zu "mögen". Er hat ein offenes Herz für jeden.

Die Qualitäten des goldgelben Strahls im Ätherkörper:

Dieser Körper ist sehr empfindsam und weich. Er kann einen Eindruck spüren, ohne berührt zu werden ("Die Prinzessin auf der Erbse"). Dabei ist er eher inaktiv und kann zu Trägheit neigen. "Der weise Gebrauch des langsamen Handelns" hält von schnellen Bewegungen ab. Man könnte sich ja dabei verletzen. Viel eher liebt dieser Körper die körperlichen Freuden und die Momente des Vergnügens. Leichtigkeit und Muße führen mit dazu, dass man alles magnetisch anzieht, was man braucht. Dieser Körper möchte gerne berühren, aber auch umarmt und berührt werden. Er genießt den engen Kontakt. Andererseits hat er große Angst vor Verletzungen und physischen Einflüssen, die Schmerzen bereiten. Daraus kann Angst entstehen, die so zum Abschirmen führt. Der Körper eines Menschen, der durch den goldgelben Strahl energetisch versorgt wird, lässt keine gefährlichen Sportarten zu. Auch große körperliche Anstrengungen werden gerne vermieden. Alles, was Gefahren mit sich bringt, was Verletzungen oder Krankheiten zur Folge haben könnte, wird sehr genau geprüft und eher vermieden als akzeptiert. (Die Sprossen einer Leiter werden mehrfach überprüft, bevor man sie besteigt!) Da die Empfindsamkeit auch bei diesem Menschen zu Mitgefühl führt, kann er sehr gut spüren, was andere belastet, sogar die Schmerzen der anderen. Dabei spielt wiederum das Herz eine große Rolle.

Der rosafarbene Strahl

der aktiven Intelligenz, der Barmherzigkeit, Toleranz, Menschlichkeit, persönlichen Freiheit und Kreativität

★ Die Bedeutung des rosafarbenen Strahls im Energiesystem

Seelenstrahl

Charakteristische Stärken:

Dieser Seelenstrahl verbindet das Herz immer mit dem sogenannten spirituellen Gewissen. Wir bezeichnen ihn auch als den Strahl der "aktiven Intelligenz". Der Intellekt und die geistige Kreativität sollen Wege ebnen, um alle Fähigkeiten zu schärfen, die dem Wesen dabei helfen, sich durch Einfallsreichtum, sorgfältige Überlegungen und Strategien zu entfalten, auch wenn es um intellektuell herausfordernde Aktionen im Sinne des Plans geht. Dann arbeitet dieses Wesen sehr in der Freude und in einer bemerkenswerten Selbstlosigkeit, wenn es darum geht, die Urmuster (auch Ursache und Wirkung) zu verstehen und somit den Plan mit allen Kräften zu verfolgen, dies auch ohne belanglose Einfälle und Handlungen, die das Ego eventuell noch gerne verwirklicht sähe. Dieses Wesen hilft dann auch anderen dabei, die Zusammenhänge durch flexible Intelligenz zu erkennen, um das Netz des Lebens mit einer gewissen Leichtigkeit zu meistern. Dabei ist jedoch das rechte Denken oberstes Prinzip, damit die Gedanken geklärt und die Themen des Lebens intelligent angegangen werden. Eine große Fähigkeit besteht darin, Beziehungssysteme zu erkennen und so aktiv Handlungspläne zu erschaffen. Hier ist es auch wichtig, karmische Strukturen zu erkennen und zu transformieren. Gerade im Management sind solche Seelen sehr gut aufgehoben, um beispielsweise Positionen der Mitarbeiter neu zu besetzen oder umzustrukturieren. Sie koordinieren und gestalten sinnvoll Energien, Gedanken und Aktionen. Komplexe Muster werden so bis ins Detail verstanden und kombiniert. Dies zeigt sich natürlich auch auf der familiären Ebene. Diese Menschen sind in der Lage, eine Großfamilie mit Leichtigkeit zu managen, indem jedes Familienmitglied genau beleuchtet, erkannt und in seine Aufgabe gestellt wird, woraus sich aber auch immer wieder neue Strategien entwickeln, da sich jedes Wesen verändert und wächst. Beredsamkeit und Geschicklichkeit in der Kommunikation, nicht zuletzt eine große Sprachbegabung führen so zu Anpassungsfähigkeit und Menschenfreundlichkeit. Allerdings ist hier der Weg in die Manipulation nicht weit, und es stellt sich immer die Frage, ob sie einen positiven oder einen negativen Charakter hat. Gleichzeitig werden die karmischen Muster des Individuums bewusst oder unbewusst in Beziehung gesetzt, und so kann es geschehen, dass sich plötzlich drastische Veränderungen ergeben, die das Leben und der Plan erfordern. Der Mensch folgt im Sinne der Intelligenz einem "universellen Spielplan" oder auch dem "universellen Geschäftsplan". Dafür denkt er sich auch immer wieder entsprechende Arrangements aus, um den Plan umzusetzen. Auch die Tiere werden hier mit einbezogen. Interessant ist dabei, dass diese oftmals verständnisvoller und folgsamer reagieren als Menschen, da sie dem reinen Instinkt und der Intuition folgen. Sie verstehen die Seele des rosa Strahls und übermitteln ein unausgesprochenes Einvernehmen, auch wenn sich zunächst die Frage stellt: "Wer ist hier der Chef?" Das Tier begreift, dass es gegen diese aktive Intelligenz nur verlieren kann, und um der Belohnung willen arrangiert man sich. Der Strahl liebt es, in Bewegung zu sein, in der Aktivität und wäre deshalb gerne an allen Orten gleichzeitig, aber auch um dort zu handeln. Deshalb ist das Reisen für diese Menschen sehr wichtig, um immer wieder neue Menschen kennenlernen und unvorhergesehene Situationen meistern zu können. Das "Spiel des Lebens" ist höchst interessant, und einfallsreiche Manöver führen immer zum Erfolg.

Charakteristische Schwächen:

Die Konzentration auf den Intellekt und die Manipulation des Lebens generell führen auch dazu, dass man der Realität schlecht ins Auge sehen kann, denn im Sinne des Seelenstrahls soll der Intellekt der "Diener des Lichts" sein. Daraus resultiert dann gelegentlich destruktive Kritik, die nicht unbedingt den zuverlässigen Weg in die Wahrheit oder die Verbesserung weist, sondern eher den Stolz kultiviert. Untermauert wird dieser Aspekt durch viele Sichtweisen und Interpretationen. Der direkte Weg und einfache Aussagen werden vermieden. Dadurch wird vieles durcheinandergeworfen. Für andere wird es dann sehr schwer zu verstehen, was eigentlich die Kernaussage sein soll. Nicht zuletzt sorgen Nachlässigkeit für Dinge, die nicht wichtig erscheinen, und berechnendes Verhalten dazu, dass man andere benutzt und so geschickt manipuliert, damit sie alles zu den eigenen Gunsten umsetzen. Es geht darum zu erkennen, dass jedes Wesen einen angeborenen Wert und eine Güte besitzt und dass sein göttlicher

Plan höchsten Wert und Güte aufweist. In diesem Moment müssen sich die Form der Manipulation und die aus ihr geborenen Machenschaften verändern, damit sie nur noch dem Wohle aller dient. Gerade im wirtschaftlichen, unternehmerischen Bereich findet man diese Strukturen sehr ausgeprägt. Menschen werden gezielt benutzt und man spielt Schach mit ihnen, um günstige Gelegenheiten zu erschaffen, ohne dabei die spirituellen Chancen zu beleuchten. Oft versteckt man sich hinter Überaktivität und übersieht so die spirituelle Weisheit, die den tatsächlichen Plan herauskristallisieren und entfalten würde. Das Wegbewegen von Äußerlichkeiten in die eigene Mitte würde dann helfen, das selbstlose Warten zu entwickeln, um Fortschritte im Sinne des großen, unpersönlichen Plans zu entdecken und diese zum Wohle aller intelligent anzustreben. Natürlich darf man bei all dem nicht vergessen, wie stark auch hier die karmischen Muster wirken. Deshalb wird oft eine hohe Anpassungsfähigkeit als Taktik gewählt, um sich zu schützen. Die Seele ist aber nicht anpassungsfähig, denn sie ist der Kern. Sie sieht als Ziel, klar und spirituell intelligent dazustehen, um der korrekten Evolution zu dienen. Gerade in der Reinkarnationstherapie kann dieses Muster, wenn es über viele Leben stabilisiert wurde, zu einer schmerzhaften Wahrheit führen. Es zeigen sich karmische Intrigen und Verstrickungen auf hohem Niveau, die sich sehr oft durch amoralischen Materialismus auszeichnen. Wenn in vielen Leben nicht die Qualität des Wesens, sondern die richtigen Taktiken zum Erfolg führten, muss zunächst ein Verständnis für den moralischen Wert einer Leistung entstehen. Man denke hier einfach nur über den zeitalterlangen Entstehungsprozess des Geldkreislaufs und die dadurch entstandenen karmischen Strukturen nach. Die Sklavenhaltung ist ein ähnlich negatives Produkt einer fehlgesteuerten aktiven Intelligenz. Gerade wenn solche Themen schlummern, kann der rosa Seelenstrahl unglaubliche Taktiken im Sinne von

Oberflächlichkeit und ständiger Aktivität entwickeln, um tiefgehende Beziehungen, die eine große karmische Herausforderung und spirituelles Wachstum garantieren, zu verhindern, zu verkomplizieren oder zu beenden. Was hier völlig vergessen wird, ist die Tatsache, dass so auch eine fruchtbare Beziehung zur geistigen Führung übersehen wird. Beziehung ist Beziehung, ob in der Materie oder im Geistigen, aber die Verhaltensmuster eines Chamäleons sind ausgerichtet auf Verstellen und schnellen Erfolg, letztlich auf die ihm vertrauten Grenzen.

Die positive Dynamik des rosafarbenen Persönlichkeitsstrahls:

Diese Persönlichkeit ist sehr anpassungsfähig und zeichnet sich durch eine Intelligenz aus, die kreativ und strategisch handelt. Die gesamten Ebenen des Egos werden geschickt koordiniert, auch wenn es zum Beispiel dem physischen Körper schwerfällt, sich anzupassen, damit die Darstellung nach außen stimmt und man alles im Griff behält. Das ist natürlich oftmals eine mentale und emotionale Herausforderung, je nach Strahlenkonstellation. Hier gewinnt die eigene Manipulation eine positive Ausstrahlung, denn niemand soll im Außen sehen, was gelegentlich im Inneren passiert. Diese Persönlichkeit reißt sich zusammen, denn sie will ein Zentrum für andere sein, das diese kontaktieren, um sich intelligent neu zu orientieren. Dazu gehören Alternativen, neue Sichtweisen und die positiven Manipulationsmöglichkeiten. Die Selbstständigkeit, die diese Persönlichkeit ausstrahlt, zeigt, wie man sich von der Masse abhebt. Sie zeigt anderen, wie man Variablen immer wieder neu anordnet und kombiniert, damit man sein Ziel erreicht. In ihren beruflichen Strukturen ist diese Persönlichkeit sehr erfolgreich und passt sich durch ihre aktive Intelligenz immer wieder den Herausforderungen an, denn sie ist kreativ und behält die Übersicht. Gerade im Marketing- oder Kommunikationsbereich erzielen diese Menschen unglaubliche Erfolge. Nicht zuletzt im Personalmanagement und auf der finanziellen Führungsebene. Der gesamte Finanzbereich ist von der Energie des rosa Strahls geprägt.

Die negative Dynamik des rosafarbenen Persönlichkeitsstrahls:

Übermäßige Geschäftigkeit und Aktivitäten, gepaart mit Kritik, können dem höheren Selbst im Weg stehen. Daraus resultieren viele unangenehme Aspekte wie Hinterhältigkeit, Intriganz und natürlich Manipulation, die logischerweise vom korrekten Weg ablenken. Wer ständig neue Pläne schmiedet und Projekte in Gang setzt, verhindert so, Prioritäten zu setzen. So fehlen Zeit und Raum, um nach innen zu blicken und die richtigen Impulse aufzunehmen. Es mangelt an Kontinuität, und nicht selten fehlt eine gewisse Bescheidenheit, was gelegentlich zu fragwürdigen Methoden führt. Das ist im beruflichen Bereich genauso hinderlich wie in Beziehungen. Das Umfeld erkennt eine starke Wechselhaftigkeit, die Unsicherheit erzeugt. Wer am intelligentesten und geschicktesten ist, kriegt es irgendwie immer hin. Das Leben wird zum Spiel, das man gewinnen muss, ohne möglichst durchschaut zu werden. Allerdings muss man damit rechnen, sich so natürliche Feinde zu erschaffen, falls sie von Haus aus nicht schon karmisch aufgetaucht sind. Selbst intelligente Manipulationen schaffen Distanz, die wiederum den Herzensweg versperrt. Diese Persönlichkeit verwechselt diese Untugend dann mit intelligenter Koordination oder anpassungsfähiger Effizienz (“die Spinne im Netz”). Die Bemerkung “Ich weiß das alles” hilft immer wieder dabei, im Mittelpunkt zu stehen. Gerade im Kindesalter kann es geschehen, dass sich so unter Geschwistern nachhaltige Konflikte wie von selbst ergeben, die bis ins hohe Erwachsenenalter kultiviert werden. Es soll erkannt werden, dass der rosa Strahl auf intelligente Art und Weise dabei helfen will, den Wünschen der Seele mit ganzem Herzen zu folgen. Das Herumschleichen um die Wünsche der Seele endet erst dann, wenn sich die Intelligenz in den Dienst der Seele stellt, um mit dem Plan zusammenzuarbeiten.

Die Qualitäten des rosafarbenen Mentalstrahls:

Dieser Verstand ist ständig aktiv und logisch denkend. Er gilt als "wacher Kopf", da hier Originalität und Einfallsreichtum zu finden sind wie bei kaum einem anderen Strahl. Die spirituelle Disziplin allerdings erwartet Ruhe auf der Suche nach größerer Klarheit und "Licht". Selbst wenn dieser Verstand die Intuition trainiert hat und Impulse wahrnimmt, wird er diese immer noch bestätigt sehen wollen, denn für ihn ist es eine von der Intuition präsentierte Idee. Gedanken als solche fädelt dieser Verstand auf und verkettet sie zu Gedankennetzen, die eine Offenbarung oder für andere auch eine Falle sein können - dann betrachtet man sie wieder als Manipulation. Da er immer auf der Suche nach dem "erwünschten Arrangement" ist, wird dieser Verstand immer wieder Gedanken verschieben und neu anordnen, was ihn bei einem guten Willen durchaus kreativ und genial agieren lässt. Umständliche Denkprozesse führen zur Kombination vieler Gedanken, die so Umwege oder auch das Herumgehen um Hindernisse erzeugen. Dieser Verstand muss lernen, weniger zu überlegen und Variablen zu reduzieren. Das stark intellektuelle Denken trennt den Menschen von der Sinneswelt und schafft Isolation. Das ständige Meistern der Gedanken bestimmt dann auch die körperlichen Aktivitäten und schafft Distanz. Kritik kann sehr konstruktiv sein, wenn eine gewisse Empfindsamkeit für unintelligentes Wirken besteht, die korrigierend wirkt. Destruktiv wird sie immer, wenn sich dieser Verstand auf die von ihm wahrgenommenen Unzulänglichkeiten und Dummheiten anderer konzentriert. Der Sinn besteht darin, Strategien zu entwickeln, die diese auflösen können. Sprachliche Fähigkeiten, kreativer Erfindungsgeist und geplante Strategien führen diesen Verstand immer zum Ergebnis. Er erkennt durch seinen Weitblick viele Möglichkeiten und Eventualitäten, unterstützt durch Flexibilität und Beweglichkeit, wobei er keine konventionellen Begrenzungen beachtet. So kann er geniale oder völlig unangemessene Ergebnisse abliefern. Er lässt sich ja viele Wahlmöglichkeiten offen, denn schließlich führen alle Wege irgendwann nach Rom. Er lässt sich auch Zeit, alles aus vielen Perspektiven zu beobachten. Doch zusätzliche Interessen lassen ihn dann nicht auf den Punkt kommen. Das Denken verzweigt sich und braucht die Stärke auf. (Wie eine Pflanze, die nicht regelmäßig zurückgeschnitten wird und sich so langsam selbst aufbraucht.) In Bezug auf Brainstorming allerdings können Verzweigungen und neue Kombinationen sehr wertvoll sein. Dieser Verstand arbeitet dann weitreichend und lässt gewohnheitsmäßige Gedankenmuster los. Er mischt die Karten immer wieder neu.

Die Qualitäten des rosafarbenen Strahls im Emotionalkörper:

Interessant ist, dass der rosa Strahl im Sinne der aktiven Intelligenz eine Art mentale Energie in das Emotionalfeld überträgt. Dadurch wird die Liebe als Gefühl unterdrückt. So kann es zu Verwirrung kommen, auch zum Hören von Stimmen und Chaos. Man spricht von einer niederen medialen Veranlagung, die so zu unkontrollierten Aktivitäten führen kann. Multiple Persönlichkeiten, die mit verschiedenen Stimmen sprechen und über einen überaktiven Emotionalzustand verfügen, brauchen Hilfe, damit alles wieder unter Kontrolle gebracht wird. Die Emotionalität ist sehr instabil und es herrscht ein Chaos an Wünschen und durchaus zwecklosem Handeln. Sehr oft ist die Wahl des Strahls im Emotionalkörper karmisch bedingt und dies bedarf dringend der Aufarbeitung. Wenn es zum Beispiel darum geht, klare Ziele zu setzen, ist dieser Mensch unfähig, am Ball zu bleiben. Er verändert seine Wünsche und Forderungen sofort, wenn er spürt, es kommt zu Verzögerungen oder Komplikationen. Dies verhindert natürlich auch das Überwinden karmischer Strukturen, die den Menschen zum Durchhalten und einem zielgerichteten Verhalten führen sollen. So umschifft er sehr gerissen Hindernisse, damit in seinem Sinne etwas geschieht. Man kann dies sehr schön erkennen in der Wahl des Umgangs. Ob in persönlichen Beziehungen oder auch im beruflichen Bereich. Partner werden einfach ausgetauscht, wenn sie nicht die Gefühle und Erfolge versprechen, die man gerade erwartet, um ohne Komplikationen zu leben. Mitarbeiter werden einfach gekündigt und ersetzt, damit endlich die Chemie stimmt. Das alles kann keinen Erfolg bringen, aber diese Menschen versuchen, den Weg des geringsten Widerstands zu gehen. Kinder stellen ihre Forderungen an die Eltern und wechseln sofort die Richtung, wenn sie eine Absage erhalten. Ein Wunsch ist so wertvoll wie der nächste. Heutige Strukturen, Partner im Internet zu finden und zu "feuern", unterstützen natürlich diese Emotionalität. Man kann diese Emotionalität auch sehr gut auf den Plattformen beobachten, die es den Menschen gestatten, sich wahllos über andere auszulassen, sie zu denunzieren und zu verleumden. Wenn man jedoch die karmischen Muster verfolgt, erklären sich oftmals diese Aspekte. Wer all diese Peinlichkeiten und Schmerzen in früheren Leben erfahren hat, kann gute Gründe dafür gehabt haben, diesen Strahl zu wählen. Allerdings besteht dann die Aufgabe des Wesens darin, dies zu erkennen und so an sich zu arbeiten, dass der rosa Strahl der aktiven Intelligenz das Herz so erobern kann, dass die Menschlichkeit und die Toleranz letztlich siegen. Man soll niemals aufgeben, sondern den Weg der Erkenntnis einschlagen.

Die Qualitäten des rosafarbenen Strahls im Ätherkörper:

Dieser Körper ist sehr geschäftig und aktiv. Die Hände und Arme sind immer in Bewegung und wollen etwas in ihrer physischen Umgebung manipulieren. Das bedeutet, diese Menschen können kaum stillsitzen und sind ständig am Werkeln und Arbeiten. Schon als Kind brauchen sie Beschäftigung. Der Körper ist sehr ausdauernd und kann sich sehr gut auspowern. Es geht um das Tun, und dabei ist dann auch die eigene Erscheinung nicht so wichtig. Sich waschen und umziehen kann man immer noch, zuerst muss das Werk vollendet werden. Diese Körper sind sehr widerstandsfähig. Sie können auf der "Verkehrsinsel" wohnen, ohne durch Lärm oder Umweltgifte beeinflusst zu werden. Man sieht, dass dieser Strahl gebraucht wird, gerade dort, wo schwere körperliche Arbeiten anfallen. Er ist nicht so schnell erschöpft und hat ein gutes Nervensystem. Stärke und eine gute Muskulatur sind erkennbar, aber man kann sich vorstellen, dass diese Menschen ebenso in der Materie zu Hause sind. Sie essen und trinken gerne, sind auf diese Art sehr "geerdet". Versuchen Sie bitte niemals, einen solchen Menschen zum Vegetarier, geschweige denn zum Veganer zu erziehen. Wenn überhaupt, muss er selbst den Antrieb verspüren und seine Art der Ernährung finden. Das Gehirn ist sehr aktiv und der Mensch liebt die Unterhaltung. Die Aussprache ist oft sehr schnell und man sagt auch: Die Sprache geht den Gedanken voraus, was nicht selten zu Komplikationen führt.

Der kristallweiße Strahl

der Reinheit, Klarheit, Disziplin, Diplomatie, Harmonie, Schönheit und Ästhetik

★ Die Bedeutung des weißen Strahls im Energiesystem

Seelenstrahl

Charakteristische Stärken:

Dieser Mensch ist der Diplomat schlechthin. Immer dann, wenn Konflikte und Krisen im Raum stehen, möchte er die Harmonie und den Frieden wiederherstellen. Er will sich nicht verteidigen oder aggressiv vorgehen, sondern er will mit anderen auskommen, weil er weiß, dass man daran wächst. Das Versöhnen soll nachhaltig zur Harmonie und zur Neutralität beitragen, damit alles "rundläuft". Deshalb sind diese Menschen auch die geborenen Mediatoren, weil sie nicht in einer konfliktgeladenen Situation verweilen wollen. "Friede liegt hinter den streitenden Energien." Mitgefühl, Toleranz und das Anerkennen der Polarität zeichnen diesen Menschen aus. Er respektiert die Launen anderer und weist sie nicht zurück, da er die Kontraste schätzt und auch “die andere Seite” betrachten will. Man nennt den weißen Strahl auch den Strahl des schöpferischen Lebens, denn so wird dieser Mensch auch zum Lebenskünstler. Deshalb spielt auch die Ästhetik in seinem Leben eine große Rolle. Intuition und Vorstellungskraft lassen diesen Menschen in Bildern denken. So entsteht auch ein starker Sinn für Farben, Klang und Sprache. Man spricht auch vom “farbenprächtigen Menschen” des weißen Seelenstrahls. Dieser Aspekt kann sich genauso in Musik ausdrücken, also keine sichtbare Farbe, sondern eine wunderbar farbige Musik zum Ausdruck bringen. Ebenso ist die bilderreiche Sprache ein Ausdrucksmittel dieses Seelenstrahls. Architekten, Modeschöpfer oder auch Schauspieler tragen hier ihre Eindrücke perfekt zur Schau. Ein Schauspieler des weißen Seelenstrahls wird seine Rolle immer sehr authentisch spielen und improvisieren, denn dieser Strahl liebt das Drama und identifiziert sich mit dem Charakter anderer. Die dramatische Selbstdarstellung liegt diesem Menschen, auch durch die Sprache, durch Gesten und durch den Ausdruck gefühlsbetonter Gedanken. So spielt auch der Humor eine große Rolle, um andere zu unterhalten, und nicht zuletzt trägt dieser Strahl eine gewisse Musikalität in sich. Er liebt die Melodie als ausgefeilte Harmonisierungsmethode. So entsteht auch heilsame und beruhigende Musik, die Disharmonie beseitigen und schöpferische Versöhnung erreichen kann. Phantasie und lebendige Vorstellungskraft, gepaart mit dem Sinn für Dramatik, lassen auch literarische Fähigkeiten entstehen. So findet man in dieser Literatur oft erbitterte Feinde, die sich dann versöhnen, denn der Strahl prüft den Gegner im Kampf, damit ein Versöhnungsprozess in Gang kommen kann. Man hat dann erkannt, dass man sich brauchte, damit Frieden entstehen konnte. Das hat natürlich starken karmischen Charakter. Man kann sagen, seit ewigen Zeiten erwartet man geduldig den Tag der Harmonisierung, an dem alte Feinde gute Freunde werden. So kann man sich harmonisch und neutral verbinden und es entsteht eine harmonische Synthese der Menschheit. Der weiße Strahl ist sozusagen ein Friedenswächter, der weiß, dass der Prozess des Friedens eine permanente Harmonieerhaltung unter ständiger Anpassung an die unmittelbare Erfahrung ist. Nach dem Motto: "Lass Frieden auf Erden herrschen, und lass ihn bei mir beginnen."

Charakteristische Schwächen:

Andererseits ist dieser Mensch ständig in innere und äußere Konflikte verwickelt. Es ist immer aufregend, bis eine Übereinkunft mit anderen erreicht ist. Der Kampf gegen die Umstände führt auch dazu, dass gegensätzliche Gedanken, Bedürfnisse und Emotionen gegeneinander kämpfen. Auch hier sind in der Regel Karmastrukturen zu sehen. Der Mensch muss immer darauf achten, dass er im Gleichgewicht bleibt und nicht im eigenen Leid versinkt und sehr empfindlich wird. Er gewinnt Stabilität durch Vertrauen und Selbstbeherrschung, denn die ständigen Hochs und Tiefs sind sehr anstrengend. So besteht immer die Gefahr, dass man die Ausgeglichenheit und die Beherrschung verliert, wenn sich keine Harmonie einstellt. Der Schritt zum ständigen Pessimismus ist dann nicht weit, nach dem Motto: "Im Moment läuft es zwar, aber was kommt dann? Immer dann, wenn alles gut läuft, kommt die nächste Schlappe! Man sollte sich nie zu früh freuen!" Hier hilft das Gelassenheitsgebet von Franz von Assisi. Der Mensch muss verstehen, dass er trotzdem lernt und spirituell wächst, wenn ein negativer Zyklus eintritt, der durchaus Karmastrukturen mitbringt. Launenhaftigkeit hat viele Gesichter. Als Therapeut, oder generell bei jemandem, der ständig in Resonanz zu anderen steht, kann es sehr gewinnbringend sein, die Launen anderer zu erfassen.

Eigene Launenhaftigkeit kann den Menschen aber sehr belastend beherrschen, so dass die Emotionen überhand nehmen. Deshalb muss dieser Mensch aufpassen, für welche Aufgabe er sich entscheidet.

Was das Kreative angeht, kann dieser Mensch sehr sprunghaft, impulsiv und auch unzuverlässig sein. Das praktische Leben kann dann oft nicht bewältigt werden. Wenn man selbst und andere davon profitieren sollen, muss man der Materie realistisch begegnen wollen, sonst sind Genie und Wahnsinn nicht weit voneinander entfernt, weil auch niemand weiß, was als Nächstes geschieht. Man muss sich dann auf das Ziel konzentrieren, auch wenn zu viele Impulse auftauchen. Ansonsten sind Unentschlossenheit, Zerrissenheit und auch zu große Kompromissbereitschaft ein großes Thema. Der Diplomat sitzt zwar immer zwischen den Stühlen, aber er muss trotzdem darauf achten, dass er dem richtigen Prinzip folgt. Ein Kompromiss macht niemanden glücklich, da er ohne weiteres noch größere Konflikte hervorrufen kann. Man muss auch Stellung beziehen, wenn moralische Richtlinien überschritten werden. Obwohl dieser Mensch weiß, was richtig ist, will er dann Stress und Unbehagen verhindern, aber moralische Schwäche kann größeren Schmerz in der Zukunft erzeugen. Die moralische Feigheit kann letztlich dazu führen, dass der Mensch die Selbstkontrolle und auch die Selbstdisziplin verliert. Prioritäten müssen gesetzt werden, damit die niederen Impulse in Schach gehalten werden. Wenn dieser Mensch von karmischen Strukturen gefordert wird, kann es passieren, dass er die Dinge aufschiebt und untätig wird, woraus dann wiederum Schuldgefühle entstehen. Er muss dann wieder Kraft sammeln, sich zurückziehen und sich so von seinem frustrierten Handlungsdrang lösen. "Eile mit Weile."

Die positive Dynamik des weißen Persönlichkeitsstrahls:

Auch hier finden wir in der direkten Darstellung nach außen den Diplomaten und Krisenmanager, der alle Dissonanzen auflösen und Frieden und Schönheit erschaffen will. Einfallsreichtum spielt hier eine große Rolle. In diesem Sinn sieht man diesen Menschen auch immer als Zentrum, wenn es um die Überbrückung von Beziehungen geht, vor allem auch weil er sich sehr einfühlsam ausdrücken kann. Therapeutisch, als Mediator, als Schiedsmann/frau oder auch in der Reinkarnationstherapie sind dies sehr erfolgreiche Menschen, da sie anderen immer helfen möchten, in die Freude zu kommen und Harmonie zu erlangen. Auf dieser Ebene kommt es daher oft zu selbstständiger Arbeit, weil sie sich hier sehr gut selbst vertrauen und von ihrer Arbeit absolut überzeugt sind. Diese Persönlichkeit braucht eine gewisse dramatische Lebendigkeit in ihrem Leben und im Beruf, und das Gleiche wünscht sie sich auch für andere.

Eine sehr positive Eigenschaft dieser Persönlichkeit ist die perfekte Fähigkeit, sich selbst einzuschätzen, wenn es um die niederen Ebenen des Egos geht. Sie achtet auf eine harmonische Zusammenarbeit aller Ebenen, sei es mental, emotional oder physisch. Sie weiß, wie sie sich wieder mit Energie aufladen kann, wann Pausen oder auch therapeutische Maßnahmen notwendig sind. Nicht zuletzt erkennt sie auch die Karmastrukturen in den niederen Körpern bei sich selbst sehr gut und bemüht sich um die entsprechende Transformation. Ernährung hat einen hohen Stellenwert. Persönliche Beziehungen und Bindungen werden in Bezug auf Konflikte immer wieder neu koordiniert und neutralisiert, damit die niederen Körper nicht so sehr darunter leiden.

Die negative Dynamik des weißen Persönlichkeitsstrahls:

Die extrovertierte Haltung dieser Persönlichkeit kann natürlich auch zu extremen eigenen Konflikten führen, indem sie launisch, schwankend, widersprüchlich und sehr kämpferisch wird. Es kommt dann auch hier zu Kompromissen, wenn alles zu viel wird, was wiederum zu Instabilität führen kann. Wenn dann die Krisen, Konflikte, Sorgen und Emotionen überhand nehmen, kann es passieren, dass man die eigentliche Lebensaufgabe nicht erkennt und das eigene Wachstum so hinausschiebt. Dadurch, dass extreme Reaktionen, Stress und ständige Kämpfe an der Tagesordnung sind, kann die spirituelle Entfaltung stark gehemmt sein. Auch ein Mensch reagiert wie ein Tier emotional und launenhaft, wenn man ihn unter Druck setzt. Diese Persönlichkeit kann dann sehr ungehemmt vorgehen und produziert dadurch eine noch größere Trennung zwischen sich und anderen. Andererseits zieht sie so als "Dramaqueen" die Aufmerksamkeit auf sich, um mit allen Themen im Mittelpunkt zu stehen. Man spricht auch von übertriebener "Bissigkeit oder Nettigkeit". Wenn man ständig versucht, irgendwie mit anderen "auszukommen", muss man Ähnlichkeiten finden, um eine Harmonie "herzustellen". So verringert oder verschärft man aber lediglich die aufgetauchten konfliktbeladenen Aspekte. Dies kann nie im Sinne der Seele sein, denn eine Instabilität steht dann im Raum, die letztlich kein Gruppenbewusstsein zulässt, damit man an den Punkt kommt, an dem man sein Scherflein zum Wohle aller beitragen kann. Wenn dann spirituelle Impulse fließen, die ja fließen müssen, ist es logisch, dass dieser Mensch je nach Laune darauf reagiert. Entweder reagiert er positiv und fortschrittlich oder schlecht gelaunt und zurückweisend. Anstatt ständig auf Kampf und Kompromiss aus zu sein, sollte der Mensch lernen, dass die Werte der Seele weise und wohlwollend sind und somit "ertragen" werden müssen.

Die Qualitäten des weißen Mentalstrahls:

Auch hier spielen die Diplomatie, die Kreativität und der Frieden eine große Rolle. Die Entwicklung entsprechender Gedankenformen für Augen und Ohren führt so durchaus zu starker Gefühlsbetontheit und nicht zur materiellen Funktionalität. Er versucht, Gemeinsamkeiten um verschiedene Menschen, Dinge oder Elemente harmonisch miteinander zu verbinden, damit daraus die perfekte Kommunikation entstehen kann. Er erfasst so die Ganzheit und spielt seine Rolle in diesem System. Wenn dieser Verstand in die Krise gerät, entsteht ein extremer Stress, hervorgerufen durch gegensätzliche Gedanken, Meinungen und Perspektiven. So erfährt er immer nur kurze Phasen von Gelassenheit. Gerade wenn mentale Angriffe durch andere auftauchen, wird er sehr instabil und zieht in den Kampf, der sich dann auch mündlich und schriftlich äußert. Andererseits will er all die Konflikte lösen und sucht immer wieder Gemeinsamkeiten. Er ist schnell und gewandt, gerade wenn er mal wieder Brücken bauen und etwas ganz machen muss. Wenn er mal wieder nicht bewusst zwischen Alternativen wählen kann, wirkt er sehr ambivalent und hin- und hergerissen. All das hängt auch von der Laune ab. Letztlich muss man jedoch beachten, dass auch der mentale Bereich vom geistigen Wachstum abhängig ist und so eine wachsende Ausgeglichenheit geschaffen wird. Er wird dann eine perfekte Intuition entwickeln, die aber auch zum Verlust strikter Logik und rationalen Denkens führen kann. “Das Herz hat seine Gründe, von denen der Verstand nichts weiß.” Deshalb weiß dieser Verstand, dass man Emotionen transformieren muss, um Gefühlen den Zugang zu ermöglichen. Er ist bildhaft, sehr ästhetisch, malerisch, literarisch begabt mit hohem intuitivem Tiefgang. Er vermischt zum Beispiel Gedanken und Gefühle perfekt und erschafft so beeindruckende Literatur oder Bilder. In der Reinkarnationstherapie sieht sich dieser Mensch als Hauptdarsteller im Film. Er beschreibt alles ganz genau. Dann muss der Therapeut darauf achten, dass sich keine Übertreibungen oder Verfärbungen durch das Heute einmischen. Der Verstand kann gut improvisieren und sich auch erholen. Er kann witzig sein und bleibt nicht so gerne folgerichtig, aber er bearbeitet mentale Inhalte immer wieder, um eine absolute Perfektion zu erlangen. So entstehen perfekte Kunstwerke.

Die Qualitäten des weißen Strahls im Emotionalkörper:

Dieser Emotionalkörper steht im ständigen Kampf und Konflikt. Der konstante Wechsel der Anziehungskraft stellt ein wahres Dilemma dar. Ebbe und Flut von Verlangen, Anziehung und Attraktivität wechseln sich ab mit Abstoßung und Abkopplung. Er fühlt sich genauso schnell zu jemandem oder etwas hingezogen, wie er sich wieder zurückziehen möchte. Dies kann stark karmisch bedingt sein und muss durch Transformation ausgeglichen werden. Es ist für andere Menschen und Tiere nicht einfach, mit diesen Schwankungen fertigzuwerden, vor allem unterliegen sie nicht einem Willen, sondern sie geschehen, da die Ursachen im Emotionalkörper gespeichert sind. Ständige emotionale Hochs und Tiefs machen den Menschen launisch, und das erzeugt viele Konflikte, da sich dieser Mensch nicht darum kümmert, wie er wirkt. Trotzdem spürt er einen Zwang, unbedingt Harmonie zu schaffen, denn auch er möchte Gefühle "er-leben". So kann auch hier immer wieder die bekannte Gefahr der Kompromisse lauern, da dieser Mensch spürt, dass nur Harmonie auch Frieden schafft. Er sehnt sich praktisch nach dem Frieden, aber dafür muss er lernen, die Disharmonie zu tolerieren, um auch ruhig und gelassen seinen Anteil daran zu erkennen und zu transformieren. Wenn hier Karmamuster herrschen, kann die Bearbeitung sehr anstrengend sein. Dies zum Beispiel, wenn es in einem früheren Leben aufgrund der starken Launen zu einem schweren Verbrechen im Sinne von Affekthandlungen gekommen ist. Schöne Dinge, auch Kleinigkeiten, helfen diesem Menschen, Harmonie zu finden und ruhig zu werden. Oft reicht die Schönheit der Natur, die Ästhetik eines Tieres oder das Betrachten eines Bildes, um das Tief zu überwinden. Deshalb ist es für diese Menschen so wichtig, sich mit heilsamen Farben zu umgeben. So wird auch die Phantasie angeregt, die wiederum Kreativität hervorruft. Gleichzeitig wird dann auch das "Bauchgefühl" unterstützt.

Die Qualitäten des weißen Strahls im Ätherkörper:

Auch hier haben wir das Phänomen von Ebbe und Flut auf der physischen Ebene. Der Energiefluss ist nicht kontinuierlich. Das bedeutet, dass ein Mangel an ätherischer Energie zu körperlicher Inaktivität führt. Nehmen wir ein Beispiel: Im Karmaspeicher des Ätherkörpers eines Menschen befinden sich sogenannte "Giftkapseln" aus einem früheren Leben. Das heißt, dieser Mensch hat in einem alten Leben den Tod durch Gift erlebt. Dieses Gift ist wie als Pulver in einer Kapsel gespeichert, und triggert das heutige Leben das Karmamuster an, bricht die Kapsel auf und diese Energie entlädt sich ätherisch. Jeder Körper reagiert anders auf dieses Muster. Der weiße Ätherkörper gerät sofort in eine Art Lähmung. Allergien verstärken sich dramatisch, oder er fühlt sich dem kompletten Kollaps sehr nahe. Man kann das alles leider nicht zeitlich zuordnen, und deshalb können solche Muster, wenn sie zum Beispiel durch einen Streit aufbrechen, zu verheerenden Folgen führen. Der Mensch war vor einigen Minuten noch völlig gesund, und eine Stunde später findet er sich in der Notaufnahme wieder, weil er alle in Panik versetzt hat. Genauso können solche Phänomene aber auch zyklisch auftauchen, wie beim "Quartalssäufer". Man sagt, der ätherische Körper des weißen Strahls kann zum wahren Schlachtfeld werden, auf dem sich diverse Energien bekämpfen. Deshalb sind auch die Organe großen Schwankungen ausgesetzt, und all das kann zum vorzeitigen Altern beitragen. Auch der Hypochonder wird hier oft ins Spiel gebracht, ist aber völlig unangebracht. Hier muss unbedingt aufgearbeitet werden, damit mehr Harmonie entsteht. Wenn sich dieser Mensch nicht entscheiden kann, wird er starr und unbeweglich, aber wenn eine Entscheidung gefallen ist, wird er wieder anmutig und fein. In der Regel sind diese Körper bis ins Alter mit schönen Proportionen gesegnet. Sie reagieren aber auch sehr stark auf Umwelteinflüsse, schlechte Ernährung und beispielsweise Strahlenbelastungen. Bei diesen Menschen reagiert das Gehirn stark auf die Intuition, so dass ein intuitives Denken, begleitet von der kreativen Vorstellungskraft und Visualisierung, ein wichtiges Instrument sein kann. Sorgen spiegeln sich auf der Stirn als "Sorgenlinien".

Der smaragdgrüne Strahl der Konzentration, Wahrheit und Heilung, der Wissenschaft und Forschung

★ Die Bedeutung des grünen Strahls im Energiesystem

Seelenstrahl

Charakteristische Stärken:

Beim grünen Strahl sprechen wir ganz allgemein von drei wichtigen Aspekten: Konzentration, Wahrheit und Heilung. Dabei kommt es immer auf die richtige Reihenfolge an. Diese Menschen möchten immer Ursache und Wirkung verstehen, um jedwede Form von Heilung zu erreichen. Dies nicht nur in der Medizin, sondern auch in der Wissenschaft, der Technik, der Justiz usw. Sie sind die Experimentierer schlechthin, damit sie alle Geheimnisse der Natur durchschauen können. Es geht ihnen immer darum, die Qualität des Lebens zu verbessern. Der typisch zerstreute Professor ist auf diesem Seelenstrahl zu Hause, denn er widmet sich ganz der Wissenschaft und dem Einfallsreichtum, um sein Scherflein zur wissenschaftlich gesicherten Wahrheit beizutragen. Gute Ärzte, Therapeuten oder auch Richter pochen auf verlässliches Wissen und immer neue Enthüllungen, damit sie am Fortschritt teilnehmen können. Indem diese Menschen alles Wissen mitteilen und immer wieder neu erklären, zeigen sie ihre Form der Liebe für alle Wesen. Die Wahrheit ist für diese Menschen elementar. Ungenauigkeit, aber auch Lügen oder Dinge, die man nicht beweisen kann, sind ständige Wermutstropfen. Die Toleranzgrenze ist dann schnell erreicht. Wenn Entdeckungen und Offenbarungen durch ständige Konzentration und geistiges Bemühen die Neugier befriedigen, entsteht eine große Freude. Man ist immer "auf der heißen Spur". Alles, was von der Unwissenheit zur Gewissheit führt, auch wenn der Weg uneben ist, hat höchste Priorität. Die Menschen sind die Problemlöser schlechthin. Für sie ist das Leben ein großes Puzzle. Nicht dienliche Werkzeuge auf dem Lebensweg sind bedeutungslos. Der größte Wunsch ist es, sich des "Mysteriums" verstandesmäßig bewusst zu werden. Die Erfahrung zeigt immer wieder, dass diese Menschen stets versuchen, das Spirituelle verstandesmäßig zu erfassen und auch sich selbst zu beweisen. Da sie aber das "Un-sinnige" ständig zurückweisen, kann dies ein schwieriger Weg werden. Es besteht immer die Gefahr, dass das Lesen vieler Fachbücher und Forschungsergebnisse ständig neue Wahrheiten produziert, an denen die ganze Welt beteiligt wird. Wenige Wochen später taucht dann eine neue Wahrheit auf, die wiederum alle verwirrt. Ist jedoch die Symbiose von Wissenschaft und Spiritualität recht gut gelungen, startet ein Marathon, der die Umwelt stark überfordern kann. Der Rest der Welt muss dann mithalten, komme, was wolle. In dem meisten Fällen kehrt jedoch irgendwann wieder etwas Ruhe ein und die bereinigte Essenz der verwirrenden Wahrheiten trägt zur allgemeinen "Heilung" bei. So entsteht ein Wesen, das mit viel Wissen und fachlichen Ressourcen ausgestattet Heilung auf allen Ebenen vermitteln und Ursache und Wirkung menschlich und tolerant in sich vereinigen kann.

Charakteristische Schwächen:

Die größte Hürde im Sinne der spirituellen Bewusstseinserweiterung liegt in der Gefahr, dass die Gesamtenergiestruktur des Wesens außer Acht gelassen wird. Wenn dieser Mensch zu stark an die Sinne gefesselt ist, wenn er zu viel analysiert und massiv skeptisch und zweifelnd ist und bleibt, kann lange der falsche Weg verfolgt werden. Der "Weg des geringsten Widerstands" (auch der Rechthaberei) kann zum "Weg des Widerstands gegen das Seelenwachstum" werden. Die wahre spirituell nützliche Analyse befindet sich auf der Brücke zwischen Seele und Persönlichkeit und nicht in der Sackgasse der Rationalität und Logik. Man verlässt sich zu sehr auf Informationen, die über die Sinne aufgenommen werden. Karmische Erfahrungen können diesen Menschen extrem zweifelnd und skeptisch sein lassen, was natürlich unweigerlich dazu beiträgt, dass die Aufnahme von geistigen Impulsen erschwert wird. Man glaubt "nichts blind". Vertrauen und Intuition sollten möglichst zu kaufen sein. Da sich die Intuition, im Sinne der Verbindung mit der geistigen Führung, über der Ebene des Verstandes befindet, ist sie das "direkte" Wissen und Erkennen der Wahrheit. Karmabearbeitung, Meditation und Einsicht können dabei helfen, scheinbar "absurde" Ideen zuzulassen, um mit einem unerwarteten Einblick belohnt zu werden. So steigert sich dann die intuitive Empfindsamkeit, damit sich der Horizont erweitern kann und die vermeintliche Position des Wissens auf dem Podest der Engstirnigkeit aufgegeben wird. Es ist immer schwer, jemandem, der schon alles weiß, etwas beizubringen. Engstirnige Sichtweisen erzeugen harte Kritik, wenn man von seiner eigenen Wahrheitsstruktur überzeugt ist. Diese Kritik ist von einer extremen Gewissheit untermauert und kann sehr verletzen. Der Mensch hat sich diese Sichtweise seiner Meinung nach hart erarbeitet und so das Recht, seine Weltsicht mit allen Mitteln zu verteidigen.

Wenn der Strahl des Emotionalkörpers nicht stark genug ist, kann die Ausdrucksweise in der Tat alles zerstören. Das Umfeld sieht dann alles als unnormal an, und so können Anziehungskraft und Gefühle stark leiden. Die menschlich wichtigen Bindungen werden stark unterdrückt, und so können peinliche Situationen entstehen, da sich die Gefühlsebene nicht interaktiv genug entfalten kann und so eine gesellschaftliche Isolation droht. Hier sollte man wirklich intensiv aufarbeiten, immer unter Berücksichtigung aller Energiefelder, vor allem jedoch unter Berücksichtigung der emotionalen Ebene.

Die positive Dynamik des grünen Persönlichkeitsstrahls:

Man kann bei dieser Persönlichkeit sagen, dass die Seele hier ein "Präzisionsinstrument" vorfindet, da ihr ganzes Wissen auf wissenschaftlichem Experimentieren und fokussiertem, konzentriertem Denken beruht. Es ist natürlich immer die Frage, welcher Seelenstrahl sich hier einem Ego gegenübersieht, das ihn lange in den Hintergrund schiebt oder auch die Energie des Seelenstrahls massiv negativ einsetzt, um der Intuition keinen Raum geben zu müssen. Wenn es hier um die Ebenen des Egos geht, werden auch diese genau analysiert. Das Ziel soll sein, diese Felder mit der richtigen Energiequalität und -quantität zu versorgen, denn davon hängt für diesen Menschen die erfolgreiche Integration von Seele und Persönlichkeit ab. So erwartet dieser Mensch auch exakte Ergebnisse. Speziell in der Medizin ist dieses Vorgehen immer wieder zu beobachten. Der Mensch wird zum Spezialisten, Experten und Techniker, von dem andere lernen und verlässliches Wissen erlangen können. Er "traut nur seinen eigenen Augen". So bestimmt er für sich selbst "Wahrheit und Falschheit". Bereits in der Schule wird man diesen Menschen niemals als den typischen Abschreiber finden. In ihm lebt die Angst, etwas Falsches abzuschreiben, womit er sich dann blamiert und wofür er auch noch bestraft wird. Lieber präsentiert er gezwungenermaßen Fehler und kassiert dafür den Tadel, oder er steht zu seiner Faulheit. Kritisch wird es nur dann, wenn man wieder einmal auf einer "heißen Spur" ist und eine Wahrheit temporär annimmt, die aus einer "esoterischen" (nicht sichtbaren und beweisbaren) Quelle stammt und sich dann doch nicht so ganz mit den eigenen Mitteln beweisen lässt. Und wenn man sie dann noch nicht einmal beweisen und mit Forschungsergebnissen untermauern kann, muss man lernen, dass man vieles einfach erfahren muss. Auch der vorläufige Beruf wird immer wieder in Fachbereichen gewählt. Die Technik wird gemeistert, Fachkenntnisse gehören dazu und die Weitergabe des Wissens ist obligatorisch. Eine große Lernaufgabe dieser Persönlichkeit besteht darin, andere mit dem Wissen nicht zu überfordern und sich selbst immer wieder auf den Prüfstand zu stellen.

Die negative Dynamik des grünen Persönlichkeitsstrahls:

Das Bild und das Ziel der Seele, abhängig vom Seelenstrahl, sind die obersten Instanzen in jedem Leben und spirituell gelagert. Das Ego ist sichtbar und greifbar, nicht jedoch seine Energiemuster. So kann man sich vorstellen, was im Sinne des Plans geschehen kann oder auch nicht, wenn man nur spezialisiert und technisch versiert unterwegs ist. Das Pendant zum vorläufigen, weltlichen Beruf ist die seeleninspirierte Berufung, die lange im Hintergrund ihre Tage fristen kann. Das konkrete Vorgehen lässt sich mit dem Herantreten an die geistige Führung und den dort vorhandenen Plan nur dann vereinbaren, wenn man zur Bewusstseinserweiterung mit allen Konsequenzen bereit ist, denn die "Stimme der Seele" hallt nicht durch den Kopf und besitzt so keine Gültigkeit. Begegnet dieser Mensch nun einem anderen Wesen, das stark geistig orientiert in seiner Aufgabe weilt, kann es einen Mangel an Mitgefühl und auch menschlichem Interesse geben, weil es logischerweise wieder zur Analyse und Trennung kommt. Die Unterschiede sind einfach zu groß, und der Mensch beginnt sogar, sein Wissen durch groteske Übertreibung in den Raum zu stellen. Man spricht auch von dem "sadistischen" Wissenschaftler. Dieser Mensch kann aber nichts dafür, weil er doch mit sich und seinem Wissen zufrieden und auch materiell erfolgreich ist. Er hat immer das "letzte Wort" in seinem Fachbereich, und das ist der große Unterschied, den er lernen muss. Ein Fortschritt ist dann zu sehen, wenn er begriffen hat, dass die Persönlichkeit ständig Unterschiede sucht, die man kurieren kann, und dass die Seele Ähnlichkeiten und Gemeinsamkeiten stabilisieren und verwirklichen will. Hier spielen wiederum intensive Karmamuster eine große Rolle. Wenn man in früheren Leben erfahren hat, dass es besser ist, den durch andere präsentierten Fakten ins Auge zu sehen, anstatt zu vertrauen, dass es eine höhere Instanz gibt, die es schon richten wird, dass man dafür aber etwas tun muss, ist es leichter, sich der Masse anzuschließen, die sich ihr hoffentlich richtiges Urteil bilden wird.

Die Qualitäten des grünen Mentalstrahls:

Auch hier haben wir wieder die Wissenschaft, die Technik und die klaren Fakten. Der Verstand ist sehr konzentriert und präzise, und er toleriert keine Ungenauigkeit. Dabei spielt die Wahrheit eine große Rolle. Deshalb ist dieser Verstand gut geeignet, wenn es darum geht, Ungereimtheiten aufzuklären oder im Sinne der Wahrheit korrekt zu beurteilen, wie es zum Beispiel die Aufgabe des Ermittlers oder Richters ist. Schwierig ist es aber zum Beispiel, diesen Verstand in der Rückführung zum "bildhaften Erleben" zu führen. Er wird immer wieder hinterfragen, ob das wirklich sein und in die Epoche und Kultur von damals passen könnte. Deshalb kann man sich auch fragen, ob für diesen Verstand alternative therapeutische Maßnahmen überhaupt sinnvoll sind, denn wenn er sich auf die Intuition beziehungsweise das Dritte Auge verlassen muss, fühlt er sich verlassen. Er versteht nur die Wirklichkeit, aber die Seele sieht ihn als mentale Wesenheit. Es hängt natürlich auch vom Seelenstrahl ab, inwieweit er überhaupt die Führung übernehmen kann und was dann möglich ist. Der Verstand will nämlich den Unterschied wissen. Alles fiktiv Wahrgenommene muss er zuerst auseinandernehmen und untersuchen. Hier sind wir dann wieder bei der Analyse. Kein Detail ist klein genug, um nicht als relevant gesehen zu werden. So kann man zum Beispiel in Rückführungen erwarten, dass dieser Verstand seine Kerkerzelle so auseinandernimmt, dass er nicht weitergeht, bis er die dort ansässigen Ratten in ihrer Zahl genau bestimmt hat. Auf dem Weg zur Hinrichtung schaut er sich genau die Knoten des Seils an, das ihn jetzt erwartet. Er kann aber auch exakt die Worte des Henkers wiederholen, als dieser ihn um Absolution gebeten hat. Der Therapeut weiß dann exakt damit umzugehen. Auch das kann ein Vorteil sein. So mancher mag sagen, das sei trivial, aber dieser Verstand ist stolz auf seine Objektivität. Auf dieser Suche nach der Wahrheit kann dieser Verstand sogar Dinge akzeptieren, die für ihn selbst von Nachteil oder zunächst destruktiv sind. Er ist offen für den Verursachungsmechanismus, und so kann man ihn langsam dahin führen, dass sich die Grenze zwischen Intellekt und Intuition auflöst. Wenn er die "mentale Schraubzwinge" lösen kann, öffnet sich die Welt der Intuition, die Raum für Neues und Phantasievolles schafft. Trotz allem muss man sagen, dass dieser Verstand mit äußerster Geduld vorgeht, wenn er etwas erklären oder lehren darf. Er kann die kleinsten Details präzise beschreiben. Programmieren oder das Anfertigen von Gebrauchsanweisungen (die wirklich nützlichen) sind Spezialitäten dieses Verstandes.

Die Qualitäten des grünen Strahls im Emotionalkörper:

In unserer Zeit und Kultur ist dieser Emotionalstrahl nicht so häufig anzutreffen. Dennoch wird er gebraucht, um bestimmte Pläne, Ziele und Themen der Menschheit, die noch unsere Kultur beeinflussen, zu verfolgen. Dieser Emotionalstrahl schützt den Menschen vor Gefühlsregungen. Gefühle kann dieser Mensch durchaus entwickeln, wenn viele alte Emotionen aufgelöst sind. Dennoch werden sie sich immer auf einem distanzierten Niveau bewegen, da dieser Strahl dafür sorgen soll, dass man sich emotional lösen möchte. Die Gratwanderung zwischen zu transformierenden Emotionen und den daraus entstehenden positiven Gefühlen ist also ständig ein Thema dieses Menschen. Deshalb sind diese Menschen auch nicht künstlerisch begabt, denn es fehlt ihnen dazu die Dynamik und sie können andere nicht mitreißen. Sie trauen auch ihren Instinkten nicht und können so auch nicht beurteilen, wie andere sich fühlen. So kann man sich diese Menschen in bestimmten Berufen sehr gut vorstellen. Sie werden weder angezogen noch abgestoßen und betrachten alle Geschehnisse mit dem gleichen Interesse. So entstehen auch keine großen emotionalen Reaktionen. Die Definition dieser Berufe überlasse ich den Lesern selbst, damit nicht der Eindruck einer negativen Bewertung entsteht. Gerade auch in der Rückführungsarbeit kann eine Aufgabe in früheren Leben, die zum Beispiel in eine Täterrolle führte, perfekt aufgearbeitet werden.

Alles hat auch seine Vorteile. Mit Täterrolle sind demzufolge auch Berufe tituliert, die heutzutage weit in den Hintergrund gerückt sind, aber dennoch existieren. Bei diesem Strahl kommt es intensiv auf den Mentalstrahl an, den sich ein Mensch gewählt hat. Wenn dieser ebenfalls sehr rational ist, kann man sich extrem fixieren, und dies kann zu einer gewissen Isolation, auch in Beziehungen, führen. Die Frage stellt sich dann, wie eine Beziehung überhaupt vonstattengeht, nicht nur in Bezug auf Menschen, sondern auch auf das Zusammenleben mit Tieren.

Die Qualitäten des grünen Strahls im Ätherkörper:

Auf der Ebene des Ätherkörpers war dieser Strahl sicherlich auch in früheren Epochen stärker vertreten als heute. Dieser Körper wirkt eher steif, hart, kompakt und unbeholfen. Er zeigt wenig Anmut und lebt so eher in der Isolation. Beziehungen fallen ihm nicht leicht, da sich andere Wesen nicht unbedingt zu ihm hingezogen fühlen. Der Körper ist sehr geerdet und auch für harte, anstrengende Arbeiten mit dichten Substanzen geeignet. Bergbau, harte Landwirtschaft und generell große körperliche Anstrengungen wie das Erbauen von Häusern und Burgen im Mittelalter oder in den uralten Kulturen, in denen die Sklaven eine harte Arbeit zu erledigen hatten, erforderten damals auch aus karmischen Gründen sicherlich eher diesen Energiestrahl. Jahre auf einer Galeere zu verbringen, war nichts für einen gelben Ätherstrahl. Da waren die Tage gezählt. Der grüne Ätherstrahl ließ den Delinquenten aushalten, bis das schwimmende Gefängnis im Kriegsfall zum Grab wurde. Je nach Mentalstrahl kann dieser Körper unendlich viel aushalten und durchhalten. “Augen zu und durch” sind dann die Themen des Alltags. Der Gang durch die Wüste wird dann zwar zum absoluten Kraftakt, aber das “gelobte Land” wird erreicht. Drei Tage Ruhe und der Alltag fängt von vorne an. Dieser Mensch verfügt oft über eine "sturmgepeitschte" Stirn. Er kann eine sehr gelassene Kontemplation erfahren und reagiert stark auf den Persönlichkeitsstrahl, der ihn dann entsprechend nach außen darstellt. So kann der Mensch sich so weit entwickeln, dass er auf geniale Art und Weise Energie über die Telepathie übertragen kann. Dies sind auch Menschen, die es beispielsweise schaffen, andere in den schlimmsten Krisensituationen und Gefahren zum Überleben anzuspornen, indem sie ihnen helfen, ob physisch oder mental, durchzuhalten und ihr Letztes zu geben. Dabei gehen sie mit "gutem" Beispiel voran und opfern ihre letzten Energiereserven.

Der rubinrote Strahl

der allumfassenden Liebe, geistigen Heilung, Manifestation, des Friedens und Loslassens

★ Die Bedeutung des rubinroten Strahls im Energiesystem

Seelenstrahl

Charakteristische Stärken:

Dieser Seelenstrahl macht ein Wesen zum großen Idealisten. Er untermauert den Willen, sich absolut loyal für den Frieden einzusetzen. Ein starker Glaube an das Gute, verbunden mit Zielgerichtetheit und Zielstrebigkeit, lassen dieses Wesen ernsthaft und aufrichtig sein. Letztlich kann all das Streben eines Menschen des roten Strahls aber in eine starke permanente Unzufriedenheit führen, weil er die Welt, wie sie "noch" ist, am liebsten verleugnen möchte. Man kann sagen, er ersehnt das Gute, Wahre und Schöne in der Welt, und deshalb möchte er mit gutem Beispiel vorangehen. Aus diesem Grund sind Personen, Dinge und Orte so wichtig, denen man sich ganz hingeben kann. Es wird alles getan, damit man Kompromisse vermeiden und nur das absolut Perfekte – das

Ideale - erreichen kann. Für das sogenannte "menschliche Versagen" ist da kein Platz. Man sagt auch, dieser Mensch lebt, um sich an etwas zu binden, selbst wenn er sich auch wieder lösen kann. Dann erfolgt eine neue Bindung an jemanden oder etwas, das er für sinnvoller hält. Diese Hingabe ist jedoch eher idealistisch statt selbstlos. Trotz allem kann er sein Ego vollkommen vergessen und absolut ernsthaft und konzentriert auf den anderen schauen, was aber auch dazu dienen kann, sich dem Wissen und den Problemen des eigenen Wesens zu entziehen. Dennoch setzt sich diese Seele immer wieder für das Wohl aller ein. Viele kollektive Themen wie Missionen, Hilfsprojekte, religiöse Einrichtungen, selbst die Feuerwehr und vieles andere hätte es ohne diese Energie niemals gegeben. Dieser Idealismus gibt anderen Kraft und Mut. So werden auch die Personen oder andere Bereiche, die man idealisiert, mit Liebe überhäuft. Diese Liebe soll aber möglichst im gleichen Maße erwidert werden. Allem liegen Visionen zugrunde, die aber noch nicht als Ziel dastehen. Diese Menschen sind zwar "zielgerichtet", aber sie benötigen immer eine belebende Quelle der Energie, die ihren Optimismus stärkt und ihnen auch eine gewisse Sicherheit gibt. Deshalb entsteht auch immer wieder eine starke Bindung an andere Menschen. Man sagt: "Der Idealist und der hochgeschätzte andere." Oft besteht eine große Angst vor dem Verlassenwerden. Deshalb ist für diese hingebungsvollen Menschen immer das heilig, was ihnen die scheinbar dauerhafteste Sicherheit verspricht. Andererseits möchte dieser Seelenstrahl das Loslassen üben, denn nur so kann man sich immer wieder für Neues öffnen und in der Bewusstseinserweiterung Fortschritte machen. Der Mensch darf lernen, dass es keine Sicherheit gibt, sondern dass das Leben ein einziger Transformationsprozess ist. In der Realität ist dieser Prozess, gerade wenn karmisch bedingt, eine harte Prüfung. Wir sehen diese Thematik zum Beispiel im Bereich der Sekten, der Stalker oder auch des Terrorismus, indem die Konzentration auf Menschen, Ideologien oder auch Fanatismus zur eigenen und kollektiven Gefährdung werden kann, sofern die Umkehr zum gesunden Idealismus, der loslässt, nicht erreicht werden kann.

Charakteristische Schwächen:

Wer immer schon "weiß", was richtig ist, sieht keine Veranlassung, sich von seiner Entschlossenheit zu entfernen. Diese Entschlossenheit hat aber nichts mit Sicherheit zu tun. Wer sein "wahres" Ziel, seine Vision gefunden hat, sträubt sich gegen Veränderung, weil die Veränderung nur durch das Loslassen eintritt. Die Veränderung ist das Beständigste in der Welt des Werdens und der Entfaltung des Plans. Wenn sozusagen eine Vision gefunden ist, entwickeln sich blinder Glaube und Vertrauen. Das führt dann dazu, dass man sie nicht weiter untersucht, beleuchtet und die Angemessenheit betrachtet. Deshalb ist dieser Seelenstrahl am stärksten von allen gefährdet, in Sekten abzurutschen. Der Mensch muss dann nicht mehr suchen, da der "wahre Weg" gefunden wurde. Man kann diese Menschen "vor den Karren spannen", da sie zum Extremismus tendieren. Sie wollen "eine Sache" um jeden Preis erreichen, ob individuell oder kollektiv. Wenn sie nicht lernen, den Einsatz ihrer Energie am augenblicklichen Bedarf zu messen, kostet das viel Lebensenergie, da sie schnell auf die Bahn des Fanatismus geraten können. Es baut sich sozusagen eine spannungsgeladene Vorgehensweise auf. Dies kann man sehr gut beobachten, wenn diese Menschen Reden halten oder ihr Lieblingsthema behandeln. Sie sind dann unnachgiebig und intensiv bis lästig. So kann sich vieles zu einem unvernünftigen Enthusiasmus entwickeln, der sich negativ auf das normale Leben und die Beziehungen auswirkt. Je nach Emotionalstrahl und Karmastrukturen können so auch Emotionen freigesetzt werden, die sehr destruktiv sein können. Hier muss dringend aufgearbeitet und dann die Kontemplation gesucht werden. Wenn sich der Druck nicht lösen kann, kann sich der Mensch nicht mehr beherrschen. So entsteht auch die Emotion der Eifersucht, oder die Verteidigung von "Exklusivrechten" nimmt ihren Lauf. Der sogenannte "Märtyrerkomplex" droht dann, wenn der Mensch für seine Begriffe unfähig ist, seine Visionen zu erreichen. Dann gelangt er in die Umkehrfunktion und hat seine innere Freude daran, kontinuierlich zu versagen. Die gesunde Lebenskraft jedoch zeigt ihm immer wieder, dass er letztlich nicht verlieren und sich selbst zerstören kann. Werden jedoch karmische Themen nicht gewinnbringend transformiert, gibt es immer wieder die extremen Ausfallschritte, siehe Amoklauf oder Selbstmordattentäter. Es ist immer wichtig, alle Strukturen objektiv zu beleuchten, auch wenn es oftmals schwerfällt. So erübrigt sich die Frage: "Wie kann so etwas geschehen?" Jede Energie kann positiv und negativ eingesetzt werden. Es ist immer die Frage des Energiemanagements. Um den Weg in der Materie erfolgreich zu gehen, muss man beachten, wohin man geht. Aufmerksamkeit und auch der "gesunde" Menschenverstand versperren nicht den Weg in eine erfolgreiche Zielsetzung und eine spirituelle Entwicklung.

Die positive Dynamik des rubinroten Persönlichkeitsstrahls:

Auch hier finden wir wieder die Fähigkeit, sich ganz einer Sache oder Person hinzugeben und treu nach höchsten Idealen zu leben. Da diese Persönlichkeit ungebremst und durch Zielgerichtetheit ihre Visionen erreichen will, integriert sie die niederen Körper des Egos beharrlich und abgestimmt. Bei dieser Persönlichkeit kann man sagen, dass sie auch willens ist, durch eine gezielte Karmabearbeitung an dieser optimalen Koordination mitzuwirken. Sie spürt, wenn sich ihrer Vision etwas in den Weg stellt, und geht konzentriert darauf zu. Man kennt sie auch als loyal und zuverlässig. Andere Menschen finden bei ihr Inspiration und Enthusiasmus, da sie mit gutem Beispiel vorangeht und sich nicht von ihrer eigenen Vision abbringen lässt. Je nach Seelenstrahl sind diese Menschen sehr konsequent und scheuen auch keine Hindernisse. Wichtig ist aber auch hier, dass die Vision in ein Ziel umgewandelt und dann mit den richtigen Schritten verfolgt wird. Ist der Seelenstrahl sehr stark und führend, können diese Menschen viel für ihr eigenes Wachstum und das anderer leisten. Ihr Idealismus treibt sie dann immer wieder zu Höchstleistungen und einem kollektiven Engagement. Beharrlichkeit und eine gute Portion Intelligenz bringen diese Menschen durchaus in Führungspositionen, aber sie müssen lernen, ihre Visionen realistisch zu sehen und sich nicht auf faule Kompromisse einzulassen, nur damit sie ihr Ideal irgendwie erreichen. Notfalls ist loslassen angesagt, damit sich eine neue Vision zeigen und zum angesagten Ziel werden kann. Der Seelenstrahl, welcher auch immer es sein mag, hat zwar in dieser Persönlichkeit ein hervorragend konzentriertes Instrument, aber man muss immer beachten, dass die niederen Körper des Egos ihre eigene Energiestruktur zeigen, die durchaus mit gewichtigen Karmaanteilen belastet sein kann. Es bringt dieser Persönlichkeit nichts, diese Struktur zu übersehen oder konsequent unterzuordnen, damit sich die angepeilte Vision umsetzen lässt. Hier bedarf es dann einer gezielten Transformationsarbeit, damit eine harmonische Interaktion der einzelnen Körper den Menschen zur Ruhe kommen lässt, um sich dann gezielt voranzubewegen. Nicht zuletzt entstehen auch ungeahnte Widerstände anderer Wesen, die mit dem Karma in Verbindung stehen, indem sich Visionen dann in sich selbst als scheinbar unsinnig zeigen können. Nach der Transformation erscheinen sie in einem anderen Licht und können gezielt verfolgt werden.

Die negative Dynamik des rubinroten Persönlichkeitsstrahls:

Eine Persönlichkeit, die relativ unvernünftig und fanatisch auf ein scheinbar richtiges Ziel ausgerichtet ist, widersteht erfolgreich jeglicher Impulsaufnahme durch den Seelenstrahl bzw. das höhere Selbst. Wer nur im Augenblick lebt und blindlings auf den fahrenden Zug aufspringt, verfolgt durchaus das falsche Ziel und entgeht oftmals für lange Zeit der wahren Berufung. Bis eine Kurskorrektur erfolgen kann, wird die Bewusstseinserweiterung durch die Zeitverschwendung gezielt eingeschränkt. Bedingt durch den ständigen Wachstumsprozess müssen wir lernen, dass viele Wege nach Rom führen und dass Kontakte und auch Widrigkeiten, die dadurch entstehen, den Horizont erweitern und natürlich Arbeit mit sich bringen. Diese Menschen suchen den "einen wahren Weg", und dem sollen auch alle anderen folgen - nach dem Motto: "Was für mich gut ist, gilt auch für dich, und wer nicht mit mir ist, ist gegen mich." Hier hilft wirklich nur die Erkenntnis, dass jedes Wesen, ob Mensch oder Tier, seine eigenen Energiemuster in sich trägt, dass es seinen eigenen Plan mit sich bringt und dass man sich immer wieder karmisch begegnet, um all das zu erkennen und erfolgreich zu transformieren. Es kann nicht sein, dass alle anderen Wesen sich anpassen müssen, nur damit man selbst seine Visionen in Ziele umsetzen und erreichen kann. Man muss versuchen, die Wirklichkeit der anderen zu verstehen und letztlich auch zu fördern, denn das ist Loslassen und bedingungslose Liebe, von der gerade der Mensch des rubinroten Strahls so oft spricht. Die Wirklichkeit der anderen existiert parallel zu unserer eigenen und muss akzeptiert und toleriert werden. Sie kann uns nicht immer dabei helfen, unsere Ziele zu erreichen und zu stabilisieren. Es geht nicht ums Missionieren und Überzeugen. Wir leben und arbeiten in Gruppen, die vielfältig und interessant sind. Miteinbeziehen ist gut, aber das Loslassen ist genauso wichtig. Loslassen heißt nicht verlieren, sondern achten und schätzen. Und wenn ein anderer Mensch Visionen und Ziele ins Leben ruft, die uns nicht selbst berühren oder als sinnvoll erscheinen, sollten wir sie trotzdem respektieren, denn niemand weiß, welcher Antrieb diesen Menschen zu seinen Aktivitäten führt. So entstehen für diese Persönlichkeit interessante Varianten und Sichtweisen, die sie durchaus bereichern und mit neuen Impulsen versorgen können, ohne dass sie ihr Gesicht verliert.

Die Qualitäten des rubinroten Mentalstrahls:

Bei einem Wesen, das sich diesen Mentalstrahl gewählt hat, kann man wirklich von einem "Parolenzitierer" sprechen, der aber auch in Parolen denkt und danach handelt. Man kann diesen Menschen wirklich dazu bringen, sich absolut auf ein Ziel auszurichten und mit seinem ganzen Willen dahinterzustehen. Das finden wir auch wieder beim typischen Stalker. Hat er sein Ziel erreicht, fixiert er sich auf das nächste. Ist der Mensch geistig gut gewachsen, strebt der Verstand unaufhörlich nach der "Erleuchtung", denn das ist sein Ideal und der höchste Anspruch an sich selbst. Der Verstand gibt nicht auf und hält auch an Denkmustern fest. In der heutigen Zeit sieht man zum Beispiel in der katholischen Kirche, aber auch im sozialen Bereich, wenn es um gerechte Entlohnung und angepasste Arbeitszeiten geht, wie festgefahrene mentale Muster an der Wirklichkeit vorbeigehen. Auch die Inquisition war und ist eine einzige Verstrickung mentaler Überzeugungen in überlieferten Mustern, die verheerende Folgen für uns alle hat. Das Festhalten an der typischen Form des Ehrenamts folgt unter anderem der mentalen Überzeugung, dass es sich hier um die edle und selbstlose Form der Zuwendung anderen gegenüber handelt. Man hat es hier mit geschlossenen mentalen Kreisläufen zu tun, die dringend geändert werden sollten, denn alles besteht aus Geben und Nehmen. Anderen von Herzen zur Seite zu stehen, verdient trotzdem einen gerechten Ausgleich. Gerade Menschen, die den roten Mentalstrahl gewählt haben, setzen sich aber oftmals sehr intensiv solchen Strukturen aus und vergessen so ihre eigene reale Existenzgrundlage. Der Denkinhalt dieses Verstandes folgt Lieblingsthemen, geliebten Ideen und vorgegebenen Zielen, die allerdings oft anderen dienlich sind. Der Mensch ist dann der mentale "Vollzugsbeamte" derer, die sich später mit den Lorbeeren schmücken. (Siehe Demonstrationen, bei denen die eigentlichen "Organisatoren" nie selbst den Wasserwerfer kennenlernen!) Die Leidenschaft dieses Verstandes macht ihn einerseits begeisterungsfähig, andererseits kann er starr und unflexibel sein. Er trägt stundenlang ein Schild vor sich her und ruft immer wieder die gleiche Parole. Das rührt auch daher, dass er alles kritiklos aufnimmt und idealisiert, wenn er die Quelle der Informationen für ideal und speziell hält, wobei er die Quellen schon selektiert. Gerade in der jetzigen Zeit macht es Sinn zu hinterfragen, aus welchen Gründen, auch aus karmischer Sicht, dieser Strahl wohl gewählt wurde. Jede Strahlenenergie bietet uns notwendige Lernthemen, wenn sie denn erkannt werden.

Die Qualitäten des rubinroten Strahls im Emotionalkörper:

In der aktuellen Zeitphase ist dieser Emotionalstrahl häufig anzutreffen. Emotionale Hingabe steht hier für den Idealismus und das Verlangen, das auf andere gerichtet ist. Ein interessantes Beispiel ist die heute verbreitete Partnersuche im Internet. Es entwickelt sich eine regelrechte Dynamik der Emotionen, und gerade auf diesem Gebiet kommt es häufig zu starken Reaktionen und karmischer Emotionalität, deren Transformation in die wahren Gefühle für “den Richtigen” oder “die Richtige” eine echte Herausforderung darstellt. So kann sich auch ein Abhängigkeitsverhalten einstellen, weil die Emotionen automatisch und unüberlegt zu werden drohen. Das erfolgt bei diesem Strahl auch im Alltag. Bei bestimmten Impulsen von außen kommt es zu Reaktionen wie Aufregung und Wut, weil der Mensch die Kontrolle verliert. Da dieser Strahl momentan mit der häufigste im Emotionalkörper ist, kann man die Aspekte perfekt in den sozialen Netzwerken oder in der Politik beobachten. Ich schreibe dieses Kapitel exakt zur Zeit der Präsidentschaftswahl in Amerika 2020. Wenn man hier nicht von karmischen Emotionen eines verkorksten Idealismus sprechen kann, hinkt jeder andere Vergleich, denn wir sprechen bei diesem Strahl auch von emotionaler Ausdauer, die intensiv und geladen ist, bis hin zum Extremismus. Diese Menschen nehmen alles persönlich und die überpersönliche Haltung ist eine große Lernaufgabe. Wenn noch viel zu bearbeiten ist, zählt für den Menschen, was er “bekommt”, nicht, was er “geben” kann. Diese Menschen belagern auch Orte, Personen und Sachen, an denen sie hängen. Wenn man sie daran hindert, können sie sehr aggressiv und engstirnig reagieren. Gerade viele soziale Netzwerke verführen diese Menschen zu unkontrollierten Ausbrüchen und bieten ein regelrechtes Sprachrohr für aufgestaute Emotionen, die sich auf diese Art und Weise niemals in Gefühle verwandeln können, im Gegenteil es ist mittelalterliche Denunzierung auf digitalem Niveau. Wir sehen so, wie weit wir von einem wahren spirituellen Wachstum im Kollektiv noch entfernt sind. Dennoch bietet dieser Energiestrahl auf einem anderen, aber hohen Niveau eine perfekte soziale Plattform der Transformation in die Neutralität, die bedingungslose Liebe und gelebte Demut.

Die Qualitäten des rubinroten Strahls im Ätherkörper:

Wir finden bei einem Körper, der mit diesem Energiestrahl verbunden ist, einen lockeren Muskelbereich, starke Bauchregionen und Rundungen. Der Körper ist weich und die Verdauungsorgane spielen eine große Rolle. Es finden sich hier auch gelegentlich gewisse Süchte, die mit dem Thema "Abhängigkeit" im Sinne der Versorgung zu tun haben. Auch das ist meist karmisch bedingt. Wer auf die Versorgung durch andere spekuliert, kompensiert das Verlangen durch die Nahrungsaufnahme. Dies betrifft sowohl feste als auch flüssige Nahrungsmittel. Hier muss dringend aufgearbeitet werden, denn die gespeicherten Aspekte beeinflussen über den Solarplexus das Organsystem. Da dieser Körper Bindungen schafft, idealisiert und als Sicherheit betrachtet, sind die Süchte Ausdruck eines besitzergreifenden Verlangens, indem er sich weigert loszulassen. Er hat einfach Probleme damit, alleine zu stehen und sich trotzdem lebendig zu fühlen. So kann ein solcher Körper auch den Körper anderer total erschöpfen, weil er sich vom anderen abhängig gemacht hat. Das Thema "Loslassen" hat hier oberste Priorität, denn logischerweise bestehen auf dieser Ebene eine Unmenge karmischer Gegebenheiten. Wenn dieser Lernprozess durchlaufen ist, kann sich ein solcher Mensch innerlich und äußerlich komplett verändert haben. Er wird wirklich "frei" und erschafft für sich die idealen Lebensstrukturen. Der Körper lagert auch gerne Wasser ein und sondert häufig Feuchtigkeit ab ohne Anstrengung oder Bewegung. Andererseits kann dieser Körper trotz geschwächter Zustände noch zäh und ausdauernd sein. Er reißt sich zusammen und verfolgt sein Ziel mit seiner ihm eigenen Kraft des Verlangens.

Der violette Strahl

der Transformation, Umwandlung und Karmabearbeitung

★ Die Bedeutung des violetten Strahls im Energiesystem

Seelenstrahl

Charakteristische Stärken:

Dieser Seelenstrahl überträgt dem inkarnierten Wesen ständig die Aspekte der "Ordnung". Es geht darum, aus Chaos Ordnung entstehen zu lassen und Unordnung durch Rhythmus zu ersetzen. Der perfekte Ausdruck dafür ist schlicht die Transformation. Dieser Strahl trägt in sich das Gruppenmuster einer "neuen Weltordnung", denn es ist grundsätzlich der Strahl des "neuen Zeitalters". Speziell die Reinkarnationstherapie ist hier ein wichtiges Instrument, da sie für diese Menschen ein Ritual der Transformation darstellt. Dieser Seelenstrahl überträgt dem Wesen das volle Potenzial der miteinander in Beziehung stehenden Elemente der gesamten Schöpfung. Der Mensch versucht sehr geerdet, Geist und Materie miteinander zu verbinden, und schafft so Aktivitätsmuster, mit denen man praktisch orientiert und intelligent umgehen kann. Dazu gehören natürlich Planung, Zeitplanung und Organisation. Man weiß, wie träge der Mensch sein kann, und deshalb kann dieses Wesen jedes Element eines großen Ganzen entsprechend motivieren und organisieren – nach dem Motto: "Einer für alle und alle für einen." Die Synthese und das Verstehen des Ganzen machen diesen Menschen zum teamfähigsten überhaupt, denn er ist auf den Erfolg der Gruppe fixiert. So kann er sehr selbstlos und respektvoll sein. Perfekt strukturierte Beziehungen sollen sich auszeichnen durch Können, Kraft und effizientes Zusammenleben und -arbeiten. Dieses starke soziale Bewusstsein wird oft untermauert durch bewährte Rituale und Zeremonien, die sich als festigend und als Antriebsenergien bewiesen haben. Ein Beispiel wären die pünktliche Meditation aller Mitarbeiter vor Arbeitsbeginn oder Zeremonien wie das Erntedankfest. Hier schließt sich auch der Kreis zur weißen Magie, die Ideen in Realitäten transformiert. Gerade der violette Strahl hat intensive Erinnerungen an atlantische Umgangsformen mit Magie und Elementarwesen. Speziell Tiere mit diesem Seelenstrahl zeigen uns immer wieder ihren Bezug zu Atlantis, indem sie mit ihren Blicken Dinge verfolgen, die der Mensch noch nicht sieht. Aber auch viele Künstler zeigen durch Klang und Farbe bereits ihre "Sicht" der Devas, der Gnome und Elfen, die gerade die spirituelle Welt des Menschen bereichern und Geist und Materie verbinden. Der Mensch mit diesem Seelenstrahl wird sich bei allem, was er angeht, dem Detail widmen, da jedes Teilchen ein wichtiges Element des großen Ganzen ist, wie bei einem Puzzle. Er übersieht nichts und will immer das Richtige tun. Allerdings erwartet er das auch von der Gruppe, vom Team, und hier spielt es keine Rolle, ob das seine Familie, sein Arbeitsbereich, der Verein oder der Freundeskreis ist. Speziell in der Reinkarnationstherapie beweist sich dieser Strahl immer wieder als der perfekte Therapeut, weil er jedes Details beachtet und akribisch arbeitet, bis er das "Alte" durch den transformierten Zustand ersetzt hat. Er übersieht dabei kein transformationswürdiges Element des großen Ganzen seines Klienten, da er weiß, dass nur der perfekte Zustand das Ergebnis seiner Arbeit sein kann. Das ist allerdings sein Herzenswunsch, und dafür benötigt der Mensch eine hohe Motivation und Durchhaltevermögen. So ist so mancher dieser Therapeuten ein sehr unzufriedener Typus, aber meist nicht nur in der Therapie, sondern auch in seinem eigenen Umfeld.

Charakteristische Schwächen:

Wenn die strukturierte Ordnung um sich greift und kein Chaos mehr entsteht, das kreativ sein lässt, entsteht keine Chance auf neue Kombinationen und Fortschritt. Selbstzweifel und Angst vor neuem Chaos führen dazu, nicht mehr auf Impulse hören zu wollen. Die Individualität baut sich ab und der Geist kann dem Wesen über das höhere Selbst keine Wege der Transformation und des weiteren Entwicklungsprozesses mehr nahebringen. Die Vergangenheit ist unwiderruflich vorbei, auch wenn sie eine Sicherheit vermittelt hat, die durch karmische Muster durchaus Schmerzen verursachte. Um die Zukunft, den Plan und den daraus folgenden Lebensfluss zu erfahren, muss man bereit sein, spontan und neugierig zu sein. Da hilft es nichts, wenn man an seinem Häuschen hängt oder an seinem Job, der zwar eine scheinbare Sicherheit bietet und so schön routiniert abläuft, aber er verbaut die Aussicht auf weit mehr Erfolg und Chancen. Man sieht auch in der Politik, dass gelegentlich Gesetze geändert werden müssen, weil sie der Entwicklung des Kollektivs nicht mehr dienlich sind. Karmisch gesehen kann man hier sehr schön feststellen, ob man alte Muster wirklich korrekt gelöst hat. Der Mensch muss bereit sein, neue

Wege zu gehen. Unser Geist ist frei, und er kann nur fruchtbar mit uns arbeiten, wenn wir ein ausgedientes Nest verlassen und fliegen, denn wir müssen es nicht lernen. Routine, Sitten, Gebräuche und bedeutungslos gewordene Rituale halten diesen Menschen von seinem natürlichen geistigen Wachstum ab und behindern so auch seine Kreativität. Ein einfaches Beispiel: Viele Künstler entfalten ihre Kreativität nachts oder zu ganz besonders energiegeladenen Tageszeiten. Das hängt vom eigenen Energiemuster und vielen weiteren Details ab. Der Künstler muss diese Phase in sich selbst finden und nutzen. Wenn er in seiner Routine des streng geregelten Tagesablaufs eines Berufstätigen bleibt, wird er sein Potenzial nicht entfalten können. Der violette Strahl hat hier die intensivste Phase der Transformation vor sich. Wenn er es schafft, wird der Mensch das Gefühl erleben, sich neu energetisch erschaffen zu haben. Sein ganzer Rhythmus verändert sich. Er bewegt sich weg von der äußeren Ebene, um sein inneres Leben und seine Stimulation zu erleben und zu nutzen. Er verlässt sozusagen den Weg des geringsten Widerstands und trennt die Spreu vom Weizen. Ein weiteres Thema bei diesem Seelenstrahl sind oft okkulte Phänomene oder Spiritismus. Auch hier besteht das Verlangen, das Unsichtbare ins Sichtbare zu transformieren. Sehr oft entsteht so die Verbindung in die Ebene der Verstorbenen und der schwarzen Magie. Hier wird Spiritismus mit Spiritualität verwechselt. Das kann sehr problematisch bis gefährlich werden, je nach Ausrichtung der weiteren Energiemuster. Der Mensch lenkt sich so selbst von seinem inneren Wachstum und der direkten Verbindung zu seiner geistigen Führung ab. Nur der Wille zur konstanten Transformation führt zu neuen Wegen und Ergebnissen.

Die positive Dynamik des violetten Persönlichkeitsstrahls:

Aufgrund ihrer perfekten Fähigkeit zu organisieren und zu verwalten, sind diese Menschen mit die besten Führungskräfte in Unternehmen. Sie managen ihr Aufgabengebiet mit Bravour. Ihr genialer Teamgeist sorgt für eine Führungsqualität, die erfolgreiche Arbeitsergebnisse mit persönlichem Engagement für das Innen und Außen garantiert. Ihr guter gesellschaftlicher Umgang lässt sie bei Besprechungen, aber auch bei Meetings und Firmenevents engagiert in der ersten Reihe stehen, selbst wenn es um Smalltalk geht. Das Mentale, Emotionale und Physische wird dabei immer in eine geregelte Ordnung gebracht. Man reißt sich zusammen und findet schon seine Zeiten für die internen Wehwehchen. Hier sieht man das perfekte Zeitmanagement und wie man Prioritäten setzt. Da sie stets freundlich und zuvorkommend sind, fällt diesen Menschen das Management ihrer gesamten Struktur nicht schwer. Allerdings muss man dazu sagen, dass sich nicht alle anderen Wesen so einfach managen lassen wollen. Das führt gelegentlich zu Widerstand, was aber schnell wieder durch neue Ideen und Kompetenzen ausgeglichen wird. Dieser Mensch schätzt sein Team und tut alles dafür, dass man gemeinsam erfolgreich ist. So setzt er auch alles stets miteinander in Beziehung und kann so seine Pläne verwirklichen. Wenn sich zeigt, dass ein Teil des Teams absolut ungeeignet ist, sich den Zielen und Wegen anzupassen, muss man sich trennen. Diese Menschen haben ihr Leben im Griff, wie sie meinen, denn sie haben große Freude daran, viele Elemente des Erfolgs zu organisieren und einen perfekten Prozess in Gang zu setzen, ob in einem Unternehmen, in der Familie oder andernorts. Solange alle anderen gerne von ihnen lernen wollen und sich führen lassen, ist das Leben auf Erfolgskurs. Eine solche Führungspersönlichkeit wird auch immer ein offenes Ohr für ihre Mitarbeiter und ihre Probleme haben. Sie weiß, wenn sie sich auch hier transformierend beteiligt, stabilisiert sie den Einsatz der Mitarbeiter. Nicht zuletzt gewinnt sie so auch Einblick in die Struktur der anderen und kann sie umso besser nutzen.

Die negative Dynamik des violetten Persönlichkeitsstrahls:

Bei diesem Menschen gibt es einige Aspekte, die dazu führen können, dass der positive Einfluss des Seelenstrahls und der des höheren Selbstes lange Zeit unmöglich ist. Dazu gehören weltliche Pflichten, Routine, Sitten, Gebräuche, Ordnungsmuster wie eingefahrene Methoden und Abläufe. Es stellt sich immer die Frage, welchem Plan das Wesen zu folgen hat, und hier muss der Seelenstrahl in Zusammenarbeit mit der geistigen Führung Zugang erhalten. Der Tag hat vierundzwanzig Stunden. Wenn diese strengen Regeln und einem weltlichen Management unterliegen, bleibt wenig Zeit für den Weg nach innen, geistiges Wachstum und Bewusstseinserweiterung. Man sagt: Die Gewohnheit verhindert neue Wege. Das wachsende Bewusstsein dehnt sich von innen her aus, bedingt durch Kontemplation und Transformationsarbeit, gerade was karmische Strukturen betrifft. Es braucht dafür Flexibilität und eine gewisse Neugier auf das, was sich hinter den Kulissen befindet. Wenn jedoch eine Persönlichkeit mit ihren eigenen Methoden absolut zufrieden ist, ist alles andere unangemessen. Das kann zu Snobismus und Klassendenken führen. Über vieles wird nicht mehr diskutiert, und dies führt in jedem Kollektiv zu intensiven Problemen, da es dann nur noch um Rang- und Hackordnungen geht. Da spielt es keine Rolle, ob es ein Unternehmen, die Familie oder den Freundeskreis betrifft. Die Haltung wird betont – und Solidarität ist ein Fremdwort. Gerade hier sieht man, wie sich ein Mensch selbst im Weg stehen kann, wenn er es nicht schafft, an sich zu arbeiten, Karma aufzulösen und so dem Seelenstrahl und dem Plan den Vortritt zu überlassen. Das kann für alle Beteiligten sehr unbefriedigend sein und führt oftmals zu Trennungen, die man mit der notwendigen Feinfühligkeit verhindern könnte.

Die Qualitäten des violetten Mentalstrahls:

Dieser Verstand hat sehr viele Vorzüge, gerade auch dann, wenn man seine Energie dem eigenen, anders gelagerten Mentalfeld zuführen möchte, um beispielsweise sein Gedächtnis für Prüfungen und umfangreiche Details zu trainieren. Exakte Strukturen, das Festhalten an Ideen und das Schaffen von Synthesen helfen ihm dabei, alles korrekt zu organisieren, zu sortieren und zu klassifizieren. Dabei ist er sehr routiniert und integriert gleichzeitig neue Gedanken und Erfahrungen, die in sein standardisiertes Denken passen. So ruft dieser Verstand auch alles ab, was er sinnvoll gespeichert hat, wobei ihm so eine gewisse Flexibilität und Spontaneität verlorengehen. Man erlebt das oft bei Menschen, die sich einmal etwas angehört und eingeprägt haben. Sie können es spielend abrufen und umsetzen. Andere sind dann neidisch, da sie viel pauken und Stoff immer wieder auffrischen müssen. Andererseits haben sie es durchaus leichter, sich einem veränderten Wissen anzupassen, denn sie müssen das Gespeicherte nicht umprogrammieren. Dieser Verstand kümmert sich um jede Kleinigkeit und ist so auch sehr sorgfältig im Ausdruck. So kann man sich mit diesem Verstand auch gut auf Gespräche vorbereiten - oder ihnen manchmal auch aus dem Weg gehen bzw. versuchen, etwas schneller auf den Punkt zu kommen. Er ist sozusagen vorhersagbar und kann anderen mit ständig wiederkehrenden Gedankenfolgen und Darlegungen auf die Nerven gehen. Deshalb sollte er seine Dynamik ständig neu trainieren.

Das Imitieren interessanter Muster und eine gewisse Magie, die mit Affirmationen, Mantren, Gebeten, Symbolen oder sonstigen Sequenzen zum Erfolg führen sollen, sind für diesen Verstand äußerst wertvoll. Die Frage ist, wie sich ein Plan wirklich entfalten soll, wenn man meint: "Wenn ich etwas Bestimmtes denke, wird etwas Erwünschtes geschehen." Das sind durchaus alte magische Muster, die sehr karmabeladen sind und so auch mental eine Transformation behindern können. Der Verstand darf lernen, dass er nach positiv erfolgter Manifestation seiner Pläne loslassen und sich neuen Denkstrukturen widmen darf.

Die Qualitäten des violetten Strahls im Emotionalkörper:

Ein Mensch, der den violetten Strahl im Emotionalkörper gewählt hat, wird immer sehr berechenbar sein, denn er wirkt stets kontrolliert. Er hat sich unter Kontrolle, wie man sagt, er geht nie zu weit und kennt seine Grenzen. Hier muss man natürlich beachten, dass ein solches Wesen sich auch ausliefert, indem andere, die sich stärker und dominanter fühlen, auf ihm herumhacken können. Gerade in Partnerschaften kann es für diesen Menschen sehr schwierig werden, wenn der Partner oder die Partnerin extrem eifersüchtig ist. Er lässt sich vieles gefallen, und so besteht die Gefahr, dass sich im Inneren dieses Menschen vieles ansammelt, bevor er reagiert - aber dies trotzdem "angemessen". Das führt aber auch dazu, dass dieser Mensch nicht besonders aufregend ist. So kann er sehr oberflächlich wirken, doch das täuscht. Es ist immer die Frage, was in seinem Inneren geschieht und nicht nach außen tritt. Man sagt, dass dieser Strahl sehr wohl in Kontakt mit niederen Energien des Astralreichs stehen kann, was wiederum mit Magie in Verbindung steht. So können ganz unterschiedliche emotionale Zustände eintreten, die dann auf die Laune einwirken. Die Emotionen richten sich bei diesem Menschen aber auch nach bestimmten körperlichen Zyklen. Kein anderer Strahl reagiert so stark auf Hunger, Mangel an Schlaf, Menstruation oder Vollmond. Nicht zuletzt muss man die karmischen Strukturen in Betracht ziehen, die sich auf magische Muster in Vorleben beziehen können. Oder nehmen wir an, dieser Mensch wurde in einem früheren Leben mit Essensentzug bestraft, wenn er sich nicht adäquat verhalten hat. Schlafentzug war und ist eine häufig angewandte Foltermethode. Wenn das Karma aktiviert wird, gerät dieser Mensch in starke Emotionen, denen er trotzdem sehr gefasst entgegenzutreten versucht. Man muss ihm dann seine Launen gestatten, damit er sie transformieren kann. Die Rückführung führt hier intensiv zum Erfolg. Bedingt durch seine magische Verbindung besteht für diesen Menschen die Möglichkeit einer starken medialen Veranlagung im Sinne der Materialisation. Schamanische Rituale und Einweihungen vieler Art erzeugen intensive Emotionen, die natürlich auch uralter Natur sind.

Die Qualitäten des violetten Strahls im Ätherkörper:

Der violette Strahl im Ätherkörper ist in der aktuellen Zeitphase oft vorhanden. Der Körper ist sehr gut zu trainieren, denn er ist fein und zart. Dennoch hat er eine gewisse Stärke und Kondition, denn er ist extrem geerdet. Dies kann man zum Beispiel bei Tänzern oder Akrobaten beobachten. Der Körper beherrscht die Balance und bearbeitet ständig die eigene Form in der Materie. Die Bewegungen dieses Körpers sind anmutig, ausgeglichen und geordnet. Trotz seiner Stärke ist der Körper sehr empfindsam und kann so sehr gut mit Energiearbeit umgehen. Auch hier haben wir die starken Reaktionen auf Zyklen. Deshalb sollten sie bei diesem Körper geregelt sein. Regelmäßige Mahlzeiten, Schlafenszeiten und auch Zeiten für das Training des Körpers inszeniert dieser Mensch von selbst und schafft so sein ausgeklügeltes und effektives Programm. Die Bewegungen dieses Körpers sind dementsprechend geregelt, grazil, stabil und sparsam. Er braucht für sich seine Ordnung, damit er sich wohlfühlen kann. Dafür schafft er Details, die andere manchmal belächeln oder auch nicht mittragen möchten. Wenn dieser Mensch auf dem pünktlichen Abendessen besteht, das auch noch bestimmte Rituale mit sich bringt, hat es keinen Sinn, ihn dauerhaft zu vertrösten oder zum Schnellimbiss zu schicken. Wir wissen, dass der violette Strahl der Transformation ins formschaffende Sakralchakra einwirkt und so auch mit dem geerdeten Überleben zusammenhängt. Deshalb ist bei diesem Ätherkörper der Sexualtrieb stärker als bei anderen Körpern. Er will funktionieren und transformieren.

Dieser Körper setzt gerne die Hände ein und kann so sehr gut Energie übertragen. So fließt Heilkraft und die Magie wird wieder konstruktiv. Für diesen Menschen sind die Hände Ausdruck des konstruktiven und des effektiven Handelns. So kann sich etwas manifestieren. Kreative Dinge können diesen Menschen sehr erfolgreich machen.

Die Integrationsthematik zwischen Persönlichkeit und Seele

Ich möchte hier kurz auf die Thematik der Integration zwischen Persönlichkeit und Seele eingehen. Sie konnten sicherlich feststellen, dass die Unterschiedlichkeit der egoischen oder persönlichen Strukturen aller Wesen eine sehr interessante, aber auch hochsensible Ebene unserer Inkarnation darstellt. Alleine das herausfordernde Zusammenspiel dieser Strukturen fordert unsere Aufmerksamkeit von Geburt an. Eine wissenschaftliche Untersuchung hat gezeigt, dass das Durchschnittsalter der deutschen Bevölkerung vor circa einhundert Jahren zu fünfundsiebzig Prozent unter fünfundzwanzig Jahren lag. Die damalige Lebenserwartung ließ im Grunde genommen nur eine begrenzte Bewusstseinserweiterung zu, da die Menschen hauptsächlich mit ihrer Selbsterhaltung und Selbstversorgung beschäftigt waren. Viele Krankheiten verliefen damals noch tödlich. Die Mütter-Kinder-Sterblichkeit war deutlich höher als heute, und Kriege, Seuchen und Selbstjustiz lieferten ebenfalls eine entsprechende Sterberate. In der heutigen Epoche haben wir deutlich höhere Erwartungen an unser Lebensalter. Das bedeutet aber auch bei vielen Menschen einen höheren Anspruch an ihre spirituelle Weiterentwicklung. Dieser Prozess ist jedoch für viele Menschen noch ungewohnt. Die Karmabearbeitung nimmt heute einen großen Stellenwert ein und auch eine andere bewusste Lebensweise und natürlich die Bewusstseinserweiterung, die eine neue Bewusstheit erzeugen darf. Ein Mensch, der sich in Zusammenarbeit mit seiner geistigen Führung auf diesen Weg begibt, wird an einem bestimmten Punkt seiner Entwicklung die Notwendigkeit zur Integration mit der Seelenthematik verspüren. Die Lebensaufgabe, die mit dem vorläufigen, weltlichen Beruf nicht einhergehen muss, zeigt sich stärker. Es ist in der Tat der Weg des Individuums in eine neue Zeit. Wir müssen verstehen lernen, dass eine neue Zeit von jedem einzelnen Wesen mitbegründet wird. Die Seele, auch höheres Selbst genannt, weist ihm in Zusammenarbeit mit der geistigen Führung den Weg in seine optimale Entwicklung. Das bedeutet aber auch, dass dieser Mensch erkennen muss, dass die Seele letzten Endes gewisse Anforderungen stellen muss, damit die Entwicklung voranschreiten kann. Dies geschieht ohne Zwang, denn alles unterliegt nach wie vor unserem freien Willen. Wir können sagen, dass sich das Ego der Seele unterordnen darf. Wer das Wort "unterordnen" mit Zwang oder Beschränkung der eigenen Werte und Rechte vergleicht, darf das Wort "Integration" verwenden. An dieser Stelle beziehe ich mich auf das Buch "Die Sieben Strahlen, Band II" von Michael Robbins als Quelle. Es ist ein kurzer Einblick, der diesen Weg der Integration etwas verdeutlichen soll.

★ Die Integration von Seele und Persönlichkeit

Unser Hauptziel ist es, eine Einheit von Seele und Persönlichkeit zu erreichen. Zunächst wird die Persönlichkeit integriert, und dann werden Seele und Persönlichkeit koordiniert. Die Seele hat dabei die integrierende Wirkkraft.

Ist die Persönlichkeit einigermaßen zu einer wirksamen Einheit zusammengeschweißt, ist sie fähig, auf den Einfluss der leitenden Intelligenz, der Seele, zu reagieren. Dann beginnt sie, sich durch den Dienst an der Menschheit und für den Plan in das große Ganze einzugliedern, von dem sie ein Teil ist.

Wir können auch sagen, das individualisierte Ego, oder auch die Persönlichkeit, entwickelt sich im Laufe vieler Leben unter dem Einfluss eines bestimmten Strahles, dem Seelenstrahl. Dabei kann es sein, dass die Persönlichkeit über mehrere Leben einen Strahl beibehält oder ständig wechselt, genauso wie die astrologischen Einflüsse.

Dann bringt die Seele die Persönlichkeit hervor. Also ist die Persönlichkeit in Wirklichkeit eine Seele in Verkleidung. Demzufolge ist die Persönlichkeit essenziell die Seele. Deshalb hat die Persönlichkeit keine von der Seele, die sie hervorgebracht hat, unabhängige Existenz.

Wie erfolgen also die Schritte?

1. Integration der Persönlichkeit in der Materie (Ätherkörper, Emotionalkörper und Mentalkörper).
2. Wachsende Angleichung an die Seele.
3. Die schrittweise Vermengung der beiden.
4. Die Fusion.

★ Wichtige Erkenntnisse

Der Seelenstrahl manifestiert sich nicht nur auf der Ebene der Seele. Bereits vor der Integration manifestiert sich die Seele durch den niederen Menschen. Die Energie darf nicht als negativ beurteilt werden. Der Seelenstrahl wird eher von den einzelnen

Persönlichkeitsfeldern und später von der integrierten Persönlichkeit selbst oftmals falsch verwendet. Das heißt, die Persönlichkeit setzt die Energie des Seelenstrahls so lange falsch ein und benutzt sie für persönliche Zwecke. Das führt zum Teil zu Verblendungen oder Verzerrungen der Energie. Doch der Seelenstrahl ist fundamental.

Deshalb rühren bestimmte negative Charakterzüge, die eine Persönlichkeit anscheinend hat, von falsch angewandter Seelenstrahlenergie her. Nichtsdestotrotz ist auch der Persönlichkeitsstrahl oftmals die Ursache verschiedener Charakterzüge der Persönlichkeit und für deren Verblendungen.

Die Seele will also einerseits die Persönlichkeit integrieren und die Qualitäten der einzelnen Persönlichkeitsträger mit ihrer Strahlenqualität in Harmonie bringen, andererseits muss sie sich mit den Strahlentendenzen der Persönlichkeit und ihrer Träger abfinden und auch mit der negativen Persönlichkeitsreflexion ihrer eigenen Strahlenqualität.

Jede Persönlichkeit demonstriert die vorherrschenden Verblendungen ihrer Seelenstrahlenergie. Diese müssen berichtigt werden, soll die Persönlichkeit der Seele angeglichen, mit ihr koordiniert und in sie integriert werden.

★ Die Dynamik der Integration von Seele und Persönlichkeit

Die Möglichkeit, die Persönlichkeit zu integrieren und dann die Seele vermittels der integrierten Persönlichkeit zum Ausdruck zu bringen, taucht nicht eher auf, als dass der lange Entwicklungskreislauf mehr als halbwegs durchlaufen ist.

Der gewöhnliche Entwicklungskreislauf (Identifikation des Bewusstseins mit Äther-, Emotional- und Mentalkörper) wird durch den Drang nach Selbsterkenntnis ersetzt.

Das bisher Wünschenswerte wird zurückgelassen und man strebt nach bisher nicht Wahrgenommenem.

Die Kenntnis der Strahlen und deren Wirkung wird besonders wertvoll.

Das menschliche Wesen wird zu einem spirituellen Aspiranten.

Dann folgt eine lange Entwicklungsperiode, gefolgt von der Erkenntnis, dass es zwischen den göttlichen und menschlichen Aspekten des Menschen einen Mangel an Kontrolle gibt.

Erst dann folgt die vollständige Fusion des Seelenstrahls mit dem Persönlichkeitsstrahl.

Es ist das bewusste Erreichen der Verschmelzung zwischen Seele und Persönlichkeit.

★ Die Entwicklungsphasen des Integrationsprozesses in Bezug auf die sieben Strahlen

1. Die vorspirituelle Phase:

Das ist das Stadium der selbstsüchtigen Persönlichkeitsintegration. Die Persönlichkeit beschäftigt sich nur mit ihren eigenen Belangen. Sie reagiert nicht auf die spirituellen Motivationen und Eingebungen der Seele. Sie beansprucht ihre Strahlenenergie für ihre eigenen Zwecke. Resultat: selbstsüchtige Persönlichkeitsdemonstration, verstärkt von der falsch angewandten Energie der Seele und des Strahls.

2. Die Konfliktphase:

Das Individuum ist ein fortgeschrittenes Wesen oder ein Aspirant. Ein bestimmter Grad der Persönlichkeitsintegration hat stattgefunden. Das Individuum erkennt den Seelenstrahl durch Unzufriedenheit, die es empfindet, wenn es Ziele verfolgt, die nur mit dem Persönlichkeitsstrahl und den Strahlen der einzelnen Träger zusammenhängen. Ein Kampf entsteht zwischen den Impulsen des Persönlichkeitsstrahls und denen des "sich einmischenden" Seelenstrahls. Der Konflikt bleibt zunächst ungelöst. Der Schwerpunkt der Lebensinteressen beginnt, sich schrittweise zu verlagern.

3. Phase der schrittweisen Korrektur, Umstellung, Anpassung, Harmonisierung:

Man steht in der Mitte zwischen Persönlichkeit und Seele. Man wird zum losgelösten Beobachter und versucht, die Persönlichkeit zum Instrument für die Kooperation mit der Seele und so für den göttlichen Plan zu machen. Man versteht die vor einem liegende Aufgabe.

4. Die Phase der Unterordnung:

Die Persönlichkeit wird schrittweise den Bedürfnissen der Seele untergeordnet und fängt an, mit dieser gemeinsam zu wirken.

5. Die Phase der allmählichen Vereinigung und des Zusammenspiels:

Die allmähliche Integration der Persönlichkeit in das Leben der Seele und eine schrittweise Vermischung der Strahlen zu einem einheitlichen Energiefeld beginnt. Somit wird der Persönlichkeitsstrahl zu einem Unterstrahl des Seelenstrahls. Die Fusion beginnt.

6. Die Phase der Fusion:

Die Transformation der Persönlichkeit schreitet voran. Sie wird seelendurchdrungen. Die Persönlichkeit wird zur manifestierten Seele.

★ Die Integrationsformeln und ihre Anwendung für Seelen- und Persönlichkeitsstrahl

Es gibt also zwei Arten von Persönlichkeitsintegration:

1. Die Integration der Persönlichkeit als solcher und innerhalb ihrer selbst.
2. Die Integration der bereits integrierten Persönlichkeit mit der Seele. Dieses Stadium sollte man eher als Seelenpersönlichkeitsintegration bezeichnen.

Die Integrationsformeln kann man in den frühen Stadien nicht anwenden. Erst wenn die persönliche Integration bis zu einem gewissen Grad erreicht ist, können sie verwendet werden.

Die Persönlichkeit wird zunächst zu einem gut koordinierten, effizienten, wenn auch selbstsüchtigen Organismus.

Die Formeln werden erst anwendbar, wenn die Zeit gekommen ist, die Persönlichkeit unmittelbar mit der Seele in Beziehung zu bringen. Dann taucht ein ausgleichender Energieaspekt auf, der den Integrationsprozess aus der Phase der strikten Persönlichkeitsintegration in eine spirituellere, seelenbezogene Phase der Aktivität emporhebt.

In diesem Sinne wünsche ich allen Wesen den bestmöglichen Fortschritt im Sinne des individuellen Lebensplans. Möge sich so eine kollektive Transformation in ein neues Zeitalter zum richtigen Zeitpunkt zeigen und möge sich so ein Zusammenleben entfalten, das die Loslösung aus der venusischen Führung möglich macht.

Herzlichst
Ihre Claire Avalon

Über die Autorin

Claire Avalon beschäftigt sich seit rund 30 Jahren mit dem spirituellen Wachstum von Mensch und Tier. Die intensive Arbeit als psychologische Beraterin und Medium der Großen Weißen Bruderschaft zeigte ihr immer wieder, wie einzigartig jedes Wesen betrachtet werden muss. Dabei spielen die Seele und die Persönlichkeit sehr unterschiedliche und doch voneinander abhängige Rollen. Sie erkannte dahinter den Sinn der psycho-spirituellen Entwicklung und die Wichtigkeit des Verständnisses dafür, dass sich hinter allem eine unvorstellbare Intelligenz und höhere Ordnung verbergen muss, die unsere Geschicke mit einer absolut bedingungslosen Liebe lenkt.

Sie arbeitet in Einzelsitzungen mit Menschen, um ihnen auf ihrem Weg der Transformation behilflich zu sein, indem sie all ihre Fähigkeiten, Unvollkommenheiten und ihre Schönheit akzeptieren. In Seminaren unterstützt sie diese Menschen dabei, die Wissenschaft der Schöpfungsenergie zu integrieren und selbst in eine seriöse und eigenverantwortliche Kommunikation mit der Großen Weißen Bruderschaft zu gelangen. Ihre Bücher sind dabei eine intensive Unterstützung.

Als wichtigstes Ziel bezeichnet sie die Unabhängigkeit eines jeden Menschen und die Übernahme der eigenen Verantwortung für das SEIN, denn nur so kann ein spiritueller Weg von Erfolg gekrönt sein.

www.claireavalon.de

Das umfassende Werk zu den Atlantischen Priestern

Die Bestsellerautorin Claire Avalon legt mit ihren 4 Bänden zu den 12 Strahlen der Atlantischen Priester ein neues Standardwerk vor.
In jedem Band melden sich drei atlantische Priester zu Wort, führen in das jeweilige Thema ein und begleiten den Leser in einer tiefgehenden Meditation zurück nach Atlantis. Dort kann er frühere Aufgaben, Talente oder Tätigkeiten betrachten, um neue Erkenntnisse zu gewinnen und diese in seinen Alltag zu integrieren.
Die Atlantischen Priester richten sich dabei – und das macht diese Bücher so besonders – nicht nur an Erwachsene, sondern auch an Kinder.

Begegnung mit den Atlantischen Priestern Band 1

296 Seiten, broschiert · € [D] 16,95

ISBN 978-3-89845-488-9

Begegnung mit den Atlantischen Priestern Band 2

312 Seiten, broschiert · € [D] 16,95

ISBN 978-3-89845-489-6

Begegnung mit den Atlantischen Priestern Band 3

328 Seiten, broschiert · € [D] 16,95

ISBN 978-3-89845-490-2

Begegnung mit den Atlantischen Priestern Band 4

312 Seiten, broschiert · € [D] 16,95

ISBN 978-3-89845-491-9

Im Schuber: Begegnung mit den Atlantischen Priestern Band 1–4

4 Bücher in Schuber, broschiert · € [D] 59,95 ISBN 978-3-89845-492-6

Claire Avalon

Die zwölf göttlichen Strahlen und die Priester aus Atlantis

400 Seiten, mit Farbteil, gebunden
ISBN 978-3-89845-614-2
€ [D] 28,00

Die zwölf göttlichen Strahlen und die atlantischen Priester helfen uns dabei, den Weg in ein neues Zeitalter der Transformation zu gehen.
El Morya beschreibt unseren Weg ins »neue Zeitalter« und den erfolgreichen Einsatz der zwölf Strahlen. Er zeigt uns, wie wir mit Hilfe der zwölf Strahlen einen sinnvollen Plan umsetzen und somit zum Mitschöpfer werden. Und er stellt uns 84 atlantische Priester und Priesterinnen vor, die unterstützend auf den zwölf Strahlen dienen. Ihre Zeit ist gekommen, sich uns zu offenbaren und uns ihre göttliche Hilfe anzubieten.

Claire Avalon

Sanat Kumara und die Weiße Bruderschaft

Die Heimkehr der neuen Erde

256 Seiten, Klappenbr.
ISBN 978-3-89845-373-8
€ [D] 16,95

Sanat Kumara, die Aufgestiegenen Meister und die atlantischen Priester sind in diesem Buch vereint, um uns zu erklären, dass die Zeit der Wandlung und der Augenblick für eine grundlegende Revision unseres Tuns gekommen ist. Sie geben die Anleitung, wie sich unser ursprüngliches Potenzial wieder in unserem Bewusstsein zeigen kann und wie wir neue Wege finden, die uns auf eine höhere Stufe führen.
Dieses Buch zeigt uns Entwicklungschancen, von denen wir bisher nichts ahnten. Ein Buch, das den Zugang zum höheren Bewusstsein öffnet und so unser wahres Potenzial aufzeigt.

Claire Avalon

Die 12 universellen Strahlen

Schöpferische Kräfte, die die Welt gestalten

320 Seiten, mit Farbteil, Flexocover
ISBN 978-3-89845-526-8
€ [D] 19,95

Der intelligente Einsatz der zwölf universellen Strahlen
Claire Avalon zeigt in diesem Buch, wie jeder Mensch mit Hilfe der zwölf universellen Strahlen und der atlantischen Priester dazu in der Lage ist, alles zu verändern und zu erschaffen, was er braucht, damit sich sein Leben erfolgreich entfaltet. Mit dem Prinzip des Erschaffens, der Präzipitation, und der Hilfe der geistigen Ebene kann jeder »kreative Intelligenz« entwickeln und gezielt auf den Schöpfungsprozess einwirken.
Ein Leitfaden zur Erkenntnis, zum Wachstum und zum göttlichen Plan als praktische Lebenshilfe …

168 Seiten, broschiert
ISBN 978-3-96933-006-7
€ [D] 16,00

Ingrid Theresia Bleier

Mit deinen 7 Sinnen zum gesunden Menschsein

Wie wir wieder lernen, uns selbst zu vertrauen

Wie lebe ich gesund und wie orientiere ich mich in turbulenten Zeiten? Das ist die Frage nach gesundem Menschsein und Menschbleiben. Das Wissen um die eigenen 7 Sinne zeigt uns einen einfachen Weg, wie wir zu Achtsamkeit, Balance und Klarheit finden. Der Mensch ist mehr als sein Körper – unser Sinnessystem ist der Zugang zu bewusster Wahrnehmung, Intuition und Selbstbestimmtheit.
Das Buch ist ein Leitfaden für jeden, der sich auf seine 7 Sinne verlassen und einen inneren Kompass entwickeln möchte. Es öffnet neue Türen, um jede Herausforderung perfekt zu meistern und zugleich körperlich und seelisch gesund zu bleiben.

320 Seiten, 2-farbig, broschiert
ISBN 978-3-89845-621-0
€ [D] 18,00

Sara Léux

Die neue Weiblichkeit leben

Sei stark, wild und leuchtend

Die neue Weiblichkeit leben ist ein Buch für moderne Frauen. Ein Buch für mutige Frauen und solche, die es werden wollen. Ein Erlebnis für Körper, Seele und Geist, damit deine Weiblichkeit immer stärker hervortreten und leuchten kann.
»Du bekommst mit diesem Buch das gesamte Rüstzeug an die Hand, um dich mit den reinen, hohen Schwingungen der weiblichen Aspekte zu verbinden und sie in dein Leben hineinzunehmen. So ist es ein Erlebnisbuch für dich – für die Erweckung deiner Urweiblichkeit und deiner Selbstheilung.«
Sei frei und lebe deine neue Weiblichkeit.

272 Seiten, broschiert
ISBN 978-3-89845-539-8
€ [D] 18,95

Susanna Winters

Lichtkörpersymptome erkennen und heilen

Hilfe aus der geistigen Welt

Leiden Sie unter unerklärlichen Schmerzen oder sind Sie psychisch angeschlagen, ohne dem eine Ursache zuordnen zu können? Dies kann mit den Aufstiegsenergien der Erde zu tun haben.
Dieser leicht verständliche Ratgeber hilft Ihnen, die Zusammenhänge in Bezug auf den Lichtkörperprozess besser zu verstehen. Er bietet mit spirituellen Hilfen wie Aurareinigung, Meditation und Farbheilung und alternativen Heilmethoden wie Homöopathie, Bachblüten und Schüßler-Salzen praktische Hilfe bei all den seltsamen Beschwerden und emotionalen Achterbahnfahrten dieser Zeit.

Weiterführende Informationen zu
Büchern, Autoren und den Aktivitäten
des Silberschnur Verlages erhalten Sie unter:
www.silberschnur.de

Natürlich können Sie uns auch gerne den
Antwort-Coupon aus dem beiliegenden
Lesezeichenflyer zusenden.

Ihr Interesse wird belohnt!